"十四五"国家重点出版物出版规划项目

着力推动高质量发展丛书
主编 张卓元 迟福林

构建高水平社会主义市场经济体制

张卓元 胡家勇 万军 著

Building a High-Standard
Socialist Market Econ

广东经济出版社
·广州·

图书在版编目（CIP）数据

构建高水平社会主义市场经济体制 / 张卓元，胡家勇，万军著 . -- 广州：广东经济出版社，2024.11.
（着力推动高质量发展丛书）
ISBN 978-7-5454-9450-1
Ⅰ. F123.9
中国国家版本馆CIP数据核字第2024L6A309号

策划编辑：王成刚　周伊凌
责任编辑：李　璐　徐依然　梁雪莹
责任校对：李玉娴　黄思健
责任技编：陆俊帆
封面设计：集力書裝　彭力

构建高水平社会主义市场经济体制
GOUJIAN GAOSHUIPING SHEHUIZHUYI SHICHANGJINGJITIZHI

出 版 人：	刘卫平
出版发行：	广东经济出版社（广州市水荫路11号11～12楼）
印　　刷：	广州市豪威彩色印务有限公司
	（广州市增城区宁西街新和南路4号一楼106房）

开　　本：787毫米×1092毫米　1/16	印　张：19.5
版　　次：2024年11月第1版	印　次：2024年11月第1次
书　　号：ISBN 978-7-5454-9450-1	字　数：330千字
定　　价：88.00元	

发行电话：（020）87393830
广东经济出版社常年法律顾问：胡志海律师
如发现印装质量问题，请与本社联系，本社负责调换。
·版权所有·侵权必究·

着力推动高质量发展丛书

编委会

主编

张卓元　迟福林

编委

（按姓氏音序排列）

迟福林　宋洪远　王一鸣　肖金成　张卓元

总　　序

以结构转型推动高质量发展

党的二十大报告提出,"高质量发展是全面建设社会主义现代化国家的首要任务"。面对世界百年未有之大变局,我国作为具有巨大发展潜力的经济大国,实现高质量发展,关键是抓住机遇、应对挑战,通过结构转型充分释放14亿多人潜在的增长动力和发展活力,以结构转型推动高质量发展,以结构转型赢得主动、赢得未来。

以结构性改革释放转型新动力

经济转型的本质,是通过结构调整和制度变革,实现结构再平衡和结构升级。结构转型既是发展问题,也是改革问题。实现高质量发展离不开结构转型。我国经济结构转型具有自身的突出特点:一方面,我国14亿多人口的消费结构正在发生重要变化;另一方面,全球经济格局变化深刻影响我国经济结构转型的外部环境。未来10年左右,我国产业结构、消费结构、科技结构、城乡结构、贸易结构都至少有10~15个百分点的升级空间,蕴藏着高质量发展的巨大潜力。以消费结构为例,预计到2025年,服务型消费占比有望从2021年的44.2%提升到50%左右,带来10万亿元左右的新增消费市场,形成我国高质量发展的重要支撑。在新发展阶段,要稳步推进产业结构、消费结构等方面的转型升级,以结构转型赢得高质量发展的主动。

作为拥有14亿多人口的大国,我国经济结构转型有巨大空间,同时面临的问题非常复杂、任务也非常艰巨。这既有发展不平衡带来的结构性失衡,也有体制性摩擦带来的结构性失衡。解决结构性矛盾与问题,既需要结构性政策调整,更需要结构性改革的突破；既要以稳定经济增长为主要目标推进结构性政策调整，推动形成更具弹性的经济转型政策和社会发展政策，也要推进与结构转型相适应的结构性改革。

从当前情况看，推进结构转型，需要不断破解政策与体制、体制与体制、短期与中长期等方面的结构性矛盾；需要不断化解需求与供给、工业与服务业、经济增长与社会发展等结构性问题。从实践看，结构转型需要稳定并增强发展预期、充分激发市场活力、形成公平竞争的市场环境，这些都直接依赖于结构性改革的突破。从结构转型的具体任务来看，适应产业结构、消费结构转型趋势，要以服务领域为重点，着力打破市场垄断和行政垄断，促进现代服务业与先进制造业深度融合，并实现消费与供给的良性循环；适应科技结构升级趋势，要深化科教体制、人才管理体制改革，完善企业投入基础研发的体制机制，激发科技创新活力，释放科技创新潜力；适应城乡结构转型趋势，要推进公共资源与生产要素双向自由流动的体制改革，加快完善城乡基础设施；等等。

14亿多人口大国的结构转型，既是中国发展的重大机遇，也是世界经济增长的重大利好。作为世界第二大经济体，中国的经济转型升级具有国内国际的双重意义，在推动自身转型发展的同时，也将促进全球经济的复苏和增长，为全球经济转型发展和治理变革注入新活力，促进形成更加稳定、多元、平衡、包容的世界经济格局。

以高水平开放推动结构转型

我国经济发展是在开放条件下取得的，未来实现高质量发展也必须在更加开放的条件下进行。未来几年，我国推进高质量发展，既有结构转型的巨大潜力与空间，也面临着外部环境变化的重大挑战。促进高水平开放与推动经济结构调整密切相关。为应对世界之变、时代之变、历史之变，我们必须把高水平开放与结构转型结合起来，以高水平开放推动经济高质量发展。

稳定经济增长，实现高质量发展，既取决于消费结构、产业结构、城乡结构、能源结构等方面的调整优化，又取决于结构转型与国际市场的融合程度。构建新发展格局是与我国结构转型趋势相适应的中长期发展战略,需要高水平开放与高质量发展的相互促进、国际市场与国内市场的相互融合。为此,要把高水平开放与结构转型结合起来,协同推动高水平开放与强大国内市场建设。例如,以开放创新破解"卡脖子"难题,实现新型工业化的重要突破;以适度扩大优质商品与服务进口满足国内消费需求,促进消费结构升级;等等。

要以高水平开放拓展要素配置空间,提高全要素生产率。从要素流动型开放向制度型开放升级,将给提高资源配置效率带来更大促进作用。一是以主动开放释放超大规模市场潜力,推动内外市场联通、要素资源共享,实现国内循环和国际循环的良性互动。二是以服务贸易为重点建设高水平开放型经济新体制,加快打破服务业领域的市场垄断与行政垄断,推进服务业领域国有资本布局优化和结构调整。三是强化服务贸易自由便利的制度安排。加快制定并实行全国跨境服务贸易负面清单,减少制约要素流动的"边境上"和"边境后"壁垒;以海南自由贸易港等为依托,着力打造服务贸易开放新高地。四是以制度型开放推进制度性变革。例如,要加快深化服务领域资金、人才、数据等要素流动型开放,突出规则、规制、管理、标准等制度建设,在对接国际经贸规则中推动全面深化改革。

我国推动高水平开放,不仅为推进双边、区域、多边自由贸易进程提供了重要动力,也将进一步提升我国参与全球经济治理的影响力和制度性话语权。未来,要主动参与全球治理,塑造我国国际经济合作和竞争新优势。一是务实推进RCEP进程。2021年,我国与RCEP其他成员国贸易额同比增长18.1%,占我国外贸总值的30.9%。未来几年,以RCEP为抓手,与其他成员国合力建设全球最大自由贸易区,是我国推动高水平开放的重中之重。二是以服务贸易和数字贸易为重点积极参与全球经贸规则制定。要积极推动加入《数字经济伙伴关系协定》,加快构建我国数字贸易规则方案,制定数字贸易规则设计工作计划、实现路径和时间表,建立统筹协调机制,推动各规则模块有序构建。三是在广泛协商、凝聚共识基础上改革和完善全球经济治理体系,推动经济全球化朝着更加开放、包容、普惠、平衡、共赢的方向发展。

党的二十大报告对推动高质量发展进行了战略谋划和战略部署,指出了推动高质量发展重要的五个着力点:构建高水平社会主义市场经济体制,建设现代化产业体系，全面推进乡村振兴，促进区域协调发展，推进高水平对外开放。这五个方面，是未来高质量发展的重心，为高质量发展指明了方向，为实现中国式现代化奠定了坚实基础。基于对党的二十大对推动高质量发展作出战略部署的学习、理解和研究，中国（海南）改革发展研究院与广东经济出版社联合策划组织出版这套"着力推动高质量发展丛书"。我们希望，这套丛书能对加快构建新发展格局、着力推动高质量发展进行开创性的探索和实践总结，推动我国经济社会发展焕发新活力，以高质量发展全面推进中国式现代化。

这套丛书的作者大多是相关领域的知名专家学者。张卓元、王一鸣、宋洪远、肖金成等在百忙之中参与了丛书的撰写工作。我对为丛书出版付出艰辛努力的各位作者表示感谢，对为丛书出版给予大力支持的广东经济出版社表示感谢！

迟福林

2023年10月

前　言

经过40多年的改革开放，中国的社会主义建设取得了巨大成就，综合国力日益雄厚，经济结构不断优化，技术能力持续进步，人民生活水平蒸蒸日上，相继实现了温饱和全面小康的历史性跨越。中国的迅速发展主要得益于改革开放，得益于社会主义市场经济体制的建立和完善。市场化改革极大地改善了中国的资源配置效率，创造了经济持续高速增长的奇迹，而日益扩大的对外开放使中国越来越深地融入世界经济之中，在全球经济体系中的地位和重要性不断加强、在国际政治舞台上的影响力与日俱增。

尽管中国已经建立了社会主义市场经济体制，全面深化改革也取得了重大突破，市场机制在大部分经济领域发挥着决定性作用，但体制机制中依然存在一些与高水平社会主义市场经济体制不相适应的因素：市场体系还有待进一步完善，要素市场建设依然存在诸多不足，要素价格形成机制的市场化步伐还需加快，政府和市场的关系仍然没有完全理顺等。随着全面建成小康社会取得决定性胜利，中国正在开启全面建设社会主义现代化国家的新征程。这就要求我们准确把握新发展阶段，深入贯彻新发展理念，加快构建新发展格局，通过全面深化改革和继续扩大开放，构建高水平社会主义市场经济体制，为中国的高质量和可持续发展注入新的活力。改革开放40多年的经验证明，市场化改革必须继续深化推进，不能停步不前，才能有效推进我国社会主义现代化建设雄伟目标的实现。

当前世界经济进入大变革、大调整时期，百年未有之大变局使得我国发展所面临的环境、条件、任务和要求都在发生新变化。面对新机遇和新挑战，党的二十大立足世情、国情的变化，描绘了全面建设社会主义现代化国家的宏伟蓝图，并对构建高水平社会主义市场经济体制进行了战略部署，强调要坚持和完善社会主义基本经济制度，充分发挥市场在资源配置中的决定性作用，更好发挥政府作用，从而进一步明确了社会主义市场经济体制改革的方向。要解决好新时代中国发展所面临的新问题和新矛盾，必须构建高水平社会主义市场经济体制，坚持新发展理念，走高质量发展之路。

构建市场机制有效、微观主体有活力、宏观调控有度的高水平社会主义市场经济体制，需要制度建设的整体完善和重要领域、关键环节改革的继续深化和系统推进。要继续深化国资国企改革，进一步做强做优做大国有资本和国有企业，加快国有经济布局优化和结构调整，发挥国有经济战略支撑作用。要真正优化民营经济发展环境，进一步营造良好的营商环境，对民营企业产权和企业家权益依法予以平等保护，促进非公有制经济健康发展，使非公有制经济在中国经济发展中继续扮演重要的角色。要完善竞争政策框架，建立健全竞争政策实施机制，强化竞争政策基础地位，切实保障公平竞争、维护市场秩序。要进一步完善要素市场制度建设，推进土地、劳动力、资本、技术、数据等要素市场化改革，加快要素市场制度建设，实现要素价格市场决定、流动自主有序、配置高效公平。要继续完善宏观经济治理，加快构建现代财税金融体制，健全以国家发展规划为战略导向，以财政政策和货币政策为主要手段，消费、投资、就业、产业、区域等政策紧密配合，目标优化、分工合理、高效协同的宏观经济治理体系，促进国民经济和社会的稳定协调发展。

2012年党的十八大以后，中国经济已经从高速增长阶段转向高质量发展阶段，正处在转变发展方式、优化经济结构、转换增长动力的关键时期。要想实现高质量发展的长远目标，就要推动深化市场化改革和扩大高水平开放之间的互促共进，既要深入推进改革创新，也要坚定不移地扩大开放。中国正在建设以国内大循环为主体、国内国际双循环相互促进的新发展格局，通过实施更加主动的开放战略，以高水平开放促进深层次市场化改革，建立与市场化、法治化、国际化相适应的新机制、新模式和新优势，推动实现中国经济在新时期的高质量发展。随着全面建设社会主义现代化国家新征程的开启，中华民族的伟大复兴将更加行稳致远。

本书为集体作品。在统一提纲框架内，三位作者分头执笔写作各自承担的章节，张卓元执笔写作第二、三、四章，胡家勇执笔写作第一、五、六、十一章，万军执笔写作第七、八、九、十章。

目录 Contents

第一章
坚持社会主义市场经济改革方向

第一节　社会主义市场经济体制是理论和实践的重大突破　/ 2

第二节　中国经济体制改革迄今取得的重要进展　/ 7

第三节　社会主义市场经济中的重要理论和实践问题　/ 15

第四节　新时代构建高水平社会主义市场经济体制的着力点　/ 27

第二章
坚持和完善社会主义基本经济制度

第一节　社会主义基本经济制度的建立及其内涵和外延扩展　/ 34

第二节　坚持"两个毫不动摇"　/ 38

第三节　市场机制作用从"基础性"发展到"决定性"的重大意义　/ 45

第四节　党的十八大后市场化改革步伐加快 / 49

第五节　完善宏观调控和深化政府"放管服"改革 / 73

| 第三章 |

深化国资国企改革

第一节　1978—1992年：探索国企改革正确方向 / 76

第二节　1993—2012年：确定国企改革方向是建立现代企业制度 / 79

第三节　2013年后：国资改革带动深化国企改革 / 84

第四节　从战略上调整国有经济布局和结构 / 89

第五节　改革国有资产管理体制 / 93

第六节　积极推进混合所有制改革，发展混合所有制经济 / 97

第七节　加快建设世界一流企业 / 101

| 第四章 |

优化环境，推动民营经济发展

第一节　个体经济和私营经济逐渐发展为社会主义市场经济的重要组成部分 / 106

第二节　党的十八大后继续支持民营经济发展 / 115

第三节　促进民营经济发展壮大的若干问题 / 124

| 第五章 |

构建全国统一大市场

第一节　全国统一大市场政策演进脉络 / 132

第二节　构建全国统一大市场的理论逻辑和实践逻辑　/ 137

第三节　加快构建全国统一大市场　/ 144

第四节　确立竞争政策的基础性地位和构建全国统一大市场　/ 149

| 第六章 |

夯实社会主义市场经济的法治基础

第一节　中国市场经济法治化的演进　/ 160

第二节　构建法治政府　/ 167

第三节　以法治构建有效市场　/ 173

第四节　以法治保障人的自由全面发展　/ 179

| 第七章 |

健全宏观经济治理体系

第一节　改革开放之初对宏观经济调控问题的探讨　/ 184

第二节　确立社会主义市场经济体制改革目标后宏观调控体系不断完善　/ 188

第三节　党的十八大以来宏观经济治理能力进一步提升　/ 197

第四节　进一步完善宏观经济治理体系　/ 202

| 第八章 |

完善现代财政制度

第一节　改革开放初期财税体制改革的探索　/ 206

第二节　从构建公共财政框架到建立现代财政制度　/ 210

第三节　党的十八大以来现代财税体制的建立与完善　/ 215

| 第九章 |

深化金融体制改革

第一节　建设现代中央银行制度　/ 222

第二节　加强和完善现代金融监管　/ 227

第三节　健全资本市场功能　/ 231

| 第十章 |

推进高水平对外开放

第一节　构建双循环经济发展新格局　/ 236

第二节　加快建设贸易强国　/ 241

第三节　完善外商投资管理体制　/ 246

第四节　推动共建"一带一路"高质量发展　/ 253

第五节　优化区域开放布局　/ 261

第六节　积极参与全球经济治理　/ 268

| 第十一章 |

依法规范和引导资本健康发展

第一节　"资本的伟大的文明作用"及其历史局限性　/ 274

第二节　技术和产业变革中的资本新形态　/ 282

第三节　按社会主义市场经济的逻辑引导和规范资本的行为　/ 289

第一章

坚持社会主义市场经济改革方向

社会主义市场经济体制是我国改革开放以来形成的重要制度和理论成果,已成为基本经济制度的三大支柱之一。它的精髓在于:社会主义作为一种社会制度和市场经济作为一种资源配置机制,可以有机结合起来,同时发挥二者各自的优势,并生成新的制度优势和体制优势。我国已迈入中国式现代化建设新征程,高质量发展是全面建设社会主义现代化国家的首要任务,虽然世界正经历百年未有之大变局,经济体制改革的内外部环境都发生了深刻变化,但我们仍要坚定不移地坚持社会主义市场经济改革方向,加快构建高水平社会主义市场经济体制。

本章系国家社会科学基金项目《资本特性和行为规律研究》(22AJL013)的阶段性成果。

第一节

社会主义市场经济体制是理论和实践的重大突破

社会主义市场经济理论的提出是中国改革开放实践对马克思主义政治经济学的重大突破，是科学社会主义的重大发展。

在马克思主义经典作家那里，未来社会实现生产资料公有制[1]，而"一旦社会占有了生产资料，商品生产就将被消除"[2]。在马克思主义经典作家设想的未来社会里，"直接社会劳动"是一个非常重要的范畴。由于劳动已经成为"直接社会劳动"，劳动时间和生产资料如何在各种用途上分配就"不需要著名的'价值'插手其间"[3]。十月革命之前，列宁设想"整个社会将成为一个管理处"[4]，实行直接的生产和分配。新经济政策时期，列宁在苏维埃经济中引入商品交换（不同于产品兑换），对商品、货币、私有制经济和物质利益的看法也发生了一些重大变化。但是，对于社会主义与商品经济的关系，列宁的看法并没有发生根本性的变化，他认为发展商品货币关系只是通向"直接生产和分配"的"渐进主义的、审慎迂回的行动方式"[5]，是一种战略上的"退却"。而且，到了1921年11月，列宁就认为，"现在已经有一些迹象可以使人看到退却的终点了，可以使人看到在不很久的将来停止这种退却的可能性了"[6]。正因为列宁对商品货币关系的根本看法没有变化，

---

[1] 马克思、恩格斯：《马克思恩格斯文集》第9卷，人民出版社，2009，第287页。
[2] 马克思、恩格斯：《马克思恩格斯文集》第9卷，人民出版社，2009，第300页。
[3] 马克思、恩格斯：《马克思恩格斯文集》第9卷，人民出版社，2009，第327页。
[4] 列宁：《列宁专题文集：论社会主义》，人民出版社，2009，第41页。
[5] 列宁：《列宁专题文集：论社会主义》，人民出版社，2009，第288页。
[6] 列宁：《列宁专题文集：论社会主义》，人民出版社，2009，第296页。

所以在列宁之后，高度集中的计划经济体制在苏联很快得以建立起来。

在西方主流经济思想中，社会主义与市场经济一直被尖锐对立起来。米瑟斯在其著作《社会主义：经济与社会学的分析》中就对社会主义与市场经济的不相容性进行了系统论证，这一论证颇具代表性。他认为"不可能把市场及其价格形成机制同生产资料私有制基础上的社会的功能分离开"[1]。这是因为，公有制与生产要素市场不可能并存，公有制下不可能形成合理的价格，也就不可能有合理的经济核算。选择只能"要么是社会主义，要么是市场经济"[2]。与之相应地，在所有制问题上，米瑟斯也认为只存在互不相容的两种选择，"不是实行生产资料的公有制就是实行生产资料的私有制，二者必居其一"[3]。哈耶克也认为社会主义与市场经济不相容，这是因为，没有私有制就不可能有市场运转所需要的动力和信息。兰格等人虽然反驳了米瑟斯和哈耶克的观点，认为在社会主义经济中可以模拟市场和价格机制的作用[4]，但在他们那里，社会主义与市场经济仍然是"两张皮"。

改革开放以来，中国特色社会主义政治经济学的一个重大理论贡献是提出了社会主义市场经济理论，其精髓是：社会主义作为一种社会制度和市场经济作为一种资源配置机制，可以有机结合起来，同时发挥二者各自的优势，并生成新的制度优势和体制优势。

社会主义市场经济理论的形成是一个不断突破、不断丰富、不断完善的过程，主线是对社会主义和市场经济认识的不断深化和科学化。对社会主义认识的深化主要体现在邓小平的相关重要论断上。1985年，邓小平指出："贫穷不是社会主义，社会主义要消灭贫穷。"[5]同年又指出："社会主义有两个非常重要的方面，

---

[1] 路德维希·冯·米瑟斯：《社会主义：经济与社会学的分析》，王建民、冯克利、崔树义译，中国社会科学出版社，2008，第103页。

[2] 路德维希·冯·米瑟斯：《社会主义：经济与社会学的分析》，王建民、冯克利、崔树义译，中国社会科学出版社，2008，第107页。

[3] 路德维希·冯·米瑟斯：《社会主义：经济与社会学的分析》，王建民、冯克利、崔树义译，中国社会科学出版社，2008，第118页。

[4] 奥斯卡·兰格：《社会主义经济理论》，王宏昌译，中国社会科学出版社，1981，第9—23页。

[5] 邓小平：《邓小平文选》第3卷，人民出版社，1993，第116页。

一是以公有制为主体，二是不搞两极分化。"①1992年，邓小平又指出："社会主义的本质，是解放生产力，发展生产力，消灭剥削，消除两极分化，最终达到共同富裕。"②如果从这种新的实践高度来认识社会主义，跳出传统思想的桎梏，把解放和发展社会生产力、逐步实现共同富裕作为社会主义的本质，那么社会主义与市场经济就不存在矛盾。因为从解放和发展社会生产力来看，市场经济通过调动亿万人民的聪明才智来创造财富和积累财富，能够极大限度地释放社会生产力发展空间。习近平总书记已经深刻地指出了这一点："理论和实践都证明，市场配置资源是最有效率的形式。"③从逐步实现共同富裕来看，市场经济通过促进资本积累和投资、激励创新，源源不断地创造新的就业岗位，保障大多数人获取收入的机会。同时，通过更好发挥政府的作用，构筑公平竞争的起点、校正市场竞争的结果，帮助处于不利地位和面临风险的人。即使是西方的一些经济学家，也认为社会主义与市场经济具有相容性，社会主义所追求的一些重要目标是可以通过市场机制来实现的。如麦克米兰就指出："市场并非天生与社会的目标背道而驰。"④

对市场认识的不断深化是中国特色社会主义政治经济学鲜明的理论特色。开启中国改革开放大幕的党的十一届三中全会提出，要"重视价值规律的作用"；党的十二届三中全会通过的《中共中央关于经济体制改革的决定》提出，社会主义计划经济是在公有制基础上的有计划的商品经济；党的十四大报告明确提出，经济体制改革的目标是"建立和完善社会主义市场经济体制"，"市场在社会主义国家宏观调控下对资源配置起基础性作用"。市场的"基础性作用"是中国特色社会主义政治经济学对市场认识的一次质的飞跃，标志着社会主义市场经济理论开始形成。

学术界对于如何设计和推进社会主义市场经济体制改革提出了许多建设性意见。1988年，吴敬琏、周小川等出版了《中国经济改革的整体设计》，提出了富有启发的体制设计思路，他们主张"进行企业、市场、宏观调控体系三环节配套

---

① 邓小平：《邓小平文选》第3卷，人民出版社，1993，第138页。
② 邓小平：《邓小平文选》第3卷，人民出版社，1993，第373页。
③ 习近平：《关于〈中共中央关于全面深化改革若干重大问题的决定〉的说明》，《人民日报》2013年11月16日第1版。
④ 约翰·麦克米兰：《市场演进的故事》，余江译，中信出版社，2006，第288页。

改革，尽快使有宏观管理的市场体系发挥整体功能"，指出"目前我国经济体制改革最紧迫的任务，是逐步建立竞争性的市场体系"[①]。一些学者主张通过所有制改革来建立市场经济的微观基础，尤其强调股份制对于社会主义市场经济的意义。蒋学模认为："股份制是同生产社会化和商品化相适应的一种集资形式。它既可以为资本主义企业采用，也可以为社会主义企业利用。社会主义企业之间的横向经济联合可以采取股份制作为财产组织形式，多种经济成分的联合也可以采取股份公司的形式。此外，企业还可以用股份制形式吸收职工入股或吸收社会闲散资金。"[②] 厉以宁认为："在社会主义社会中，建立和发展股份企业不仅是必要的，而且也是可行的。"股份化有以下好处：一是从根本上改变政企不分的状况，把企业办成一个完全经济性的实体；二是比较有效地解决生产要素的合理流动问题，引导资金转移到盈利高的部门，使资金和劳动力得到比较合理的配置；三是有利于把社会上的闲散资金集中起来，实现资金融通[③]。

进入新时代，以习近平同志为核心的党中央开启全面深化改革的新征程，更加注重改革的系统性、整体性、协同性，着力构建和加固社会主义市场经济体制的"四梁八柱"。党的十八届三中全会通过的《中共中央关于全面深化改革若干重大问题的决定》提出了"使市场在资源配置中起决定性作用和更好发挥政府作用"的新论断，实现了社会主义市场经济理论的新飞跃，是完善社会主义市场经济体制的根本理论遵循。党的十九届四中全会通过了《中共中央关于坚持和完善中国特色社会主义制度 推进国家治理体系和治理能力现代化若干重大问题的决定》，注重支撑社会主义市场经济运行的制度建设，提出"公有制为主体、多种所有制经济共同发展，按劳分配为主体、多种分配方式并存，社会主义市场经济体制"三者构成社会主义基本经济制度[④]，实现了社会主义市场经济理论的新突破，进一步提升了社会主义市场经济体制在整个经济制度体系和经济社会发展中的作用。2020年5月，

[①] 吴敬琏、周小川等：《中国经济改革的整体设计》，中国展望出版社，1988，第5页、第15页。

[②] 蒋学模：《评"所有者缺位"论——兼评全民企业股份化》，《经济研究》1988年第3期。

[③] 厉以宁：《社会主义所有制体系的探索》，《河北学刊》1987年第1期。

[④] 《中共中央关于坚持和完善中国特色社会主义制度 推进国家治理体系和治理能力现代化若干重大问题的决定》，人民出版社，2019，第18页。

《中共中央 国务院关于新时代加快完善社会主义市场经济体制的意见》印发，从"坚持公有制为主体、多种所有制经济共同发展，增强微观主体活力""夯实市场经济基础性制度，保障市场公平竞争""构建更加完善的要素市场化配置体制机制，进一步激发全社会创造力和市场活力""创新政府管理和服务方式，完善宏观经济治理体制""坚持和完善民生保障制度，促进社会公平正义""建设更高水平开放型经济新体制，以开放促改革促发展""完善社会主义市场经济法律制度，强化法治保障"等七个重点领域提出加快完善社会主义市场经济体制改革举措[①]，为继续深化改革提供了行动指南。2020年10月召开的党的十九届五中全会通过了《中共中央关于制定国民经济和社会发展第十四个五年规划和二〇三五年远景目标的建议》，首次提出构建高水平社会主义市场经济体制的目标，具体包括五个方面：激发各类市场主体活力，完善宏观经济治理，建立现代财税金融体制，建设高标准市场体系，加快转变政府职能[②]。党的二十大报告进一步强调了构建高水平社会主义市场经济体制的目标，并从坚持和完善社会主义基本经济制度、构建全国统一大市场、健全宏观经济治理体系、加强反垄断和反不正当竞争、依法规范和引导资本健康发展等方面[③]勾画进一步全面深化改革的战略举措，为新时代改革开放指明了方向。

改革开放以来我国社会主义市场经济体制建设有以下明显特点：一是坚持社会主义市场经济改革方向，稳步迈向社会主义市场经济体制；二是社会主义市场经济体制的关键要素、基本结构日渐清晰；三是社会主义市场经济体制不是固定不变的，随着经济发展阶段的变化，其构成要素之间的相互关系和地位也在发生变化，同时增添了一些新的体制机制要素。

---

① 《中共中央 国务院关于新时代加快完善社会主义市场经济体制的意见》，人民出版社，2020。

② 《中共中央关于制定国民经济和社会发展第十四个五年规划和二〇三五年远景目标的建议》，人民出版社，2020，第17—20页。

③ 习近平：《高举中国特色社会主义伟大旗帜 为全面建设社会主义现代化国家而团结奋斗》，人民出版社，2022，第29—30页。

第二节

中国经济体制改革迄今取得的重要进展

改革开放40多年来，我国经济体制改革取得了巨大成就，社会主义市场经济的基本框架已经形成，市场在资源配置中的作用明显增强，主要表现在：经济市场化程度显著提高；商品市场发育程度较高，要素市场初步发育，要素流动性增强；所有制结构多元化，各类经济主体迅速成长；生产要素参与收入分配，初步形成与现代市场经济相契合的激励结构。

一、中国经济市场化程度显著提高

市场化程度从总体上描述了市场机制参与资源配置和经济生活的程度。陈宗胜等认为，市场化就是市场机制在一个经济中对资源配置发挥的作用持续地增大，经济对市场机制的依赖程度不断地加深和增强，市场体制从产生、发展到成熟的演变过程[①]。林永生、郭治鑫、吴其倡从政府行为规范化、经济主体自由化、生产要素市场化、贸易环境公平化、金融参数合理化五个方面测度了1978—2016年中国经济市场化指数的变化，结果表明：1978—2016年，中国经济市场化指数稳步提高，从15.08分（满分100分）提高到86.50分，平均每年提高约1.88分（见表

[①] 陈宗胜、吴浙、谢思全等：《中国经济体制市场化进程研究》，上海人民出版社，1999。

1-1)①。尽管不同机构和学者对中国经济市场化程度的测度结果不完全相同,但都认为中国经济市场化指数是稳步提高的。截至2022年,全球已经有81个经济体承认中国市场经济地位,这些经济体包括俄罗斯、巴西、瑞士、澳大利亚、新西兰、英国、荷兰以及部分北欧国家等。

表1-1　1978—2016年中国经济市场化指数（满分100分）

年份	市场化指数	年份	市场化指数	年份	市场化指数	年份	市场化指数
1978	15.08	1988	19.63	1998	55.49	2008	76.40
1979	14.25	1989	19.83	1999	55.29	2009	79.75
1980	15.08	1990	20.25	2000	60.64	2010	81.42
1981	16.88	1991	21.10	2001	64.26	2011	82.46
1982	18.92	1992	26.04	2002	64.76	2012	79.21
1983	15.79	1993	34.11	2003	67.07	2013	82.96
1984	17.88	1994	37.72	2004	70.53	2014	83.17
1985	18.38	1995	40.60	2005	76.03	2015	85.25
1986	18.38	1996	41.43	2006	75.19	2016	86.50
1987	19.83	1997	49.93	2007	76.19	—	—

二、商品市场快速发育

商品（如农副产品、日用品和一般工业品等）市场和一般服务业（如餐饮和旅馆等）市场是改革开放以来发展最为迅速的。改革开放初期,许多日常生活用品和服务都是定量配给的,价格由计划制定,许多是定量供应的,价格固定,消费者没有选择。而到了1990年,在社会商品零售、农副产品收购以及生产资料出厂三个环节,市场调节在价格形成中的比重就分别上升到53%、51.6%和36.4%。到了1993年,这三个比重再上升到93.8%、87.5%和81.1%。可以说,到20世纪90年代初,"价格形成机制发生根本性变化,国家定价退居次要地位,大部分商品价格已经在市场上形成"②。1997年,在社会商品零售额中,市场调节价比重上升到

---

① 林永生、郭治鑫、吴其倡:《中国市场化改革绩效评估》,《北京师范大学学报》（社会科学版）2019年第1期。

② 中国社会科学院财贸物资研究所和美国加州大学伯克利分校商学院合作课题组:《中国商品市场的发育与完善》,《经济学家》1993年第5期。

93.2%，政府定价比重下降到5.5%，农副产品市场调节价比重达80.5%，政府定价比重下降到16.1%[①]。目前，除自来水、电、燃气、教育、医疗、公共交通等基本公共服务价格由政府定价外，一般商品和服务价格基本由市场形成。商品和服务的品种也日趋增多，市场规模不断扩大。2021年，我国亿元以上商品交易市场3753个，年成交额达115462.2亿元，其中综合市场1130个，年成交额26807.9亿元，各类专业市场2623个，年成交额88654.3亿元，限额以上零售企业销售额达148091.9亿元。消费者享有充分的选择自由权，选择的范围和产品的质量都大幅度扩大和提升，幸福感也随之提升。

更为重要的是，随着互联网技术的迅速发展，我国商品市场的形态发生了质的变化，并且走在世界前列。网上销售和网上购买成为越来越多企业和消费者的新选择。表1-2显示，2015—2022年，我国互联网销售增长异常迅速，网上零售额从38773亿元猛增到137853亿元，增长了近2.6倍。基于移动支付的市场交易额也大幅度增加。数据显示，2016—2021年，我国第三方移动支付交易规模由58.8万亿元增至288.1万亿元左右，增长了近3.9倍。

表1-2　2015—2022年我国网上零售额迅速增长

年份	网上零售额 绝对值/亿元	增长率/%	实物商品网上零售额 绝对值/亿元	增长率/%	网上零售额占社会消费品零售总额比重/%
2015	38773	33.3	32424	31.6	28.3
2016	51556	26.2	41944	25.6	12.6
2017	71751	32.2	54806	28.0	15.0
2018	90065	23.9	70198	25.4	18.4
2019	106324	16.5	85239	19.5	20.7
2020	117601	10.9	97590	14.8	30.0
2021	130884	14.1	108043	12.0	29.7
2022	137853	4.0	119642	6.2	31.3

资料来源：2016—2022年国家统计局编《中国统计年鉴》；国家统计局编《中国统计摘要2023》，中国统计出版社，2023。

[①] 国家计委价格司：《1997年我国价格形成市场化程度进一步提高》，《中国物价》1998年第12期。

基于互联网的电子商务强化了商品市场的显示和调节供求功能,商品和服务流通的空间范围前所未有地扩大,消费者的搜寻成本等信息成本大大降低,从而使得市场交易成本明显降低,以往难以获得的产品和服务质量信息也在较大程度上显示了出来,消费者的偏好更容易、更快速地反馈到生产者那里,供求规律、竞争规律和价值规律获得了更好发挥作用的条件,明显促进了市场优化配置资源的功能。

三、所有制结构多元化

现代市场经济不可能建立在单一的所有制结构和企业组织形式之上。改革开放40多年来,通过持续不断的所有制改革,形成了以公有制为主体、多种所有制经济共同发展的所有制结构,为社会主义市场经济的有效运行奠定了比较坚实的微观基础。

我国的经济体制改革是从单一公有制出发的。所有制结构的变动是以允许个体经济的存在和发展为发端的,而一旦打开这个缺口,所有制结构便获得了自我演进的内生动力。1978年党的十一届三中全会指出:"社员自留地、家庭副业和集市贸易是社会主义经济的必要补充部分,任何人不得乱加干涉。"[①]1980年改革开放后颁发了第一张个体工商业营业执照,1982年发展和保护个体经济被写入了《中华人民共和国宪法》:"在法律规定范围内的城乡劳动者个体经济,是社会主义公有制经济的补充。国家保护个体经济的合法的权利和利益。"[②]到1992年邓小平视察南方,全国登记注册的个体工商户达1533.9万户,从业人员达2467.7万人,注册资金达600.9亿元,实现产值926.2亿元,营业额为2238.9亿元,商品零售额为1861.3亿元。与个体经济相比,私营经济的发展要稍晚一些,也曲折艰难得多。1988年全国各地开始私营企业登记注册工作,1989年底全国登记注册的私营企业为90581户,从业人员1640051人,工业、建筑业、交通运输业实现产值974005万

[①] 中共中央文献研究室编《三中全会以来重要文献选编》(上),中央文献出版社,2011,第7页。

[②] 中共中央文献研究室编《十二大以来重要文献选编》(上),中央文献出版社,2011,第189—190页。

元，餐饮业、修理业等行业的营业额为388055万元，商品零售额为337434万元。在随后我们党关于非公有制经济的基本理论和重要政策中，提出了"两个毫不动摇"方针、"非公经济36条"和"非公经济新36条"、平等保护物权、平等获取生产要素等，非公有制经济稳步发展，成为市场经济和资源配置的活跃主体。到2021年，我国个体工商户达1.03亿户，私营企业法人单位数达26288321个，港澳台商和外商投资企业法人单位数达281778个。2022年，新登记市场主体2908万户，日均新登记企业2.4万户，年末各类市场主体总数近1.7亿户。

公有制经济仍然在经济社会发展中占据主体地位，但公有制的实现形式已经多元化。经过国有企业的战略性重组、公司制改革和股权多元化改革，国有企业和国有独资企业的比重大幅度下降，国有控股企业和国有参股企业比重提高。2021年，国有企业法人单位数为78357个，占总企业数的比重仅为0.27%，国有控股企业法人单位数为323277个，占总企业数的1.13%。

值得注意的是，混合所有制经济作为一种新型所有制形态，在最近几年快速成长，扮演的角色也越来越重要。早在1993年召开的党的十四届三中全会通过的《中共中央关于建立社会主义市场经济体制若干问题的决定》就指出："随着产权的流动和重组，财产混合所有的经济单位越来越多，将会形成新的财产所有结构。"[1]1999年党的十五届四中全会提出"发展混合所有制经济"，2003年党的十六届三中全会提出"大力发展国有资本、集体资本和非公有资本等参股的混合所有制经济，实现投资主体多元化，使股份制成为公有制的主要实现形式"[2]。党的十八大以来，以习近平同志为核心的党中央多次强调发展混合所有制经济，出台了一系列重要改革举措，大大推动了混合所有制经济的发展。据统计，2018年，在146万亿元的经营性社会总资产中，排在第一位的是以股份有限公司和有限责任公司形式存在的混合所有制经济，其资产达到77.6万亿元，占全部社会总资产的

---

[1] 中共中央文献研究室编《十四大以来重要文献选编》（上），中央文献出版社，2011，第458页。

[2] 中共中央文献研究室编《十六大以来重要文献选编》（上），中央文献出版社，2005，第466页。

53.06%，这说明以股份制为主要形式的混合所有制经济已经占有相当大的比重[①]。

从大的方面看，我国已经形成了国有经济、民营经济和外资经济"三分天下"的基本格局，今后还会有一些变化，但基本能够为社会主义市场经济的运行提供比较坚实的所有制基础。

四、形成与社会主义市场经济基本相容的激励结构

在市场经济条件下，人们在经济领域主要基于利益作出选择和决策，利益也是资源流动的基本驱动力量，因此，形成与市场经济内在运行规律相契合的激励结构就显得非常重要。

改革开放伊始，中央就明确提出要克服平均主义，恢复按劳分配原则。《中共中央关于加快农业发展若干问题的决定》指出："按劳分配、多劳多得是社会主义的分配原则，决不允许把它当作资本主义原则来反对。"[②]党的十二届三中全会指出："平均主义思想，同马克思主义关于社会主义的科学观点是完全不相容的。历史的教训告诉我们：平均主义思想是贯彻执行按劳分配原则的一个严重障碍，平均主义的泛滥必然破坏社会生产力。"[③]

除了恢复贯彻按劳分配原则以外，改革开放后经济激励结构的一个重要变化就是逐步引入按劳分配以外的分配方式，特别是按生产要素分配。党的十三大指出："除了按劳分配这种主要方式和个体劳动所得以外，企业发行债券筹集资金，就会出现凭债权取得利息；随着股份经济的产生，就会出现股份分红；企业经营者的收入中，包含部分风险补偿；私营企业雇用一定数量劳动力，会给企业主带来

[①] 中国社会科学院经济研究所课题组：《"十四五"时期我国所有制结构的变化趋势及优化政策研究》，《经济学动态》2020年第3期。

[②] 中共中央文献研究室编《中共中央关于加快农业发展若干问题的决定》，载《三中全会以来重要文献选编》（上），人民出版社，1982，第195页。

[③] 中共中央文献研究室编《中共中央关于经济体制改革的决定》，载《十二大以来重要文献选编》（中），人民出版社，1986，第84页。

部分非劳动收入。以上这些收入，只要是合法的，就应当允许。"[1]党的十五大明确提出："把按劳分配和按生产要素分配结合起来，……允许和鼓励资本、技术等生产要素参与收益分配。"[2]党的十九届四中全会把"按劳分配为主体、多种分配方式并存"作为社会主义基本经济制度的重要组成部分，提出"健全劳动、资本、土地、知识、技术、管理、数据等生产要素由市场评价贡献、按贡献决定报酬的机制"[3]。

按劳分配为主体、多种分配方式并存的基本分配制度，能够奠定与社会主义市场经济相容的激励结构，不仅能够调动人们劳动的积极性，还能够激发人们积累和运用资本、知识、技能、数据等的热情，使财富的创造和经济的运行获得不竭的动力。

人们的收入渠道日趋多元化。劳动收入仍是居民收入的主要来源，除劳动收入以外，居民还可以通过其他多种渠道获得多种形式的收入，主要是财产性收入和经营性收入。财产性收入包括存款和债券带来的利息收入、股票带来的股息收入和资本性收益、房产带来的租金收入和资本性收益等；经营性收入包括开办企业的利润收入和从事其他经营活动的收入。如表1-3所示，2013—2022年，在居民人均可支配收入中，工资性收入（主要是劳动收入）占一半以上，平均为56.24%，经营性净收入占比平均为17.46%，财产净收入占比平均为8.27%，转移净收入占比平均为18.05%。经营性净收入和财产净收入之和占居民人均可支配收入平均为25.73%，略高于1/4。从这些数据可以看出，我国已经形成了多元化的收入和激励机制。

---

[1] 中共中央文献研究室编《十三大以来重要文献选编》（上），中央文献出版社，2011，第28页。

[2] 中共中央文献研究室编《十五大以来重要文献选编》（上），人民出版社，2000，第42页。

[3] 《中共中央关于坚持和完善中国特色社会主义制度 推进国家治理体系和治理能力现代化若干重大问题的决定》，人民出版社，2019，第19—20页。

表1-3　2013—2022年居民人均可支配收入及其构成

年份	居民人均可支配收入/元	工资性收入 金额/元	占比/%	经营性净收入 金额/元	占比/%	财产净收入 金额/元	占比/%	转移净收入 金额/元	占比/%
2013	18310.8	10410.8	56.9	3434.7	18.8	1423.3	7.8	3042.1	16.6
2014	20167.1	11420.6	56.6	3732.0	18.5	1587.8	7.9	3426.8	17.0
2015	21966.2	12459.0	56.7	3955.6	18.0	1739.6	7.9	3811.9	17.4
2016	23821.0	13455.2	56.5	4217.7	17.7	1889.0	7.9	4259.1	17.9
2017	25973.8	14620.3	56.3	4501.8	17.3	2107.4	8.1	4744.3	18.3
2018	28228.0	15829.0	56.1	4852.4	17.2	2378.5	8.4	5168.1	18.3
2019	30732.8	17186.2	55.9	5247.3	17.1	2619.1	8.5	5680.3	18.5
2020	32188.8	17917.4	55.7	5306.8	16.5	2791.5	8.7	6173.2	19.2
2021	35128.1	19629.4	55.9	5892.7	16.8	3075.5	8.8	6530.5	18.6
2022	36883.3	20590.3	55.8	6174.5	16.7	3226.5	8.7	6891.9	18.7

资料来源：国家统计局编《中国统计年鉴2019》，中国统计出版社，2019；国家统计局编《中国统计摘要2023》，中国统计出版社，2023。

|第三节|

社会主义市场经济中的重要理论和实践问题

社会主义市场经济涉及若干基本理论和实践问题，蕴含着若干重要理论和实践原则，主要涉及政府与市场的关系、所有制结构、收入分配制度、社会主义经济运行和对外开放等方面。

一、政府与市场的关系

政府与市场的关系是理论和实践中历久弥新的重大问题。无论是马克思主义政治经济学的发展，还是西方主流经济思想的演变，其重要标志之一就是对政府与市场关系的重新认识以及对政府与市场角色的重新定位。我国改革开放是以高度集中的计划经济体制为出发点的，处理好政府与市场的关系尤为重要。党的十四大报告指出，确定经济体制改革目标的核心是"正确认识和处理计划与市场的关系"[1]；党的十八大报告进一步指出，"经济体制改革的核心问题是处理好政府和市场的关系"，党的十八届三中全会在《中共中央关于全面深化改革若干重大问题的决定》中重申了这一理论和实践原则，勾画出了建立和完善社会主义市场经济体制的清晰线索。

如何处理好政府与市场的关系？从改革初期的自觉运用价值规律，到党的十二大报告的"计划经济为主、市场调节为辅"，到党的十四大的"市场在社会主义国

---

[1] 中共中央文献研究室编《十四大以来重要文献选编》（上），中央文献出版社，2011，第15页。

家宏观调控下对资源配置起基础性作用",再到党的十八届三中全会的"市场在资源配置中起决定性作用和更好发挥政府作用",我们的认识一直向纵深推进,而"市场在资源配置中起决定性作用和更好发挥政府作用"已经成为中国特色社会主义政治经济学和构建高水平社会主义市场经济体制的一条基本原则。

科学理解市场的决定性作用和更好发挥政府作用,是处理好政府与市场关系的关键。首先,需要认真领会"市场决定资源配置是市场经济的一般规律"[①]。市场的决定性作用体现在,绝大多数经济资源,无论是消费品(包括重要消费品)还是生产要素(包括劳动力、资本、土地、技术、数据等),都需要经由市场机制配置到最有效率的领域和环节上去。市场的优势源自它能够合成错综复杂的社会偏好,将它们转化为价格信号[②],引导企业、消费者等市场主体作出合理的选择;能够有效地传递和利用无数分散而隐匿的知识和信息,使资源的配置动态优化;能够充分利用人们的内在激励驱动资源不停地流动,使整个经济充满生机和活力;能够不断激励创新和创业,成为不断获取新知识、淘汰旧知识的有机体[③],从而也是创造新经济和开拓新生产力的有机体。总之,市场经济的优势在于能够调动潜藏在千百万人中的智慧和力量,让一切创造社会财富的源泉充分涌流。当然,市场不是万能的,更不能将市场的决定性作用和市场原则无限制地扩大到公共产品领域、社会领域、政治领域和道德领域,"市场设计并不是要么市场、要么政府的问题,而是市场加上政府才能解决的问题"[④]。其次,科学界定政府作用。资源的配置活动基本交给市场以后,政府就应该从纷繁复杂的资源配置活动中退出来而专注于自己的应尽职能。政府职能内生于现代市场经济的运行规律和社会主义的制度规定性,可以概括为构建四大基本框架:一是市场经济制度框架,包括良好的法治秩序、有效的产权制度、公正透明的竞争规则和权威的监管制度;二是总体生产力框架,包括

[①] 《中共中央关于全面深化改革若干重大问题的决定》,人民出版社,2013,第5页。

[②] 兰格认为:"市场可以看成是求解联立方程的最古老的历史上的装置之一",计算机诞生以后,"市场过程连同它的烦琐的试验似乎过时了"。可见,兰格把市场的基本功能视为处理复杂信息,但认为计算机可以替代这一功能,又把复杂问题简单化了。参见奥斯卡·兰格:《社会主义经济理论》,王宏昌译,中国社会科学出版社,1981,第183—184页。

[③] 埃德蒙·费尔普斯:《大繁荣》,余江译,中信出版社,2013,第33页。

[④] 约翰·麦克米兰:《市场演进的故事》,余江译,中信出版社,2006,第228页。

资源、能源、交通、通信、信息、数据、生态等领域的大型公共基础设施和骨干网络，形成生产力发展和社会生活的骨架；三是宏观经济稳定框架，通过营造均衡、平稳的经济运行环境，形成稳定的市场和公众生活预期；四是社会福利框架，通过养老、医疗、教育、失业等制度防范社会风险，保障基本民生。当然，政府在建构这四大框架的过程中，也可以引进和利用市场的力量，促进资源动员和效率提升。

二、所有制结构

所有制问题在马克思主义政治经济学中居于核心地位，也是构建高水平社会主义市场经济体制的重大理论和实践问题。改革开放以来，我国所有制改革理论和实践取得了一系列重大突破，核心是对公有制经济、非公有制经济以及二者相互关系的认识不断深化和科学化，并对我国改革开放和现代化进程产生了深远影响。

改革开放初期，出于缓解就业压力和活跃城乡市场的考量，先允许个体经济继而允许私营经济的存在和发展，并把它们定位为公有制经济的补充，同时允许外资的进入，以弥补资金缺口和引进先进生产、管理技术，从而开启了我国所有制结构发展演变的序幕。党的十五大实现了所有制理论质的飞跃，提出"公有制为主体、多种所有制经济共同发展"是社会主义初级阶段的基本经济制度这一基本论断，围绕这一论断，提出了关于所有制问题的一些重要原理和原则，主要包括：公有制的主体地位主要体现在公有资产在社会总资产中占优势，国有经济控制国民经济命脉、对经济发展起主导作用；公有制实现形式可以而且应当多样化，股份制是现代企业的一种资本组织形式，社会主义也可以用，建立现代企业制度是国有企业改革的方向；非公有制经济是我国社会主义市场经济的重要组成部分。在党的十六大报告中，又进一步发展了所有制理论，首次提出"两个毫不动摇"的方针，随后"两个毫不动摇"一再被重申，从来没有动摇过，并相继制定出一系列的政策措施。

党的十八大以来，基于全面深化改革和我国经济发展迈入新常态的新历史条件，所有制理论和改革又有了新的发展。党的十八届三中全会在《中共中央关于全面深化改革若干重大问题的决定》中提出，公有制经济和非公有制经济都是社会主义市场经济的重要组成部分，都是我国经济社会发展的重要基础，公有制经济财产权不可侵犯，非公有制经济财产权同样不可侵犯，保证各种所有制经济依法平等使用生产要素、公开公平公正参与市场竞争、同等受到法律保护，混合所有制经济是基本经济制度的重要实现形式，完善国有资产管理体制，以管资本为主加强国有资产监管，等等。2016年3月习近平总书记参加全国政协十二届四次会议民建、工商联界委员联组会时，系统阐述了我国基本经济制度的理论与实践原则，澄清了有关基本经济制度，特别是有关非公有制经济的模糊认识，指出"公有制经济、非公有制经济应该相辅相成、相得益彰，而不是相互排斥、相互抵消"[①]，巩固和发展了已有理论成果；2020年12月中共中央政治局会议首次提出"防止资本无序扩张"；2021年12月中央经济工作会议进一步指出："要正确认识和把握资本的特性和行为规律"，"要发挥资本作为生产要素的积极作用，同时有效控制其消极作用"；2022年中央经济工作会议再次强调"两个毫不动摇"方针；2023年习近平总书记在参加全国政协十四届一次会议民建、工商联界委员联组会时强调"正确引导民营经济健康发展高质量发展"。这些都标志着党对资本认识的深化，也标志着党对所有制问题认识的深化，必将对构建高水平社会主义市场经济体制和中国式现代化建设产生重要影响。

与改革开放初期相比，我国各种所有制经济都得到了长足发展，所有制结构发生了重大变化。公有制经济所占的比重下降，但主体地位没有变，仍控制着国民经济的重要行业、关键领域、重要环节和优质资产；非公有制经济在产值、投资、就业、税收总量中的比重大幅度提升，成为驱动经济增长和社会进步的重要动力。与此同时，我国经济发展进入新常态，经济结构更加复杂、不确定性增加、创新重要性凸显、消费个性化增强。需要在新的历史条件下进一步推动所有制理论的创新发展，优化所有制结构，为保持经济高质量发展和落实创新驱动发展战略奠定所有制基础。

第一，科学认识和保持公有制经济的主体地位。从产值、就业、税收等指标看，公有制经济已经不占数量优势，人们因此担心公有制经济的主体地位。从一定意义上讲，这为我们科学认识公有制经济的主体地位提供了历史机遇。我们需要从

[①] 习近平：《毫不动摇坚持我国基本经济制度，推动各种所有制经济健康发展》，《人民日报》2016年3月9日第1版。

中国特色社会主义的本质规定性和现代市场经济的内在运行规律来科学把握公有制经济的主体地位，与时俱进，不断进行理论和实践创新。公有制经济的主体地位需要有量的规定性[①]，但更重要的是质的规定性，即公有制经济的主体地位应主要体现在公有制经济，特别是国有经济构成国民经济和社会福利的基本框架上。具体来说，就是国有经济和国有资本主要分布于关系国家安全、国民经济命脉和基本民生的重要行业、关键领域和重要环节，形成经济社会发展的骨架，再通过市场经济的渗透、放大和影响作用，成为覆盖整个经济社会生活的"普照的光"[②]。

第二，科学认识非公有制经济是现代生产力发展的重要组成部分。科学技术飞速发展，不能再将非公有制经济以及中小企业与落后生产力始终联系在一起[③]。在机器大工业时代，生产规模的扩大往往构成生产力发展的基础，而现代生产力的发展趋势不再是向生产大型化的单一方向，而是向大、中、小型化多方向并进。灵活运用现代技术，特别是数字技术，中小企业甚至微型企业完全可以成为容纳和利用现代生产力的资产和企业组织形式。不仅如此，中小企业甚至成为创新的重要源泉。需要基于"多样性"来理解非公有制经济存在的理由。多样性是适应经济复杂性、克服不确定性、激发创新活力和满足个性化需求的基础条件。"现代经济依靠社会的多样性实现繁荣。……经济活力还取决于企业家的多样性。"[④]因为，一个社会的创新意愿和能力都与多样性密切相关，金融家、企业家、生产者、消费者和

[①] 需要注意的是，这种量的规定性不是先验的，而是随实践而发展变化的，是由中国特色社会主义制度规定性、经济发展阶段、市场配置资源的决定性作用、市场运行内在机制等因素综合决定的。

[②] 对于"普照的光"，马克思有这样的论述："在一切社会形式中都有一种一定的生产决定其他一切生产的地位和影响，因而它的关系也决定其他一切关系的地位和影响。这是一种普照的光，它掩盖了一切其他色彩，改变着它们的特点。"参见马克思、恩格斯：《马克思恩格斯文集》第8卷，人民出版社，2009，第31页。

在社会主义市场经济中，公有制经济的主体地位和国有经济的主导作用应该更多地从"普照的光"的角度来理解和把握，而不能简单地划出某种数量界限。而且，这种"普照的光"是通过市场机制的运转和经济规律的作用散发出来的。

[③] 政治经济学教材和一些相关论文在分析非公有制经济和中小企业存在的理由时，一般把它们与生产力落后和经济发展不平衡联系在一起。这一观点需要随现代生产力的发展而改变。

[④] 埃德蒙·费尔普斯：《大繁荣》，余江译，中信出版社，2013，第41页。

企业组织形式、社会财产形式的多样性，决定着一个社会的活力和创造力。

进一步认识混合所有制经济的重要作用。各种资本交叉持股、相互融合的混合所有制经济将成为我国经济运行的基础，而股份制是混合所有制经济的重要存在形式。科学认识股份制的性质对于推动混合所有制经济发展非常重要。马克思和恩格斯对股份资本的论述可以给我们重要的理论启迪。马克思认为，股份公司的资本"在这里直接取得了社会资本（即那些直接联合起来的个人的资本）的形式，而与私人资本相对立"①；恩格斯则指出，"由股份公司经营的资本主义生产，已经不再是私人生产，而是由许多人联合负责的生产"②。马克思、恩格斯尚且认为资本主义社会中的股份资本带有"社会资本"和"联合生产"的性质，那么，在以公有制为主体的社会主义市场经济中，股份资本必然会在更大程度上体现"社会资本"和"联合生产"的性质而成为公有制主体地位的实现形式或与公有制的主体地位相融合。

三、收入分配制度

改革开放以来，我们形成了一系列有关收入分配的重要理论和实践原则，涉及个人收入分配制度、生产要素参与分配、公平与效率关系、共同富裕等诸多重要方面。

确立"按劳分配为主、多种分配方式并存"的社会主义基本收入分配制度，是经济体制改革实践和中国特色社会主义政治经济学在分配理论上的一个重大突破，体现了社会主义的本质规定性和现代市场经济的运行规律。改革开放初期，为了克服平均主义，强调按劳分配原则，党的十三大报告提出了"实行以按劳分配为主体的多种分配方式"，党的十四届三中全会明确提出了"按劳分配为主体、多种分配方式并存"的收入分配制度③，实现了收入分配理论和制度质的飞跃。在随后的发展中，在坚持按劳分配为主体的前提下，逐步明晰多种分配方式的内涵，特别是

---

① 马克思、恩格斯：《马克思恩格斯文集》第7卷，人民出版社，2009，第494—495页。
② 马克思、恩格斯：《马克思恩格斯文集》第4卷，人民出版社，2009，第410页。
③ 中共中央文献研究室编《十四大以来重要文献选编》（上），中央文献出版社，2011，第452—476页。

引入按生产要素分配。党的十五大报告提出"把按劳分配和按生产要素分配结合起来","允许和鼓励资本、技术等生产要素参与收益分配";党的十六大报告提出"确立劳动、资本、技术和管理等生产要素按贡献参与分配的原则";党的十八届三中全会提出"健全资本、知识、技术、管理等由要素市场决定的报酬机制";党的二十大报告提出"坚持按劳分配为主体、多种分配方式并存,构建初次分配、再分配、第三次分配协调配套的制度体系","促进机会公平,增加低收入者收入,扩大中等收入群体","规范财富积累机制"等[1]。允许生产要素参与分配,使居民的收入渠道多元化,财产性收入等非劳动收入快速增长,为市场机制运转提供了强劲动力。

"按劳分配为主、多种分配方式并存"的基本分配制度,与"公有制为主体、多种所有制经济共同发展"的所有制结构具有内在一致性,符合马克思主义政治经济学收入分配的一般原理,即"消费资料的任何一种分配,都不过是生产条件本身分配的结果"[2];它激发了亿万人民创造财富、获取收入和改善自身经济地位的积极性,驱动劳动力、资本、土地、技术、数据等生产要素不停地流动和重新配置,从而奠定了与社会主义市场经济运行相契合的分配制度基础。

收入分配理论和制度还需要进一步完善,一个重要方面是在新的历史条件下处理好公平与效率的关系。2003年之前,我们处理公平与效率关系的原则是"效率优先,兼顾公平"[3],这与我国分配制度改革的起点是平均主义"大锅饭",同时经济严重缺乏效率和活力密切相关。从2004年开始,特别是党的十八大以来,处理公平与效率关系的原则发生了重要变化,"更加注重社会公平""着力提高低收入者收入水平""逐步扩大中等收入者比重",使全体人民有更多的"获得感"等已纳入处理公平与效率关系的原则之中。同时,对"公平"的理解也趋于其本质。党的十八大报告把"权利公平、机会公平、规则公平"作为社会公平的主要内容。这种公平观不仅与社会主义的本质规定相一致,也与现代市场经济运行的内在规律

---

[1] 习近平:《高举中国特色社会主义伟大旗帜 为全面建设社会主义现代化国家而团结奋斗》,人民出版社,2022,第47页。

[2] 马克思、恩格斯:《马克思恩格斯文集》第3卷,人民出版社,2009,第436页。

[3] 在当时的历史条件下,"公平"更多地被理解为"结果平等"。

相一致，为确立科学的公平与效率关系奠定了基础。

从公平实现的全过程来看，公平包括起点公平、过程公平和结果公平，它们依次继起，相互影响。在现代市场经济中，如果起点和过程都是公平的，那么由此带来的竞争结果就可以视为符合公平原则，人们也会在很大程度上认可和接受这种结果[①]。所以，起点公平和过程公平在构建公平社会的过程中居于核心地位。不过，这种结果可能包含着公平竞争本身所造成的收入和财富的差别，而这正是经济发展的原动力所在。结果公平需要从两个方面把握。一方面，形成结果的起点和过程必须是公平的，否则它们所带来的结果就不会被社会所认可；另一方面，这种结果所带来的收入和财富差距不能过于悬殊，不会造成两极分化。结果公平除了依赖于起点公平和过程公平而获得自身价值之外，它本身还具有独立的价值。这是因为：第一，结果的公平性会影响新起点和新过程的公平。具体而言，上一轮竞争或上一辈人竞争的结果往往构成下一轮竞争或下一辈人竞争的条件，从而决定着新一轮竞争的起点和利用机会的能力。第二，相对平等的收入和财富分配更有利于社会再生产的顺利进行，特别是消费（尤其是中低收入群体消费）对生产的反作用和对劳动力再生产的作用，影响着人自由而全面的发展和人性的解放。但是，校正公平竞争结果的行为是有限度的，那就是，它不能损害经济发展和市场运转的原动力。因此，在追求公平的努力中，首要任务是构建公平竞争的条件和环境，以充分调动人们创造财富的潜能，然后对竞争的结果进行适当修正，把收入和财富的差距控制在社会所能接受的范围内。

权利公平、机会公平、规则公平是实现起点公平和过程公平的关键，也是实现结果公平的关键。为了实现社会公平，同时促进经济效率提升，首先需要保障起点公平和过程公平。对于起点公平，要确保社会各阶层，特别是低收入家庭子女获得公平教育的机会。"对于政府来说，为使国家走上分配较为平等的道路，教育政策是最为可靠的办法"，"教育是而且永远是穷人家庭孩子逃出贫困的一条主要出

---

① 詹姆斯·M.布坎南说："如果初始禀赋和能力的分配的大体公平能够保证，在实际预期意义和规范偏好意义上，对于竞争市场过程的分配结果，我是相对心安理得的。"参见詹姆斯·M.布坎南：《自由、市场与国家——80年代的政治经济学》，平新乔、莫扶民译，上海三联书店，1989，第197页。

路"①。低收入家庭孩子的营养状况、劳动力健康状况、居住条件等也会对起点公平产生重要影响。对于过程公平，则要求竞争规则公正、透明，竞争机会开放，人们有迁徙、择业、投资、交易的自由，拥有平等获取和利用生产要素的权利。因此，开放户籍制度、消除各类进入和退出障碍、发展金融市场和完善信息基础设施等，都是增进过程公平的重要手段。如果实现了起点公平和过程公平，我们就能够在较大程度上实现社会认可的结果公平，并以此为基础，通过社会保障、低收入群体补贴、消除贫困等措施对竞争结果加以适当校正，实现更高程度的结果公平。同时，为了缩小收入差距和财富差距造成的消费差距，我们还需要通过完善产权保护制度和发展金融市场等措施，激励富裕群体把大部分收入和财富转化为再生产过程中的投资，在增加低收入群体的就业和收入机会的同时，缩小社会成员实际消费的差距，实现更高的消费公平和福利公平。

四、社会主义经济运行

在社会主义市场经济中，劳动时间的分配、生产要素的配置主要是通过价值规律的作用来实现的，个人收入分配也要受到价值规律的重大影响②。因此，中国特色社会主义政治经济学必须研究市场经济的运行规律。马克思在剖析资本主义经济运行规律时，对市场经济运行的一般原理进行了论述，为我们分析社会主义市场经济运行提供了理论启迪。例如，马克思认为，按比例分配社会劳动是一条"自然规律"，而这一规律在商品经济条件下是通过价值规律发挥作用的，这与我们提出的"市场在资源配置中的决定性作用"具有理论上的内在一致性；马克思强调商品交换中所有权、自由、平等的重要性，他认为，"从交换行为本身出发，个人，每一个人，都自身反映为排他的并占支配地位的（具有决定作用的）交换主体。因而这

---

① 杰拉尔德·迈耶、约瑟夫·斯蒂格利茨主编《发展经济学前沿》，本书翻译组译，中国财政经济出版社，2003，第390页。

② 在市场经济条件下，按劳分配中的"劳"是由它所形成的价值量来衡量的，劳动是否投入到有效的用途上，从而能否形成价值，也是由价值规律确认的。至于按生产要素分配，则基本由价值规律、供求规律和竞争规律调节。

就确立了个人的完全自由：自愿的交易；任何一方都不使用暴力"[①]，是"处在平等的关系中"，"除了平等的规定以外，还要加上自由的规定"[②]。

社会主义市场经济理论对经济运行有许多重要的论述。第一，强调培育完备的市场体系。马克思指出，"市场……采取总体的形态"[③]。只有完备的市场体系才足以支撑市场在资源配置中起决定性作用。市场体系的完备性不仅指各类市场齐全和发育良好，还指它们处于有机的联系之中，相互作用而趋向动态一般均衡。1993年11月，党的十四届三中全会审议通过的《中共中央关于建立社会主义市场经济体制若干问题的决定》就提出要重点培育金融市场、劳动力市场、房地产市场、技术市场和信息市场等。2003年10月，党的十六届三中全会审议通过的《中共中央关于完善社会主义市场经济体制若干问题的决定》提出要发展期货市场。迄今，各类市场业已存在，许多资源都是通过市场来进行配置的。第二，强调市场体系的统一开放和竞争有序。向市场主体开放机会，赋予其自由选择、公平竞争的权利，同时又让其承担决策的风险，硬化预算约束，市场规则公开透明，商品和要素可以自由流动。第三，实施有效市场监管。监管是政府最为重要的微观经济职能，以维护市场竞争秩序，消除垄断，保障食品、药品、环境和生产场所安全等。第四，强调生产要素的流动性。生产要素自由流动是价值规律、供求规律、竞争规律发挥作用的前提条件，只有在生产要素充分自由流动的前提下，资源配置才能实现动态优化。从市场发育的现状看，今后现代市场体系建设的一个着力点就是完善生产要素市场，增强生产要素的流动性，以激发市场经济的内生动力。

---

① 马克思、恩格斯：《马克思恩格斯全集》第46卷（上），人民出版社，1979，第196页。
② 马克思、恩格斯：《马克思恩格斯全集》第46卷（上），人民出版社，1979，第195页。
③ 马克思、恩格斯：《马克思恩格斯全集》第46卷（上），人民出版社，1979，第238页。

五、对外开放

在马克思所构想的政治经济学体系中,无论是"五篇结构"计划还是"六册结构"计划,都包含国际贸易、国际市场等国际经济关系的内容,这说明马克思主义经典作家当时已经充分意识到生产力发展国际化、资源配置国际化和利益分配国际化的重要性。马克思认为,国际分工是产生国际贸易的基础,也是资本国际流动的基础。它们反过来又有力地推动国际分工向更广范围、更深程度和更高层次发展。在谈到国际贸易和国际市场的作用时,马克思指出,世界市场"到处为文明和进步准备好地盘,使各文明国家里发生的一切必然影响到其余各国"[①],"新的世界市场关系也引起产品的精致和多样化"[②]。价值规律同样在国际市场上发挥重要作用,调节着生产国际化所生成的利益在不同国家之间的分配,其中技术先进、劳动复杂程度高、劳动生产率高的国家占据较大利益份额,从而导致"一个国家的三个工作日也可能同另一个国家的一个工作日交换"[③]。马克思同时从生产关系的角度来认识经济国际化的性质,他说:"创造世界市场的趋势已经直接包含在资本的概念本身中"[④]。从生产力和生产关系两个方面来把握经济全球化的性质,是马克思主义政治经济学的一个基本原则,也是构建高水平社会主义市场经济体制的一个重要原则。

20世纪下半叶以来,国际分工迅速发展,不仅传统的产业间分工、产品间分工程度加深,产业内分工和产品内分工也在不断出现和深化,产业链条越拉越长,劳动生产率也越来越高。与此同时,交通运输、通信和信息技术快速发展。在这些因素的共同作用下,产品、服务、生产要素的国际流动规模日趋扩大,速度越来越快,生产、交换、分配和消费越来越成为世界性的。积极参与国际分工,在国际分工链条和国际经济规则制定中占据有利位置,是各国谋求竞争优势和经济发展的必然选择。

---

① 马克思、恩格斯:《马克思恩格斯全集》第4卷,人民出版社,1958,第361—362页。
② 马克思、恩格斯:《马克思恩格斯文集》第5卷,人民出版社,2009,第512页。
③ 马克思、恩格斯:《马克思恩格斯全集》第26卷第3册,人民出版社,1974,第112页。
④ 马克思、恩格斯:《马克思恩格斯全集》第46卷(上),人民出版社,1979,第391页。

社会主义市场经济基于经济全球化背景和我国经济发展实践，逐步形成了一系列对外开放的理论观点，认为对外开放是一项长期基本国策；充分利用国际国内两个市场、两种资源，把"引进来"和"走出去"结合起来，积极参与国际竞争与国际经济合作，发挥我国比较优势，建立互利共赢、多元平衡、安全高效的开放型经济体系，积极参与全球治理，等等。主要政策主张包括：通过开办经济特区和全方位开放、吸收外资和对外投资、加入世界贸易组织等国际组织、实施"一带一路"倡议、促进国际产能合作等逐步深度融入全球分工体系之中。

我国对外开放仍面临一系列重要的理论和实践问题。第一，探索在新技术条件下国际分工和产业演进的规律，以及如何提升我国在国际分工和利益链条中的位置，实现静态和动态比较优势。第二，了解价值规律在国际市场上的作用形式，以及如何通过产业升级和创新驱动保证我国在全球利益分配中得到合理的份额。第三，寻求参与全球治理的途径。与国内市场相比，世界市场更不完善，国家扮演重要角色，生产要素的流动性低，壁垒众多，资本门槛高，因此了解竞争规则和参与规则的制定就显得非常重要。

| 第四节 |

新时代构建高水平社会主义市场经济体制的着力点

党的十四大确立了社会主义市场经济体制的改革目标，在我国改革开放史上具有里程碑意义，党的十九届五中全会提出了构建高水平社会主义市场经济体制的目标，我国已经迈向全面建设社会主义现代化国家新征程。经济改革和发展内外环境的深刻变化，必将影响到社会主义市场经济体制基本构成要素之间的相互关系和地位，同时还会增添一些新的重要的体制要素，全面深化改革和完善社会主义市场经济已进入新的历史阶段。

一、新发展阶段全面深化改革需要有新的理论和实践视角

进入新发展阶段，全面深化改革的理论和实践视角已经悄然发生重要变化。我国改革的出发点是高度集中的计划经济体制，改革一直在致力于探索如何摆脱传统经济体制的束缚，稳妥引入市场机制的作用。迈入新发展阶段，改革的视角已经转向为中国式现代化奠定坚实的经济制度基础，构建高水平社会主义市场经济体制已成为建设中国式现代化的有机组成部分。

从国际上看，一个国家的现代化过程总是伴随着这个国家市场经济的现代化，没有市场经济的现代化，就不可能实现一个国家的现代化。以美国为例，美国的现代化从一个重要侧面看就是一曲"市场经济的凯歌"[1]。在这个过程中，现代市场经济的要素逐步发育成长。一是形成充分竞争和机会开放的环境，而中产阶级的

---

[1] 李庆余、周桂银等：《美国现代化道路》，人民出版社，1994，第74页。

崛起、健全的法治和现代产权制度在这个过程中起到了重要作用。二是形成全国统一和广阔的市场，使生产和消费呈现出相互促进的螺旋式上升。在这一过程中，全美铁路网的形成起了很大作用。三是企业家群体的快速成长。历史学家布尔斯廷在分析企业家在美国现代化过程中的作用时指出：企业家是美国"在迅速崛起的城市中个人发迹与公众生活的提高、个人创业与公众兴旺发达交织在一起的社会建设者"[1]。四是逐步形成适应现代市场经济的政府职能。如保护产权，特别是保护发明和专利权；反垄断，1890年通过的《谢尔曼反托拉斯法》以及1914年通过的《克莱顿法》和《联邦贸易委员会法》就是这方面的重要举措，产生了深远的影响。

当然，中国式现代化不同于西方式现代化，它包含着中国特色社会主义制度的关键要素，包括党对经济工作的集中统一领导、有为政府作用、公有制的主体地位、共同富裕和人的全面自由发展等，这些制度要素与现代市场经济的一般要素共同成长，并为其构筑基础结构，使其具有不同的面貌。

新发展阶段出现了一些新要素、新变化，或者一些已有的体制要素（如共同富裕）的分量加重了，这些都会对社会主义市场经济体制的内部结构产生深远影响，从而对推进全面深化改革的理论和实践思维产生重要影响。一是数字经济快速发展。信息技术日新月异，经济的数字化、网络化快速向前推进，平台经济作为一种新的生产、流通和消费组织形式渗透到各个领域，这些都会对信息流动、产权形态及组合方式、生产者、消费者和组织的行为等产生重要影响。钱颖一认为，科学技术的发展，特别是以互联网、大数据、人工智能技术为基础的数字经济的发展，会使经济体制改革中的五对关键关系发生变化，这五对关系是目标与过程、激励与约束、集权与分权、市场与政府、政府与法治[2]，从而也会对改革产生影响。二是社会主要矛盾变化。人们越来越追求生活的品质，不仅追求高质量的物质生活，而且追求高质量的精神生活，如尊严、自由选择、公平公正、法治等，这些都会对经济体制提出新的更高要求。

外部冲击也会对经济体制的内部结构产生影响。最近几年有两个强烈的外部

---

[1] 丹尼尔·J.布尔斯廷：《美国人：建国的历程》，谢延光、林勇军、陆绶英、朱明权译，上海译文出版社，2012，第143页。

[2] 钱颖一：《中国经济改革中的五个关键关系》，《比较》2022年第118辑。

冲击：一是关键核心技术的国际竞争越来越激烈，关键设备、零部件、原材料等的"断供"不时袭来，供应链、产业链、创新链的自主可控显得比以往任何时候都更加重要；二是新冠疫情暴发，持续时间之长和影响之深超出了最初的预期，严重影响人民生命健康和经济健康发展。这两大外部冲击在一定程度上重塑了政府、市场和社会的关系，迫使人们重新思考社会主义市场经济体制的内部结构。

适应新发展阶段，社会主义市场经济体制要能够容纳和激发新发展要素，能够平衡重要关系。创新和绿色是新发展阶段具有革命性的两个发展要素，是实现高质量发展进而迈向现代经济增长的两个基本驱动力。社会主义市场经济体制要能够充分激发潜藏在千百万人中的智慧，能够激励创新，特别是原始创新；要能够引导生产方式和生活方式的绿色转型。这就需要在知识产权的创造、扩散、运用和收益，以及自然资源产权制度等方面进行一系列的创新，为创新和绿色发展奠定制度基础。

新发展阶段需要平衡两大关系，即发展与安全的关系、"做大蛋糕"与"分好蛋糕"的关系。与仅仅考虑发展与安全的某一个方面相比，统筹发展和安全所要求的经济体制的内部结构是不一样的。新发展阶段，发展仍然是党执政兴国的第一要务，仍然是解决一切社会经济问题的基础，但同时要加重安全的分量，保障国家金融经济安全、生态环境安全和人民生命健康，实现科技自立自强、供应链产业链创新链自主可控。同样，与仅仅考虑"做大蛋糕"与"分好蛋糕"的某一方面相比，平衡好"做大蛋糕"和"分好蛋糕"的关系所要求的经济体制的内部结构也是不一样的。"做大蛋糕"始终是"分好蛋糕"的基础，如果蛋糕不能做大，共同富裕就是一句空话，就会滑向共同贫困。但"做大蛋糕"并不能自动保证"分好蛋糕"，还需要强化一些体制变量来实现发展成果的共享。平衡这两大关系，最重要的仍然是处理好政府与市场的关系，这又回到经济体制改革的核心问题上来。

二、新发展阶段完善社会主义市场经济体制的主要线索

新发展阶段，完善社会主义市场经济体制的时代背景、内外部环境、面临的挑战等都有很大的不同，适应新形势和新任务，可以沿以下三条基本线索推进全面深化改革。

（一）奠定中国式现代化的经济制度基础

根据党的十九大的战略安排，我们已经迈向全面建设社会主义现代化国家新征程，设定了到2035年基本实现社会主义现代化，到本世纪中叶把我国建成社会主义现代化强国的目标。因此，要从全面建成社会主义现代化强国的高度来谋划新发展阶段的改革。

从中国式现代化的角度看，全面深化改革需要在两个方向上同时发力：一是促进现代市场经济要素快速成长，使我国尽快迈上现代经济增长的轨道。社会主义市场经济是现代市场经济，具有现代市场经济的一般特征，包括：混合所有制经济，可以充分发挥各种形态资本的长处，形成相互支撑和补充的所有制结构；统一大市场，开放机会和公平竞争，可以保证劳动力、资本、技术、信息、数据等生产要素在大范围内自由流动，处于动态优化配置状态；完善的社会保障体系，可以化解社会风险和个人风险，确保社会成员的基本福利和选择自由；等等。这些要素在我国经济体系中已经存在，要通过推进全面深化改革使它们进一步发育成长。二是巩固中国特色社会主义制度优势。习近平总书记指出："之所以说是社会主义市场经济，就是要坚持我们的制度优越性，有效防范资本主义市场经济的弊端。"[①]具体说，新发展阶段的改革要巩固党对经济工作的集中统一领导，完善更好发挥政府作用的机制，公有制主体地位得到科学确立和更好的体现，共同富裕取得明显的实质性进展，等等。

总之，新发展阶段的改革，要把促进现代市场经济要素快速成长和巩固中国特色社会主义制度优势有机结合起来，实现党的领导、市场在资源配置中的决定性作用和更好发挥政府作用的有机统一。

（二）适应数字经济新形势，进一步处理好政府与市场的关系

经济体制改革的核心是"处理好政府和市场的关系"，这一命题在新发展阶段仍然是成立的。不过，从长时段看，政府与市场的关系不是固定不变的，而是类似

[①] 习近平：《论把握新发展阶段、贯彻新发展理念、构建新发展格局》，中央文献出版社，2021，第64页。

钟摆的运动①。因此，要依据环境条件变化和应对挑战的需要对政府与市场的关系进行动态调整。

需要明确的是，新发展阶段市场与政府的作用空间都拓展了。一方面，市场的作用空间扩大了，根本的原因在于经济的复杂性和不确定性上升，需要开拓新增长空间、寻找新需求、激励科技和组织创新。而市场由于在处理复杂信息和容纳多样性方面具有相对优势，可以比较灵活和有效地适应这些新变化。另一方面，政府的作用空间也在扩大，这是因为大国竞争、科技自立自强、生态和环境保护、经济安全、共同富裕等因素的分量明显加重，这些都需要政府力量介入，以有效解决这些具有政治性、全局性、外部性特征的重大问题，为国家总体发展、社会整体福利和市场经济运行奠定稳固的基础。

在社会主义市场经济中，要摆脱政府与市场作用此消彼长的思维定式，建立起二者相互支撑、相互补充的理论和实践框架。

（三）充分发挥资本的作用，规范和引导资本的行为

2021年中央经济工作会议提出："要正确认识和把握资本的特性和行为规律"，"要发挥资本作为生产要素的积极作用，同时有效控制其消极作用"②，这标志着我们党对资本，也是对社会主义市场经济认识的深化，必将对新发展阶段构建高水平社会主义市场经济体制产生重要影响。

逐利是资本的本性，这一本性内在地驱使资本成为一个兼具创造性与破坏性、历史进步性与局限性的矛盾体。一方面，资本具有"伟大的文明的作用"③；另一方面，资本在竞争中的优胜劣汰又导致资本集中和垄断、劳资矛盾、金融膨胀、贫富差距，成为现代社会弊病的一个重要根源。

应该清醒地认识到，资本作为一种生产关系，所能容纳的生产力还远没有发挥出来，要通过构建高水平社会主义市场经济体制释放资本的活力，充分发挥它在

---

① Paul De Grauwe, *The Limits of the Market: The Pendulum between Government and Market* (UK:Oxford University Press, 2017).

② 《中央经济工作会议在北京举行》，《人民日报》2021年12月11日第1版。

③ 马克思、恩格斯：《马克思恩格斯文集》第8卷，人民出版社，2009，第90页。

构建高水平社会主义市场经济体制

创造和积累社会财富、动员和配置生产要素、激励技术和组织创新等方面的重要作用，使其为中国式现代化建设服务。同时，又要有效抑制资本的消极作用，规范和引导资本行为，包括构建充分竞争的市场环境，为资本设置"红绿灯"，用法治的力量规范资本的行为，等等。可见，充分发挥资本的作用并规范和引导资本的行为，是构建高水平社会主义市场经济体制的一条重要线索。

第二章

坚持和完善社会主义基本经济制度

习近平总书记在党的二十大报告谈到构建高水平社会主义市场经济体制时,首先就指出:"坚持和完善社会主义基本经济制度,毫不动摇巩固和发展公有制经济,毫不动摇鼓励、支持、引导非公有制经济发展,充分发挥市场在资源配置中的决定性作用,更好发挥政府作用。"这充分说明坚持和完善社会主义基本经济制度的重要性,并为我国在开启全面建设社会主义现代化国家新征程中如何进一步完善基本经济制度,完善所有制结构和经济运行机制,指明了方向。

| 第一节 |

社会主义基本经济制度的建立及其内涵和外延扩展

改革开放后，1997年党的十五大报告首次提出社会主义基本经济制度概念。报告指出："公有制为主体、多种所有制经济共同发展，是我国社会主义初级阶段的一项基本经济制度。这一制度的确立，是由社会主义性质和初级阶段国情决定的：第一，我国是社会主义国家，必须坚持公有制作为社会主义经济制度的基础；第二，我国处在社会主义初级阶段，需要在公有制为主体的条件下发展多种所有制经济；第三，一切符合'三个有利于'的所有制形式都可以而且应该用来为社会主义服务。"同时，把个体、私营等非公有制经济从过去起补充作用提升为社会主义市场经济的重要组成部分，报告指出："非公有制经济是我国社会主义市场经济的重要组成部分。对个体、私营等非公有制经济要继续鼓励、引导，使之健康发展。这对满足人们多样化的需要，增加就业，促进国民经济的发展有重要作用。"

此后，中国共产党的历次党代会和重要会议均明确宣示坚持公有制为主体、多种所有制经济共同发展的基本经济制度。随着经济的飞速发展和改革开放的深化，基本经济制度的内涵和外延也在逐步扩展，其中有三个重要的方面。

第一，2002年党的十六大报告提出"两个毫不动摇"，即毫不动摇巩固和发展公有制经济，毫不动摇鼓励、支持、引导非公有制经济发展。这是对公有制为主体、多种所有制经济共同发展的基本经济制度的具体化和内涵的扩展。

第二，2013年党的十八届三中全会决定提出："公有制为主体、多种所有制经济共同发展的基本经济制度，是中国特色社会主义制度的重要支柱，也是社会主义市场经济体制的根基。"为什么说是社会主义市场经济体制的根基呢？大家知道，我国的改革开放是从在社会经济活动中引入市场机制开始的，1984年党的十二届三中全会确认中国特色社会主义经济是公有制基础上的有计划的商品经济，1992年党的十四大报告进一步确立社会主义市场经济体制改革目标，提出社会主义与市场经济相结合，公有制与市场经济相结合。在社会主义市场经济中，作为其重要组成部分的个体、私营、外资经济，由于它们都是独立的市场主体，同市场经济的结合是没有什么问题的。而传统的公有制特别是国有制，是难以同市场经济相结合的，因为传统的公有制经济特别是国有制经济是按照国家的指令性计划运行的。确立社会主义市场经济体制的改革目标后，要实现公有制同市场经济的结合，就要寻找能同市场经济相结合的公有制的形式。1997年党的十五大报告及时提出了股份制可以作为公有制的实现形式，同市场经济相结合："公有制实现形式可以而且应当多样化。一切反映社会化生产规律的经营方式和组织形式都可以大胆利用。要努力寻找能够极大促进生产力发展的公有制实现形式。股份制是现代企业的一种资本组织形式，有利于所有权和经营权的分离，有利于提高企业和资本的运作效率，资本主义可以用，社会主义也可以用。"国有企业通过股份制改革，可以成为独立的市场主体，可以同市场经济相结合，在市场经济的海洋中锻炼，在市场竞争中发展壮大自己。

2003年党的十六届三中全会决定进一步指出，要使股份制成为公有制的主要实现形式："要适应经济市场化不断发展的趋势，进一步增强公有制经济的活力，大力发展国有资本、集体资本和非公有资本等参股的混合所有制经济，实现投资主体多元化，使股份制成为公有制的主要实现形式。"2013年党的十八届三中全会决定更明确提出："国有资本、集体资本、非公有资本等交叉持股、相互融合的混合所有制经济，是基本经济制度的重要实现形式。"

自20世纪90年代以来，我国国有企业特别是大中型国有企业，正是按照上述中央文件的精神，不断推进和深化公司制股份制和混合所有制改革，使国有经济、公有制经济同市场经济有机结合，不断巩固公有制的主体地位和充分发挥国有经济在国民经济中的主导作用，不断巩固和完善社会主义基本经济制度，促进社会主义市场经济的快速发展。

第三，2019年党的十九届四中全会决定把按劳分配为主体、多种分配方式并存和社会主义市场经济体制纳入基本经济制度。

经过40多年的改革开放，我国已建立起比较成熟的公有制为主体、多种所有制经济共同发展的所有制结构，按劳分配为主体、多种分配方式并存的分配制度，以及社会主义市场经济体制。2019年党的十九届四中全会科学总结了改革开放40多年来的经验，概括指出："公有制为主体、多种所有制经济共同发展，按劳分配为主体、多种分配方式并存，社会主义市场经济体制等社会主义基本经济制度，既体现了社会主义制度优越性，又同我国社会主义初级阶段社会生产力发展水平相适应，是党和人民的伟大创造。"这就将社会主义基本经济制度的内涵大大扩充了，不仅包括所有制结构，也包括与所有制结构相适应的分配结构，不仅包括社会经济活动的基础架构，也包括社会经济的运行机制，从而表明中国特色社会主义基本经济制度已逐步走向成熟和定型。

把社会主义市场经济体制上升为基本经济制度，对于进一步完善中国特色社会主义基本经济制度具有重要意义。用社会主义市场经济体制取代传统的计划经济体制，是我国1978年改革开放以来最重要的制度安排和制度创新，具有里程碑意义。社会主义市场经济体制，是中国特色社会主义的主要支柱，把这根支柱确立为基本经济制度，作为长期的稳定的制度安排，对于中国特色社会主义制度建设以及坚持和完善中国特色社会主义制度是十分重要的。社会主义市场经济体制的核心，是使市场在资源配置中起基础性作用和决定性作用，提高资源配置效率。我国经过40多年的市场化改革，市场很大程度上已在资源配置中起决定性作用，有力地推动着经济的飞速增长和高质量发展。但是还有不足之处，还需要在广度和深度上继续推进市场化改革，构建高水平社会主义市场经济体制。不足之处主要体现在：政府直接配置资源和对微观经济活动的干预仍然过多，各种形式的垄断抑制着市场公平竞争，生产要素价格仍存在一定的扭曲影响着资源配置效率的提高，所有制歧视影响着民营经济平等进入市场，等等。这些问题都要提升到完善基本经济制度和构建高水平社会主义市场经济体制的高度，逐步解决。深化这方面改革，对我国经济实现高质量发展、加快现代化建设进程是十分重要的。

把按劳分配为主体、多种分配方式并存列入基本经济制度，是合乎逻辑的。所有制结构以公有制为主体、多种所有制经济共同发展，就必然要求分配制度是按劳分配为主体、多种分配方式并存。马克思说过,"分配关系和分配方式只是表现为生产要素的背面""分配的结构完全决定于生产的结构"[①]。公有制经济的分配原则是按劳分配,公有制为主体自然要求按劳分配为主体;社会主义市场经济要求多种所有制经济共同发展,这就要求按各生产要素在生产过程中对财富创造的贡献参与分配,即要求多种分配方式并存。

---

① 马克思:《〈政治经济学批判〉导言》,载马克思、恩格斯《马克思恩格斯选集》第2卷,人民出版社,1972,第98页。

| 第二节 |

坚持"两个毫不动摇"

党的二十大报告在阐述坚持和完善社会主义基本经济制度时重申:"毫不动摇巩固和发展公有制经济,毫不动摇鼓励、支持、引导非公有制经济发展。"这充分说明"两个毫不动摇"的重要性,"两个毫不动摇"必须长期坚持,认真贯彻。

一、关于"两个毫不动摇"的由来

1997年党的十五大报告在明确提出公有制为主体、多种所有制经济共同发展是我国社会主义初级阶段的一项基本经济制度的同时,还明确,"公有制的主体地位主要体现在:公有资产在社会总资产中占优势;国有经济控制国民经济命脉,对经济发展起主导作用","非公有制经济是我国社会主义市场经济的重要组成部分。对个体、私营等非公有制经济要继续鼓励、引导,使之健康发展"。这既是对改革开放头些年所有制改革经验的科学总结,也为我国确立社会主义市场经济体制改革目标后深化所有制调整和改革指明了方向。

党的十五大以后,我国许多地区特别是广东、浙江、江苏等省,在非公有制经济迅速发展的同时,公有制经济特别是国有经济也加快改革和发展,公有制经济和非公有制经济在市场竞争中能很好地发挥各自优势。在认真总结共同发展经验的基础上,2002年党的十六大报告提出:"坚持和完善公有制为主体、多种所有制经济共同发展的基本经济制度。第一,必须毫不动摇地巩固和发展公有制经济。发展壮大国有经济,国有经济控制国民经济命脉,对于发挥社会主义制度的优越性,增强我国的经济实力、国防实力和民族凝聚力,具有关键性作用。集体经济是公有制经济的重要组成部分,对实现共同富裕具有重要作用。第二,必须毫不动摇地鼓励、支持和引导非公有制经济发展。个体、私营等各种形式的非公有制经济是社会主义市场经济的重要组成部分,对充分调动社会各方面的积极性、加快生产力发展具有重要作用。第三,坚持公有制为主体,促进非公有制经济发展,统一于社会主义现代化建设的进程中,不能把这两者对立起来。各种所有制经济完全可以在市场竞争中发挥各自优势,相互促进,共同发展。"

党的十六大提出"两个毫不动摇",是对公有制为主体、多种所有制经济共同发展的基本经济制度的具体化和创新发展。

第一,"两个毫不动摇"将发展公有制经济和发展非公有制经济置于同等重要地位。国有经济控制国民经济命脉,主导国民经济发展。民营经济等主要在竞争领域遍地开花,可以充分调动广大群众的积极性、主动性,努力提高产出水平。

第二,"两个毫不动摇"让公有制经济和非公有制经济发挥各自优势,实现优势互补,共同发展。国有经济在投资规模大、建设周期长、正外部性和长期收益明显的领域有优势,而非公有制经济的范围非常广泛,涉及生产、流通、消费等领域,有很强的内在增长动力。这两方面结合起来,可以使社会财富源源不断涌流。

第三,"两个毫不动摇"是发展社会主义市场经济的最优选择。中华民族要实现伟大复兴,就必须摆脱不发达状态,实现现代化。社会主义发展市场经济是实现现代化的必由之路。市场经济是由多元市场主体互相竞争、优胜劣汰的,只有单一的公有制(国有制)经济、没有其他市场主体与其竞争的,不可能是市场经济。市场竞争还必须是平等的、公开的、不能有垄断特权的。

二、关于"两个毫不动摇"内涵的发展

随着改革开放的深化,"两个毫不动摇"的内涵也在深化和发展。

2007年党的十七大报告和2012年党的十八大报告,均重申了"两个毫不动摇"。

2013年,党的十八届三中全会决定对"两个毫不动摇"有了进一步的论述:

"公有制为主体、多种所有制经济共同发展的基本经济制度，是中国特色社会主义制度的重要支柱，也是社会主义市场经济体制的根基。公有制经济和非公有制经济都是社会主义市场经济的重要组成部分，都是我国经济社会发展的重要基础。必须毫不动摇巩固和发展公有制经济，坚持公有制主体地位，发挥国有经济主导作用，不断增强国有经济活力、控制力、影响力。必须毫不动摇鼓励、支持、引导非公有制经济发展，激发非公有制经济活力和创造力。"在谈到完善产权保护制度时，决定指出，公有制经济财产权不可侵犯，非公有制经济财产权同样不可侵犯。决定还提出，国家保护各种所有制经济产权和合法利益，保证各种所有制经济依法平等使用生产要素、公开公平公正参与市场竞争、同等受到法律保护，依法监管各种所有制经济。在论述发展国有经济时，决定提出两个要点：一是以管资本为主加强国有资产监管；二是国有资本投向重点包括提供公共服务、发展重要前瞻性战略性产业、保护生态环境、支持科技进步、保障国家安全。在论述支持非公有制经济健康发展时，决定指出，坚持权利平等、机会平等、规则平等，废除对非公有制经济各种形式的不合理规定，消除各种隐性壁垒，制定非公有制企业进入特许经营领域具体办法。

2017年，党的十九大报告重申："必须坚持和完善我国社会主义基本经济制度和分配制度，毫不动摇巩固和发展公有制经济，毫不动摇鼓励、支持、引导非公有制经济发展。"报告还提出，推动国有资本做强做优做大，支持民营企业发展，激发各类市场主体活力等。需要特别提出的是，自2018年以来，社会上有人发表一些否定、怀疑民营经济的言论。比如，有的人提出所谓"民营经济离场论"，说民营经济已经完成使命，要退出历史舞台；有的人提出所谓"新公私合营论"，把现在的混合所有制改革曲解为新一轮"公私合营"；有的人说加强企业党建和工会工作是要对民营企业进行控制；等等。针对上述奇谈怪论，2018年11月习近平总书记在民营企业座谈会上明确指出，"这些说法是完全错误的，不符合党的大政方针"，"民营经济是我国经济制度的内在要素，民营企业和民营企业家是我们自己人"，"在全面建成小康社会，进而全面建设社会主义现代化国家的新征程中，我国民营经济只能壮大、不能弱化，不仅不能'离场'，而且要走向更加广阔的舞台"。

2020年5月，《中共中央 国务院关于新时代加快完善社会主义市场经济体制的意见》强调坚持"两个毫不动摇"，并提出要"推进国有经济布局优化和结构调整""积极稳妥推进国有企业混合所有制改革""稳步推进自然垄断行业改革""营造支持非公有制经济高质量发展的制度环境"。这些针对性很强的论述，是中国特色社会主义进入新时代后落实"两个毫不动摇"的新举措。

需要指出，党的十八大以来，为推进社会主义市场经济健康发展，市场监管部门统筹强化反垄断反不正当竞争，完善反垄断反不正当竞争法律和政策，促进市场公平竞争。2020年12月，中共中央政治局会议首次提出"强化反垄断和防止资本无序扩张"。2021年中央经济工作会议提出"为资本设置'红绿灯'"。2021年4月，市场监管总局对阿里巴巴集团在国内网络零售平台服务市场实施"二选一"的垄断行为处以182.28亿元罚款，刷新了我国反垄断行政处罚纪录。2021年7月，市场监管总局依法对互联网领域22起违法实施经营者集中案作出行政处罚决定，涉及滴滴、阿里、腾讯、苏宁、美团等公司，对涉案民营企业分别处以50万元罚款。这些，对民营经济产生了重大影响。此后，有关方面一再解释，这样做并不是刻意打压民营经济、排斥民营经济，而是为了维护正常的市场秩序，引导民营经济健康发展。

三、我国民营经济发展的前景

自1997年党的十五大确立公有制为主体、多种所有制经济共同发展的基本经济制度和2002年党的十六大确立"两个毫不动摇"以来，头一个"毫不动摇"即毫不动摇地巩固和发展公有制经济，一直落实得比较好，没有引发大的争议，存在的问题是国有经济和国有企业市场化改革稍显滞后，如1993年党的十四届三中全会明确国有企业改革的方向是建立现代企业制度即现代公司制，但是，央企的公司制股份制改革直到2017年才完成，其他国企的公司制股份制改革则直至2022年才基本完成，拖的时间久了点。与此不同，另一个"毫不动摇"即毫不动摇地鼓励、支持和引导非公有制经济发展，则一直落实得不够好，民营经济在发展过程中经常碰到融资难、用地难、市场准入难、用人才难、不能与国企一视同仁等问题，有人甚至公开要求民营经济离场、剥夺民营企业家的财产。多少年来，一些民营企业家把财产转移到境外，与此有关。有些民营企业家担心，一旦社会主义现代化建设取得成功，中国成为现代化的发达经济体以后，将对民营经济进行社会主义改造，没收他们的私有财产，从而惶惶不安，无法专心致志把企业办好。因此，如何看待民营经济的前景，在社会主义现代化建设取得成功后还要不要坚持"两个毫不动摇"，就成为需要在理论上弄清楚的重大问题。

我国民营经济（这里说的民营经济指我国私营经济和个体经济）经过改革开放近40年的发展，截至2017年底，私营企业数量超过2700万户，个体工商户超过6500万户，注册资本超过165万亿元。概括起来说，个体私营等非公经济贡献了50%以上的税收、60%以上的国内生产总值（GDP）、70%以上的技术创新成果、80%以上的城镇劳动就业、90%以上的企业数量。在世界500强企业中，我国民营企业由2010年的1家增加到2018年的28家（2021年已增至34家）。此后几年，我国民营经济对经济发展贡献的占比没有大的变化，但是私营企业和个体工商户的数量却大量增加。2021年私营企业已增至4457.5万户，在企业总量中的占比已达92.1%。2022年11月，全国登记在册个体工商户已达1.11亿户，约占市场主体总量的2/3。调查显示，个体工商户平均从业人员为2.68人，以此推算，全国个体工商户解决了我国近3亿人的就业问题[①]。我们常说，我国经济有巨大韧性，最重要的就是我国民营经济有巨大韧性，东方不亮西方亮，只要不是刻意打压民营经济，我国经济的持续增长便没有问题。

问题在于，改革开放后，我国民营经济的发展一直受到一些有偏见的人的指责和诘难，他们认为，社会主义和私有经济是格格不入的，公有制和私有制是格格不入的，搞社会主义就是要消灭私有制，如果由于经济落后一时无法消灭私有制的话，经济发展起来后就要尽早着手消灭私有制。在此影响下，尽管中央文件一再要求要毫不动摇地鼓励、支持和引导非公有制经济发展，但是在实践中，央的这一政策一直落实得不够好，不断出现反复。因此，从理论上说清楚民营经济的发展前景，就成为具有重要现实意义的课题。

从改革开放40多年的实践，结合当代世界经济和技术发展的趋势来看，可以

[①] 林丽鹂：《全国个体工商户超1亿户》，《人民日报》2022年2月10日第1版。

认为，到现在为止，我们还看不到个体私营经济消亡的前景，即使我国实现现代化，也仍需发挥民营经济在促进经济增长、增加就业岗位等方面不可替代的作用。因此，我们必须长期坚持"两个毫不动摇"。

第一，我们到现在还看不到由于生产高度社会化可以做到把一切生产资料公有化的前景。20世纪五六十年代我国理论界在讨论从资本主义向社会主义过渡问题时，一般认为，由于生产社会化和资本主义私有制的矛盾，当生产高度社会化、大生产不断排挤小生产、规模经济效益越来越显著时，就要及时地向全面全民所有制过渡，否则就会阻碍社会生产力的发展。但是，改革开放以来中国和外国的实践却表明，生产的社会化程度并没有随着生产力的发展而不断提高，相反，随着科学技术日新月异的进步，人们对美好生活需要的日益增长，社会生产呈现出分散化、多样化、差异化、个性化的发展趋势，社会化大生产并不是我们过去想象的那样会日益排挤小生产，规模经济效益在众多领域逐渐缩减，因此，现阶段包括实现现代化后一段时间，我们还看不到社会占有全部生产资料、建立单一的社会主义全民所有制、个体私营经济消亡的前景，那样只会带来生产力的大破坏和经济的大倒退。这说明，现阶段和今后更长时期内，民营经济的存在和发展是符合生产力标准的。

马克思在《〈政治经济学批判〉导言》中说："无论哪一个社会形态，在它们所能容纳的全部生产力发挥出来以前，是决不会灭亡的；而新的更高的生产关系，在它存在的物质条件在旧社会的胎胞里成熟以前，是决不会出现的。"[①]在中国，民营经济就是属于生产力没有全部发挥出来的经济形态。

第二，建设中国特色社会主义经济，就是发展社会主义市场经济，不断解放和发展生产力。建设社会主义现代化经济体系，就是发展社会主义市场经济，在实现现代化、建立起富强民主文明和谐美丽的社会主义现代化强国以后，估计没有人怀疑，我国还要继续发展社会主义市场经济，使我国成为最发达的经济体之一，人均GDP达到全球前几名，而不可能回到计划经济，因为回到计划经济就无法有效配置资源，生产力水平将停滞不前甚至倒退，这会阻碍社会生产力的发展。而既然我们还要实行市场经济体制，发展社会主义市场经济，就意味着我国还要保留多种市场

---

① 马克思：《〈政治经济学批判〉导言》，载马克思、恩格斯《马克思恩格斯选集》第2卷，人民出版社，1972，第83页。

主体，即除了要发展公有制经济特别是国有经济外，还要让非公有制经济包括民营经济和外资经济存在和发展。到那时，有关政策会有调整，比如完善税收等收入分配制度、更有效地实施反垄断执法等，但公有制为主体、多种所有制经济共同发展的基本经济制度不会变，"两个毫不动摇"也不会变。

从我国国情看，我国有超过14亿人口，2021年私营企业占企业总量的比重达92.1%，个体工商户超1亿户，从业人员近3亿人，我们无法想象，在社会主义现代化建设过程中，或者一旦实现现代化，公有制经济特别是国有经济就能把民营经济好几亿人吸收过去，或者对其进行公有化改造，因为这样做，显然不利于社会生产力的发展。

第三，从全世界发达经济体的经济结构看，中小企业仍然占90%以上，大企业排挤小企业兼并小企业并不显著，相反，是互相兼容、互相补充，许多中小企业为大企业提供零配件或各种各样的服务。由于中小企业众多，就业人数也多，各国一般都采取和实施扶助中小企业的政策，中小企业在稳定和发展经济中一直起着不可或缺的作用。这说明，即使人均GDP七八万美元以上的发达经济体，中小企业也仍然有生存和发展的空间。这也说明，以中小企业为主的民营经济在我国今后相当长时期内，仍然有生存和发展的空间。

马克思主义认为，随着社会主义制度创造出比资本主义更高的劳动生产率，社会主义取代资本主义是不可避免的。但这是以后的事，相信到那时，人们有足够的智慧解决这个问题。但我们现在和今后很长一段时间内，还是要坚持和落实"两个毫不动摇"。

第三节

市场机制作用从"基础性"发展到"决定性"的重大意义

构建高水平社会主义市场经济体制，必须不断深化市场化改革，完善社会主义市场经济体制，为高质量发展奠定体制基础。

1992年党的十四大报告确立了社会主义市场经济体制改革目标。报告指出，"实践的发展和认识的深化，要求我们明确提出，我国经济体制改革的目标是建立社会主义市场经济体制，以利于进一步解放和发展生产力"，"我们要建立的社会主义市场经济体制，就是要使市场在社会主义国家宏观调控下对资源配置起基础性作用，使经济活动遵循价值规律的要求，适应供求关系的变化；通过价格杠杆和竞争机制的功能，把资源配置到效益较好的环节中去，并给企业以压力和动力，实现优胜劣汰；运用市场对各种经济信号反应比较灵敏的优点，促进生产和需求的及时协调"。此后，1997年党的十五大报告提出，"进一步发挥市场对资源配置的基础性作用"。2002年党的十六大报告提出，"在更大程度上发挥市场在资源配置中的基础性作用，健全统一、开放、竞争、有序的现代市场体系"。2007年党的十七大报告提出，"要深化对社会主义市场经济规律的认识，从制度上更好发挥市场在资源配置中的基础性作用，形成有利于科学发展的宏观调控体系"。2012年党的十八大报告提出，"更大程度更广范围发挥市场在资源配置中的基础性作用"。可见，从1992年确立社会主义市场经济体制改革目标后，到2012年的20年，大家对市场机制作用的重要性认识是逐步深化和向前走的。

比较重大的变化发生在2013年。这一年党的十八届三中全会决定提出市场在资源配置中起决定性作用的著名论断，决定指出，"经济体制改革是全面深化改革的重点，核心问题是处理好政府和市场的关系，使市场在资源配置中起决定性作用和更好发挥政府作用。市场决定资源配置是市场经济的一般规律，健全社会主义市场经济体制必须遵循这条规律，着力解决市场体系不完善、政府干预过多和监管不到位问题"。接着对市场和政府两个方面的作用作出了明确的规定。在市场方面，"必须积极稳妥从广度和深度上推进市场化改革，大幅度减少政府对资源的直接配置，推动资源配置依据市场规则、市场价格、市场竞争实现效益最大化和效率最优化"。在政府方面，"政府的职责和作用主要是保持宏观经济稳定，加强和优化公共服务，保障公平竞争，加强市场监管，维护市场秩序，推动可持续发展，促进共同富裕，弥补市场失灵"。

从"基础性"作用发展为"决定性"作用，是市场机制发挥作用的重大进展。这一方面是20多年市场化改革不断深化的必然结果，另一方面是党科学总结经济改革实践经验的成果，对完善社会主义市场经济体制有重大意义，是构建高水平社会主义市场经济体制的重大举措。与此相适应，决定还提出以下深化市场化改革举措：

坚持和完善基本经济制度。必须毫不动摇地巩固和发展公有制经济，坚持公有制主体地位，发挥国有经济主导作用，不断增强国有经济活力、控制力、影响力。必须毫不动摇地鼓励、支持和引导非公有制经济发展，激发非公有制经济活力和创造力。

完善产权保护制度。国家保护各种所有制经济产权和合法利益，保证各种所有制经济依法平等使用生产要素、公开公平公正参与市场竞争、同等受到法律保护，依法监管各种所有制经济。

积极发展混合所有制经济。国有资本、集体资本、非公有资本等交叉持股、相互融合的混合所有制经济，是基本经济制度的重要实现形式，有利于国有资本放大功能、保值增值、提高竞争力，有利于各种所有制资本取长补短、相互促进、共同发展。

完善国有资产管理体制。以管资本为主加强国有资产监管，改革国有资本授权经营机制，组建若干国有资本运营公司，支持有条件的国有企业改组为国有资本投资公司。国有资本投资运营要服务于国家战略目标，更多投向关系国家安全、国民经济命脉的重要行业和关键领域，重点提供公共服务、发展重要前瞻性战略性产业、保护生态环境、支持科技进步、保障国家安全。

推动国有企业完善现代企业制度。准确界定不同国有企业功能。国有资本继续控股经营的自然垄断行业，实行以政企分开、政资分开、特许经营、政府监管为主要内容的改革，根据不同行业特点实行网运分开、放开竞争性业务，推进公共资源配置市场化。进一步破除各种形式的行政垄断。

支持非公有制经济健康发展。坚持权利平等、机会平等、规则平等，废除对非公有制经济各种形式的不合理规定，消除各种隐性壁垒，制定非公有制企业进入特许经营领域具体办法。

加快完善现代市场体系。必须加快形成企业自主经营、公平竞争，消费者自由选择、自主消费，商品和要素自由流动、平等交换的现代市场体系，着力清除市场壁垒，提高资源配置效率和公平性。

建立公平开放透明的市场规则。探索对外商投资实行准入前国民待遇加负面清单的管理模式。推进工商注册制度便利化，削减资质认定项目，由先证后照改为先照后证，把注册资本实缴登记制逐步改为认缴登记制。

完善主要由市场决定价格的机制。凡是能由市场形成价格的都交给市场，政府不进行不当干预。政府定价范围主要限定在重要公用事业、公益性服务、网络型自然垄断环节，提高透明度，接受社会监督。

建立城乡统一的建设用地市场。在符合规划和用途管制的前提下，允许农村集体经营性建设用地出让、租赁、入股，实行与国有土地同等入市、同权同价。

完善金融市场体系。扩大金融业对内对外开放，在加强监管的前提下，允许具备条件的民间资本依法发起设立中小型银行等金融机构。健全多层次资本市场体系，推进股票发行注册制改革，多渠道推动股权融资，发展并规范债券市场，提高直接融资比重。建立存款保险制度，完善金融机构市场化退出机制。

深化科技体制改革。建立健全鼓励原始创新、集成创新、引进消化吸收再创新的体制机制，健全技术创新市场导向机制，发挥市场对技术研发方向、路线选择、要素价格、各类创新要素配置的导向作用。

深化财税体制改革。必须完善立法、明确事权、改革税制、稳定税负、透明预算、提高效率，建立现代财政制度，发挥中央和地方两个积极性。改进预算管理制度。完善税收制度，逐步提高直接税比重，逐步建立综合与分类相结合的个人所得税制。建立事权和支出责任相适应的制度。

以上这些，都是紧紧围绕市场在资源配置中起决定性作用深化经济体制改革的重大举措，为此后深化市场化改革指明了方向和路径。

第四节

党的十八大后市场化改革步伐加快

党的十八大特别是党的十八届三中全会以后，中国经济市场化改革加快，重要领域和关键环节改革取得决定性成果，向着构建高水平社会主义市场经济体制的目标迈进。

一、生产要素市场化配置进展显著

在资本要素方面，资本市场发展迅速，规模扩张，结构优化。上市公司是资本市场的基石。截至2022年11月底，A股上市公司达5000家，总市值超过79万亿元。业内人士指出，A股上市公司规模的扩张与中国经济发展相一致，上市公司结构的优化和质量的提升，进一步体现了资本市场服务实体经济能力的提升。分市场板块来看，上证主板共计有上市公司1671家，总市值为40.14万亿元；科创板共计有上市公司487家，总市值为6.15万亿元；深证主板共计有上市公司1507家，总市值为21.17万亿元；创业板共计有上市公司1221家，总市值为11.52万亿元；北交所共计有上市公司126家，总市值为2021.97亿元。纵向来看，A股市场在2016年存量上市公司总数突破3000家，2020年突破4000家，2022年突破5000家。自2015年以来，A股市场历年新增上市公司家数分别为214家、225家、433家、99家、193家、418家、502家和313家。与此同时，多层次资本市场结构不断优化。2012—2022年，从各板块的市值占比来看，上证主板市值占比从78.74%下降至50.26%，深证主板市值占比从16.93%上升至26.87%，科创板2022年市值占比达到7.89%，创业板市值占比则从4.33%上升至14.72%，北交所市值占比为0.26%。行业市值变化也反映结构优化趋势。数据显示，2012年10月末，A股前五大市值行业分别是银行、石油石化、非银金融、房地产和食品饮料，其A股市值分别为3.52万亿元、2.02万亿元、1.45万亿元、1.13万亿元和1.08万亿元。10年之后的2022年10月末，A股前五大市值行业分别是电力设备、医药生物、银行、电子和食品饮料，其A股市值分别为6.99万亿元、6.71万亿元、5.90万亿元、5.79万亿元和4.83万亿元[①]。从2020年8月开始实施注册制改革，从创业板试点，经过两年多经验的积累，到2023年，资本市场已全面实施注册制。注册制是上市公司市场化运行机制，根本目的是服务经济高质量发展大局。

在土地要素方面，最突出的是实行农村集体土地"三权"分置改革，即实行农村土地集体所有权、农户承包权、土地经营权"三权"分置。2016年中央一号文件提出，稳定农村土地承包关系，落实集体所有权，稳定农户承包权，放活土地经营权，完善"三权"分置办法，明确农村土地承包关系长久不变的具体规定。2018年中央一号文件提出，在依法保护集体土地所有权和农户承包权的前提下，平等保护土地经营权。农村承包土地经营权可以依法向金融机构融资担保、入股从事农业产业化经营。建立健全进城落户农民土地承包权、宅基地使用权、集体收益分配权维护和自愿有偿退出机制，在3个省、50个地市、150个县启动第三批农村集体产权制度改革试点。2019年中央一号文件提出，完善落实集体所有权、稳定农户承包权、放活土地经营权的法律法规和政策体系。坚持农村土地集体所有、不搞私有化，坚持农地农用、防止非农化，坚持保障农民土地权益、不得以退出承包地和宅基地作为农民进城落户条件，进一步深化农村土地制度改革。2020年中央一号文件提出，以探索宅基地所有权、资格权、使用权"三权"分置为重点，进一步深化农村宅基地制度改革试点[②]。

在劳动力要素方面，现行的户籍制度不利于劳动力的自由流动，必须深化户籍制度改革，着力引导劳动力合理畅通有序流动。要畅通落户渠道，稳步推进全国

[①] 吴黎华、罗逸姝：《A股上市公司达五千家 总市值超七十九万亿元》，《经济参考报》2022年11月23日第3版。

[②] 郑有贵：《百年"三农"》，东方出版社，2022，第346—347页。

范围内的户口迁移、开具户籍类证明"跨省通办",长三角、珠三角等城市群深入推进户籍准入年限同城化累计互认。放开放宽除个别超大城市外的城市落户限制,试行以经常居住地登记户口制度。推进人才评价机制改革,畅通职称评审渠道。到2021年,27个职称系列改革指导意见全部出台,引入市场评价和社会评价方式,上线全国职称评审信息查询平台,实现职称评审信息跨地区在线核验。大力发展职业教育和人才市场等。

在技术要素方面,强化企业创新主体地位,科技创新与金融资本的对接渠道更加畅通,科创板上市公司数量和市值逐步增加。设立知识产权和科技成果产权交易机构。支持中国技术交易所、上海技术交易所、深圳证券交易所等机构建设国家知识产权和科技成果产权交易机构,在全国范围内开展知识产权转让、许可等运营服务,加快推进技术交易服务发展。2010年技术市场成交金额为3907亿元,2019年为22398亿元,2020年为28252亿元,2021年为37294亿元。

在数据要素方面,2020年3月《中共中央 国务院关于构建更加完善的要素市场化配置体制机制的意见》将数据列为生产要素,提出加快培育数据要素市场,包括推进政府数据开放共享,提升社会数据资源价值,加强数据资源整合和安全保护。从此,数据市场发展迅速。《中国数据要素市场发展报告(2021—2022)》提出,2021年我国数据要素市场规模达815亿元,预计"十四五"期间市场规模复合增速将超过25%,整体将进入群体性突破的快速发展阶段。从宏观经济增长层面来看,数据要素对2021年GDP增长的贡献率和贡献度分别为14.7%和0.83个百分点;从行业发展层面来看,数据要素对各个行业的产值影响具有较大差异,其中,信息传输、软件和信息技术服务业产出对数据要素最为敏感;从企业绩效层面来看,数据要素显著提升企业总资产净利润率,数字化转型对制造业企业的影响最大。报告对5000多个项目信息进行分析,结果表明,数据要素增加企业效益成果明显。总体来说,数据要素使得工业企业业务平均增加41.18%,生产效率平均提高42.8%,产品研发周期平均缩短15.33%,能源利用率平均提高10.19%。具体来说:1544家企业的数据显示,大数据技术及其运用产生了增加产出、利润增长等经济效益,数据要素显著降低了企业综合成本。675家企业的数据显示,大数据技术及其运用产生了降低人工成本、资金占用成本、仓储物流成本等效益。593家企业的数据显示，大数据技术及其运用产生了提升效率、加快周转、能源利用率提升等效益，数据要素还提高了社会综合效益，产生正外部性。95家企业的数据显示，大数据技术及其运用产生了服务社会、承担社会责任等社会效益[①]。

二、推行市场准入负面清单制度

2016年3月，我国制定《市场准入负面清单草案（试点版）》，在天津、上海、福建、广东四省市先行试点。2017年，试点范围扩大到15个省市。2018年12月，我国《市场准入负面清单（2018年版）》正式公布。实施市场准入负面清单制度，说明我国在市场准入方面确立了统一公平的规则，可以做到"非禁即入"。这份清单主体包括"禁止准入类"和"许可准入类"两大类，其中禁止准入类事项4项、许可准入类事项147项，共151项事项、581条具体管理措施，与2016年的《市场准入负面清单草案（试点版）》相比，事项减少了177项，具体管理措施减少了288条。此后，国家发展改革委、商务部会同各地区各有关部门对《市场准入负面清单（2018年版）》进行修订，先后推出了2019年版、2020年版、2022年版。2020年版负面清单与2018年版负面清单相比，事项数量由151项缩减至123项。2022年版列有禁止准入类事项6项，许可准入类事项111项，共计117项，进一步放宽准入限制。实行市场准入负面清单制度，是一项重大的制度创新，也是市场经济国家的通行规则。从此，各类市场主体均可依法自主选择是否进入，不必再靠政府部门层层审批，做到"非禁即入"。

随着对外开放的不断扩大，我国从2011年开始，就试行对外商投资实行负面清单管理。此后经过多次修订，2018年版保留的限制措施与2011年相比减少约3/4，制造业基本放开，服务业与其他领域也有序推进开放。2019年、2020年、2021年，我国连续推出多版《外商投资准入特别管理措施（负面清单）》，负面清单条目已经缩减至31条。在全面实行外商投资负面清单制度的同时，我国将《外商投资产业指导目录（2017年修订）》中的"鼓励"项目单列，于2019年推出了《鼓励外商投资产业目录（2019年版）》，并在其中增设中西部地区外商投

---

① 国家工业信息安全发展研究中心：《中国数据要素市场发展报告（2021—2022）》。

资优势产业目录,促进外资在现代农业、先进制造、高新技术、节能环保、现代服务业等领域投资,更好地发挥外资在我国产业发展、技术进步、结构优化中的积极作用。2019年3月,《中华人民共和国外商投资法》审议通过,于2020年1月1日起施行。这是我国利用外资的基础性法律,确立对外商投资实行准入前国民待遇加负面清单管理制度,体现我国对外开放迈出新的一步。在自由贸易试验区内,负面清单制度于2013年开始实施。此后,又推出了2015年版、2017年版、2018年版、2019年版、2020年版、2021年版《自由贸易试验区外商投资准入特别管理措施(负面清单)》,条目由2013年版的190条缩减至2021年版的27条,比全国版的负面清单更加开放。

2020年,海南自由贸易港建设迈出关键一步。当年6月1日,中共中央、国务院印发的《海南自由贸易港建设总体方案》对外公布,敲定了海南自由贸易港的建设蓝图。海南自由贸易港的实施范围为海南岛全岛,到2025年初步建立以贸易自由便利和投资自由便利为重点的自由贸易港政策制度体系,到2035年成为我国开放型经济新高地,到21世纪中叶全面建成具有较强国际影响力的高水平自由贸易港。在跨境服务贸易领域,上海市于2018年公布了地方版服务贸易负面清单《中国(上海)自由贸易试验区跨境服务贸易特别管理措施(负面清单)(2018年)》,涉及31个行业159项特别管理措施。2021年,商务部发布《海南自由贸易港跨境服务贸易特别管理措施(负面清单)(2021年版)》,涉及11个门类70项特别管理措施,负面清单外的领域在海南自由贸易港内按照境内外服务及服务提供者待遇一致原则实施管理。这表明我国对外开放不断扩大[①]。

三、价格改革加快,97%的价格由市场调节

2012年党的十八大后,随着全面深化改革新征程开启,价格改革的步伐也在加快。到2017年,97%的商品和服务价格已放开由市场调节,市场调节价比重远远超出人们在改革初期对价格改革目标(当时一般认为市场调节价比重达到80%左右

---

① 武力、贺耀敏:《中国经济这十年(2012—2022)》,经济科学出版社,2022,第67页。

就可以说已建立起市场价格体制)的设想。截至2022年,全部的农产品、80%的电力、50%的天然气、90%的民航旅客运输价格都是由市场形成的,全社会商品和服务价格市场化程度已达97.5%。中央定价项目累计缩减约85%,地方定价项目缩减约70%[①]。

(一)党的十八届三中全会决定吹响了价格改革新号角

2013年,在党的十八届三中全会决定60个改革项目中,有一个专门讲价格改革,即"完善主要由市场决定价格的机制"。这就为此后价格改革吹响了新号角。

2015年10月,经中央全面深化改革领导小组第十六次会议审议通过的《中共中央 国务院关于推进价格机制改革的若干意见》(简称《意见》)正式印发。这是第一个以党中央、国务院的名义出台的专门针对价格机制改革的文件,对此后价格机制改革作出了总体谋划和系统部署。《意见》要求,到2017年,竞争性领域和环节价格基本放开,政府定价范围主要限定在重要公用事业、公益性服务、网络型自然垄断环节。到2020年,市场决定价格机制基本完善,科学、规范、透明的价格监管制度和反垄断执法体系基本建立,价格调控机制基本健全。《意见》分四个方面明确了推进价格改革的重点任务。第一是深化重点领域价格改革,充分发挥市场决定价格作用。包括:完善农产品价格形成机制,加快推进能源价格市场化,完善环境服务价格政策,理顺医疗服务价格,健全交通运输价格机制,创新公用事业和公益性服务价格管理。第二是建立健全政府定价制度,使权力在阳光下运行。对于极少数保留的政府定价项目,要推进定价项目清单化,规范定价程序,加强成本监审,推进成本公开,坚决管细管好管到位,最大限度减少自由裁量权,推进政府定价公开透明。第三是加强市场价格监管和反垄断执法,逐步确立竞争政策的基础性地位。包括:健全市场价格行为规则,推进宽带网络提速降费,加强市场价格监管,强化反垄断执法,完善价格社会监督体系。第四是充分发挥价格杠杆作用,更好服务宏观调控。在全面深化改革、强化价格监管的同时,加强和改善宏观调控,保持价格总水平基本稳定;充分发挥价格杠杆作用,促进节能环保和结构调

---

① 许光建:《新时代十年深化价格改革的历史性成就》,《价格理论与实践》2022年第10期。

整,推动经济转型升级。可以认为,这一重要文件具体落实了党的十八届三中全会决定关于价格改革的部署。

(二)大力缩减政府定价项目

按照中央决定和《意见》精神,政府定价目录大大缩减,凡是能由市场形成价格的都交给市场。2015年10月,国家发展改革委发布了新修订的《中央定价目录》,定价范围大幅缩减,种类由13种(类)减少到7种(类),减少了46%;具体定价项目由100项左右减少到20项,减少了80%。与此同时,地方具体定价目录平均减少约50%。2020年3月,经国务院批准,国家发展改革委对《中央定价目录》(2015年版)进行了修订,修订后的定价项目缩减近30%,并自2020年5月1日起施行。修订后的《中央定价目录》主要包括输配电、油气管道运输、基础交通运输、重大水利工程供水、重要邮政服务、重要专业服务、特殊药品及血液等7类16项。此次《中央定价目录》的修订,充分反映了2015年以来价格改革的显著进展[①]。由于政府定价范围的缩减,到2017年,97%的商品和服务价格已放开由市场调节,这表明我国已经很好地建立起市场价格体制。

(三)农产品价格改革

《意见》提出,完善农产品价格形成机制。统筹利用国际国内两个市场,注重发挥市场机制作用,农产品价格主要由市场决定。按照"突出重点、有保有放"原则,立足我国国情,对不同品种实行差别化支持政策,调整改进"黄箱"支持政策,逐步扩大"绿箱"支持政策实施规模和范围,保护农民生产积极性,促进农业生产可持续发展,确保谷物基本自给、口粮绝对安全。继续执行并完善稻谷、小麦最低收购价政策,改革完善玉米收储制度,继续实施棉花、大豆目标价格改革试点,完善补贴发放办法。加强农产品成本调查和价格监测,加快建立全球农业数据调查分析系统,为政府制定农产品价格、农业补贴等政策提供重要支撑。

国家从2008年起连续7年提高粮食最低收购价格,2014年早籼稻、中晚籼稻、粳稻、小麦最低收购价分别为每斤1.35元、1.38元、1.55元、1.18元,累计分别提

[①] 陆娅楠:《〈中央定价目录〉项目缩减近30%》,《人民日报》2020年3月17日第2版。

高93%、92%、107%、65%。对玉米、大豆、油菜籽、棉花，2008年以来先后在主产区实行临时收储政策。2014年放开了烟叶和桑蚕茧收购价格，至此，我国农产品价格已全部放开由市场形成。更为重要的是，探索推进农产品价格形成机制与政府补贴脱钩的改革，在保护农民利益的基础上更好发挥市场机制作用。按照党中央和国务院的决策部署，2014年启动了新疆棉花、东北和内蒙古大豆目标价格改革试点，同时取消了棉花、大豆临时收储政策。目标补贴政策是在市场形成农产品价格的基础上，通过差价补贴保护生产者利益的一项农业支持政策。即政府在农作物播种前确定目标价格，农民随行就市出售农产品，当市场价格低于目标价格时，政府将二者价差直接补贴给生产者，当市场价格高于目标价格时，不发放补贴[1]。

2021年5月，国家发展改革委出台的《关于"十四五"时期深化价格机制改革行动方案的通知》（简称《行动方案》）提出：加强和改进价格调控。健全重点商品监测预测预警体系，加强粮油肉蛋菜果奶等重要民生商品价格调控，坚持并完善稻谷、小麦最低收购价政策，完善棉花目标价格政策，做好铁矿石、铜、玉米等大宗商品价格异动应对，及时提出综合调控措施建议，强化市场预期管理[2]。

（四）加快推进能源价格市场化

"十三五"以来，我国持续深化能源价格改革，输配电、天然气管道运输等领域价格成本监管不断加强，竞争性环节价格逐步放开，但能源结构转型的任务依然十分艰巨。根据《行动方案》，"十四五"时期深化能源价格改革将紧紧围绕"碳达峰、碳中和"目标，在充分考虑相关方面承受能力的基础上，发挥价格机制的激励、约束作用，促进经济社会发展全面绿色转型。为此，《行动方案》从能源供给、能源消费两方面提出了重点举措。一是促进能源供给结构低碳转型。持续深化水电、核电、天然气发电等上网电价市场化改革，完善风电、光伏发电价格形成机制，落实新出台的抽水蓄能价格机制，建立新型储能价格机制，推动新能源及相

---

[1] 胡祖才主编《〈中共中央 国务院关于推进价格机制改革的若干意见〉学习读本》，人民出版社，2016，第62页。

[2] 陆娅楠：《到2025年，基本建立适应高质量发展要求的价格政策体系——"十四五"价格改革如何深化》，《人民日报》2021年6月6日第2版。

关储能产业发展。继续推进输配电价改革，理顺输配电价结构，提升电价机制灵活性，促进新能源就近消纳以及电力资源在更大范围的优化配置。二是推动能源消费结构优化。完善针对高耗能、高排放行业的差别电价、阶梯电价等绿色电价政策，加大实施力度，促进节能减碳等[①]。

电力市场化价格改革也在不断推进。2021年10月，国家发展改革委发布的《关于进一步深化燃煤发电上网电价市场化改革的通知》（简称《通知》）提出，有序放开全部燃煤发电电量上网电价。将燃煤发电市场交易价格浮动范围由现行的上浮不超过10%、下浮原则上不超过15%，扩大为上下浮动原则上均不超过20%，高耗能企业市场交易电价不受上浮20%限制。自2021年以来，全球能源行业出现新的变化，国际市场能源价格大幅上涨；国内煤炭、电力供需持续偏紧，一些地方出现限电限产。党中央、国务院对此高度关注。2021年10月8日，国务院常务会议作出专门部署，提出在保障安全生产的前提下推动煤矿增产、优先保障煤炭运输、实施税收金融政策支持煤电企业增加电力供应、改革完善煤电价格市场化形成机制等一系列举措，部署做好今冬明春电力和煤炭供应保障工作。国家发展改革委迅速出台措施，在发电侧，有序放开全部燃煤发电电量上网电价。我国燃煤发电电量占比高，燃煤发电上网电价在发电侧上网电价形成中发挥着"锚"的作用。到2021年10月，已经有约70%的燃煤发电电量通过参与电力市场形成上网电价。国家发展改革委明确指出要推动其余30%的燃煤发电电量全部进入电力市场。在用电侧，有序放开工商业用户用电价格。2021年10月，大约44%的工商业用电量已通过参与市场形成用电价格。《通知》明确提出有序推动工商业用户都进入电力市场，按照市场价格购电，取消工商业目录销售电价。在尚未进入市场的工商业用户中，10千伏及以上的工商业用户用电量大、市场化条件好，全部进入市场；其他工商业用户也要尽快进入。同时，目录销售电价只保留居民、农业类别，基本实现"能放尽放"。考虑到不同用户的情况，国家发展改革委也作了针对性安排。一是各地根据情况有序推动工商业用户进入市场，并建立电网企业代理购电机制，确保平稳实施。二是鼓励地方对小微企业和个体工商户用电实行阶段性优惠政策。三是继续落

[①] 孙韶华、汪子旭：《顶层设计出炉　重点领域价改迈向深水区》，《经济参考报》2021年5月26日第2版。

实好已经出台的支持民营企业发展、中小微企业融资、制造业投资等一系列惠企纾困措施。《通知》明确,居民(含执行居民电价的学校、社会福利机构、社区服务中心等公益性事业用户)、农业用电由电网企业保障供应,执行现行目录销售电价政策。各地要优先将低价电源用于保障居民、农业用电。为了保障改革平稳实施、落地见效,《通知》明确了多项保障措施。一是全面推进电力市场建设。有序放开各类电源发电计划,健全电力市场体系,加快培育合格售电主体。二是加强与分时电价政策衔接。加快落实分时电价政策,建立尖峰电价机制,做好市场交易与分时电价政策的衔接。三是避免不合理行政干预。要求各地严格按照国家相关政策推进电力市场建设,对市场交易电价的合理浮动不得进行干预。四是加强煤电市场监管。及时查处违法违规行为,维护良好市场秩序;指导发电企业特别是煤电联营企业合理参与电力市场报价[1]。

2021年10月和11月初,我国煤炭价格出现大起大落不正常现象。当煤炭价格大幅上涨时,一些燃煤发电企业不愿意多发电,导致一些地区出现拉闸限电现象,东北一些地区还一度出现断供暖气影响老百姓生活的不正常情况,后经政府调控才逐步恢复正常。针对这一问题,2021年11月24日,国家发展改革委价格司召开座谈会,邀请经济、法律方面的专家,研究进一步完善煤炭市场价格形成机制相关问题。与会专家认为,煤炭是关系国计民生的重要商品,充分发挥市场在资源配置中的决定性作用,更好地发挥政府作用,建立煤炭价格区间调控机制,对保障能源安全、保持国民经济稳定运行意义重大。从我国实践看,煤炭产业集中度高,供给和需求主要取决于国内市场,在坚持煤炭价格由市场形成的基础上,综合运用经济手段、法律手段等,对煤炭价格进行区间调控,及时纠正市场失灵,既符合市场经济运行的内在规律,又具备现实可操作性,可以更好地实现有效市场和有为政府的有机结合。与会专家建议,加快建立煤炭价格区间调控的长效机制,引导煤炭价格在合理区间运行,使煤炭价格真实反映市场供求基本面,防止价格大起大落。当煤炭价格超出合理区间上限时,可根据《中华人民共和国价格法》有关规定,按程序及时启动价格干预措施;当煤炭价格过度下跌超出合理区间下限时,可综合采取

---

[1] 陆娅楠、邱超奕:《电力市场化改革迈出重要一步》,《人民日报》2021年10月13日第14版。

适当措施引导煤炭价格合理回升。完善煤电价格市场化形成机制，鼓励煤炭企业与燃煤发电企业在合理区间内开展中长期交易，鼓励燃煤发电企业与电力用户在中长期交易合同中明确煤炭、电力价格挂钩联动机制。国家发展改革委表示，将进一步听取各方面意见及建议，研究完善煤炭市场价格形成机制，综合采取市场化、法治化措施，引导煤炭价格回归合理区间并保持在合理区间内运行，一旦超出合理区间，及时采取措施予以调控，推动上下游产业协调高质量发展，更好保障能源安全稳定供应[①]。2021年12月3日，国家发展改革委起草的《2022年煤炭中长期合同签订履约工作方案（征求意见稿）》由中国煤炭工业协会在2022年全国煤炭交易会上发布。意见稿的核心变动，是将煤炭中长期合同5500大卡动力煤基准价由此前（2017—2021年）的535元/吨调整至700元/吨，上调幅度为31%，并设定浮动范围为550～850元/吨。中长期合同覆盖了我国煤炭供应总量的80%左右，可见其重要性。

（五）完善环境服务价格政策

《意见》提出，统筹运用环保税收、收费及相关服务价格政策，加大经济杠杆调节力度，逐步使企业排放各类污染物承担的支出高于主动治理成本，提高企业主动治污减排的积极性。按照"污染付费、公平负担、补偿成本、合理盈利"原则，合理提高污水处理收费标准，城镇污水处理收费标准不应低于污水处理和污泥处理处置成本，探索建立政府向污水处理企业拨付的处理服务费用与污水处理效果挂钩调整机制，对污水处理资源化利用实行鼓励性价格政策。积极推进排污权有偿使用和交易试点工作，完善排污权交易价格体系，运用市场手段引导企业主动治污减排。

随着生态文明建设的开展，社会经济向绿色转型，各方面治理环境污染力度加大。2018年7月2日，国家发展改革委发布《关于创新和完善促进绿色发展价格机制的意见》。《意见》用较长篇幅对污水处理收费政策进行修订完善，提出了五项政策措施。

第一，定准则、明边界，建立城镇污水处理费动态调整机制。一是明确制定污

---

① 汪子旭：《发改委密集调研 研究完善煤炭市场价格形成机制》，《经济参考报》2021年11月29日第2版。

水处理费标准,即补偿污水处理和污泥处置设施运营成本并合理盈利,但不含污水收集和输送管网建设运营成本,清晰界定了价格和财政在成本上的分担边界。二是明确建立定期评估和动态调整机制。三是明确具体时限要求,即2020年底前城市污水处理费标准与污水处理服务费标准大体相当。四是明确收费范围,即具备污水集中处理条件的建制镇全面建立污水处理收费制度,并同步开征污水处理费。

第二,差异化、控源头,建立企业污水排放差别化收费机制。差别化收费政策是在总结部分地方经验做法的基础上形成并进一步完善的,主要是针对工业污水排放进行精准施策,实行高污染高收费、低污染低收费,促使企业从源头上减少污染物排放。

第三,高标准、严要求,建立与污水处理标准相协调的收费机制。不同区域,环保要求不同,污水排放标准不同,污水处理费上也应有所体现。支持污水处理排放标准提高至一级A或更严格标准的城镇和工业园区,相应提高污水处理费标准,并强调长江经济带相关省份要率先实施。

第四,补短板、强意识,探索建立污水处理农户付费制度。在已建成污水集中处理设施的农村地区,探索建立农户付费制度,重在强化农村居民环保意识,助力农村人居环境整治。

第五,市场招标、定期报告,健全城镇污水处理服务费市场化形成机制。推动各地通过招投标等市场竞争方式,形成公开、透明、合理的污水处理服务费标准,并鼓励将城乡不同区域、规模、盈利水平的污水处理项目打包招投标,促进城市、建制镇和农村污水处理均衡发展。同时,建立污水处理服务费收支定期报告制度,为完善污水处理费标准提供参考。

《意见》要求全国城市及建制镇全面建立生活垃圾处理收费制度。2016年,我国城市和县城生活垃圾清运量达2.7亿吨。《意见》明确,全面建立覆盖成本并合理盈利的固体废物处理收费机制,加快建立激励约束收费机制,促进垃圾分类和减量化、资源化、无害化处理,完善危险废物处置收费机制。2020年底前,全国城市及建制镇全面建立生活垃圾处理收费制度。积极推进城镇生活垃圾处理收费方式改革,对配套设施完备、已经具备条件的用户,推行垃圾计量收费,并实行分类垃圾与混合垃圾差别化收费等政策。同时,按照补偿危险废物收集、运输、贮存和处置成本并合理盈利的原则,制定和调整危险废物处置收费标准,提高危险废物处置能力。对工业危险废物和社会源危险废物,则需要加强处置成本调查,合理确定并动态调整收费标准。

能源价格方面,2017年以来,我国对铁合金、烧碱等7个高耗能行业实行了基于设备工艺的差别电价,对限制类、淘汰类企业用电实行加价;对电解铝、水泥、钢铁行业实行基于能耗的阶梯电价。这些政策的实施促进了市场优胜劣汰。以水泥行业为例,在阶梯电价实施前,有20%左右的生产线达不到国家能耗标准。阶梯电价实施后,不达标企业中,约一半被淘汰。为鼓励进一步节约能源资源、促进技术进步,《意见》明确提出,全面清理取消对高耗能行业的优待类电价以及其他各种不合理的价格优惠政策。各地可根据实际需要,扩大差别电价、阶梯电价执行的行业范围,提高加价标准,让浪费资源者、高污染排放者付出更大的成本和代价。加大峰谷电价实施力度。各地可结合本地实际,扩大峰谷电价的执行范围,合理确定并动态调整高峰时段、低谷时段的电价价差。此外,《意见》还提出降低用电成本,支持环保行业加快发展[①]。

2020年,我国正式宣布力争2030年前实现碳达峰、2060年前实现碳中和。2021年5月,国家发展改革委印发《关于"十四五"时期深化价格机制改革行动方案的通知》,指出"十四五"时期深化能源价格改革将紧紧围绕"碳达峰、碳中和"目标,在充分考虑相关方面承受能力的基础上,发挥价格机制的激励、约束作用,促进经济社会发展全面绿色转型。

为推动我国经济绿色转型,2021年全国碳排放权交易市场正式上线交易。截至11月26日,全国碳市场碳排放配额(CEA)累计成交量3722.82万吨,累计成交额15.97亿元。到2021年11月,我国碳配额现货交易量在全球主要碳市场中位居首位。首批纳入全国碳排放权交易市场的为发电行业重点排放单位,全国超过2000家,首个履约周期于2021年12月31日截止。2021年10月底,生态环境部下发通知,督促发电行业重点排放单位尽早完成全国碳市场第一个履约周期配额清缴,确保12月31日全部重点排放单位完成履约。全国碳市场运行至2021年11月底,只有电力行业参与碳市场交易,市场主体相对单一。此外,机构投资者尚未入市。据了

---

① 陆娅楠:《以价格改革促进绿色发展》,《人民日报》2018年7月3日。

解，相关部门正在制定有色金属、建材、钢铁行业的碳配额分配方法，推动更广范围的行业企业参与碳交易[①]。

（六）理顺医疗服务价格

2012年5月，国家发改委同原卫生部、国家中医药管理局印发《关于规范医疗服务价格管理及有关问题的通知》，公布了《全国医疗服务价格项目规范（2012年版）》，规定各级各类非营利性医疗机构提供医疗服务收取费用的项目依据，各地不得以任何形式进行分解；需合并、组合项目收费的，须经省级价格主管部门会同同级卫生行政主管部门按照有利于减轻患者费用负担的原则从严审批。2015年12月，国家发展改革委印发《关于加快新增医疗服务价格项目受理审核工作有关问题的通知》，要求各地制定并向社会公布新增医疗服务价格项目的受理条件、审核程序、审核时间、审核原则及内容和部门职责等，并及时受理，高效办理，促进医疗新技术及时进入临床使用，以鼓励研发创新，为大众创业、万众创新营造良好环境。

2012年9月，国家发展改革委会同原卫生部、人力资源和社会保障部正式出台了《关于推进县级公立医院医药价格改革工作的通知》，对推进县级公立医院医药价格改革的各项工作进行了全面部署。要求各地按照建机制、控费用、调结构、强监管的原则，积极稳妥推进县级公立医院医药价格改革工作，通过取消药品加成、调整医疗服务价格、改革收付费方式和落实政府办医责任等综合措施和联动政策，破除"以药补医"机制，降低群众医药费用负担。

放开非公立医疗机构医疗服务价格。2014年3月，按照国务院关于促进健康服务业发展的要求，国家发展改革委会同原国家卫生计生委、人力资源和社会保障部联合印发《关于非公立医疗机构医疗服务实行市场调节价有关问题的通知》，出台了放开非公立医疗机构医疗服务价格、鼓励社会办医的政策措施。通知明确指出，非公立医疗机构提供的所有医疗服务价格实行市场调节，由非公立医疗机构按照公平、合法和诚实信用的原则合理制定。非公立医疗机构可根据自身特点，提供特色服务，满足群众多元化、个性化的医疗服务需求。各地要将符合医保定点相关规定

---

① 高伟：《全国碳市场累计成交额近16亿元》，《经济参考报》2021年11月29日第3版。

的非公立医疗机构纳入社会医疗保险的定点服务范围，实行与公立医疗机构相同的报销支付政策。

按照《推进医疗服务价格改革的意见》要求，医疗服务价格改革主要有五方面任务。一是推进医疗服务价格分类管理。公立医疗机构提供的基本医疗服务实行政府指导价，提供的特需医疗服务和市场竞争比较充分、个性化需求比较强的医疗服务实行市场调节价；非公立医疗机构提供的医疗服务实行市场调节价。二是逐步理顺医疗服务比价关系。首先，统筹考虑取消药品加成及当地政府补偿政策，同步调整医疗服务价格。其次，通过规范诊疗行为，降低药品、耗材等费用，腾出空间，动态调整，逐步理顺。价格调整要与医保支付、医疗控费等政策相互衔接，保证患者基本医疗费用负担总体不增加。三是改革医疗服务价格项目管理。国家制定全国医疗服务项目技术规范，统一项目名称和服务内容。各地依据全国医疗服务项目技术规范确定具体收费项目；及时受理新增医疗服务项目，促进医疗新技术尽早进入临床使用。四是推进医疗服务定价方式改革。扩大按病种、服务单元收费范围，逐步减少按项目收费的数量。各地可结合实际，将医疗服务价格调整权限下放给设区市和有条件的县（市）。五是加强医疗服务价格监管。加强医疗服务成本监审和价格监测，完善定价过程中公众参与、专家论证制度，加强医疗费用控制，强化价格行为监管。

2017年4月，北京市3700多家医疗机构在全国率先实施医药分开综合改革，降低药品和大型医用设备检查、检验价格，提高手术、护理等价格，改革几个月来，药品价格平均降幅超过8%。据介绍，2014年以来，除麻醉药品和第一类精神药品外的药品价格已放开由市场调节。到2017年，公立医院药品加成已全面取消，对由此减少的医院合理收入，通过调整医疗服务价格补偿80%~90%。通过改革，我国将公立医院补偿渠道改为服务收费和政府补助两个渠道，结束了60多年"以药补医"的历史，初步建立了公立医院科学运行新体制[1]。

2020年，我国碰上新冠疫情，国家继续全力以赴抓好提升基本医疗服务水平工作。财政对城乡居民基本医疗补助标准人均达550元，比上一年新增30元。新增经费继续强化对大病保障，特别是加大对农村贫困人口、城乡低保对象倾斜力度。

---

[1] 李志勇：《价格改革进入攻坚阶段》，《经济参考报》2017年10月17日第3版。

对确诊新冠患者坚持特殊报销政策，将诊疗方案中的药品和服务项目全部纳入支付范围，同时发挥好医疗救助资金兜底保障作用。

积极推进药品耗材集中招标采购改革。自2019年起，开展药品耗材集中招标采购，无论是全国性的还是地方的，均取得明显成效，大批医保药品因带量采购大幅降价，最突出的是心脏支架从均价1.3万元降到700元左右，降价幅度达93%，年可节省费用117.25亿元。报载，2022年版医保药品目录历经6个月调整后于2021年12月3日敲定，74种新药进医保，其中谈判成功的67种独家药品平均降价61.71%，一些"高价药"降为"平民价"，这次谈判预计2022年可累计为患者减负超300亿元。经国家药保局初步测算，新增的74种药品预计2022年增加的基金支出，与目录内药品降价等腾出的基金空间基本相当。一些原来价格昂贵的药品开出"平民价"，符合"保基本"的定位，经谈判后顺利进入目录。比如曾经每针高达70万元用于治疗脊髓性肌萎缩症的诺西那生钠注射液，经过谈判后大幅降价，达到多数患者可承受范围之内。值得注意的是，按照限定的支付范围，目前国家医保药品目录内所有药品年治疗费用均未超过30万元[①]。国家医保药品目录内药品总数为2860种，其中西药1486种，中成药1374种，于2022年1月1日起执行[②]。

（七）健全交通运输价格机制

《意见》指出：逐步放开铁路运输竞争性领域价格，扩大由经营者自主定价的范围；完善铁路货运与公路挂钩的价格动态调整机制，简化运价结构；构建以列车运行速度和等级为基础、体现服务质量差异的旅客运输票价体系。逐步扩大道路客运、民航国内航线客运、港口经营等领域由经营者自主定价的范围，适时放开竞争性领域价格，完善价格收费规则。放开邮政竞争性业务资费，理顺邮政业务资费结构和水平。实行有利于促进停车设施建设、有利于缓解城市交通拥堵、有效促进公共交通优先发展与公共道路资源利用的停车收费政策。进一步完善出租汽车运价形成机制，发挥运价调节出租汽车运输市场供求关系的杠杆作用，建立健全出租汽车

---

① 张小洁、梁倩：《创新药加速挺进医保 多个年内获批品种纳入》，《经济参考报》2021年12月6日第3版。

② 吴佳佳：《医保目录"上新"扩大受益人群》，《经济日报》2021年12月5日第2版。

运价动态调整机制以及运价与燃料价格联动办法。

第一，改革铁路货运价格形成机制。2012年以来，积极有序推进铁路货运市场化价格改革。按照铁路与公路货运保持合理比价关系的原则，连续4年提高国铁货物统一运价，累计调价幅度每吨公里5分钱，实现了分步理顺铁路货物运价水平的预期目标；建立铁路货运价格上下浮动机制，2014年2月将铁路货运价格由政府定价改为实行政府指导价上限管理，2015年2月建立货物运价上下浮动的机制，允许上浮不超过10%、下浮不限，进一步增加运价弹性；放开竞争性运输产品价格，2014年4月放开社会企业投资建设的准池铁路货物运价，实行市场调节，这是国内放开铁路货运价格的首次尝试。2014年底以来，进一步放开了铁路散货快运价格、包裹运输价格，以及社会资本投资控股新建铁路货物运价等具备竞争条件的铁路运输价格，通过修改《中华人民共和国铁路法》放开铁路运输杂费，指导地方放开铁路运输延伸服务收费，由相关经营者根据生产经营成本、市场供求和竞争状况、社会承受能力等自主确定具体价格水平。

第二，有序改革完善铁路旅客票价形成机制。2012年以来，随着运输市场竞争形势变化，国家坚持市场化取向，积极稳步推进铁路旅客票价改革，高铁动车组特等座、商务座、动卧票价先后实行了市场调节价，300公里高铁动车组也依据《中华人民共和国价格法》，由铁路运输企业根据市场供求和竞争状况自主制定试行票价水平。2015年10月21日，国家发展改革委公布新的《中央定价目录》，将铁路旅客运输政府定价范围限定在"中央管理企业全资及控股铁路普通旅客列车票价率"（竞争性领域除外），高铁动车组票价从2016年1月1日起由铁路运输企业依法自主制定。

第三，积极推进民航旅客票价市场化改革。2013年以来，国家顺应运输市场竞争形势变化，陆续放开了132条与地面主要运输方式形成竞争的短途航线旅客票价；2014年12月全面放开国内航线货物运价，由航空公司根据生产经营成本、市场供求和竞争状况等自主确定具体运价水平；进一步改进政府指导价基准票价定价办法，由政府审批航线基准票价改为政府制定定价规则，由航空公司按规则自行制定、调整基准票价，变事前审批为事中、事后监管；建立健全民航国内航线客运燃油附加与航空煤油价格联动机制，增强企业应对油价波动能力等。

第四，不断推进港口收费改革。2014年11月，国家放开港口码头货物装卸等劳务性收费、船舶供应服务收费，同步实行劳务性收费包干计费，简化计费方式，提高收费透明度。2015年7月，对船舶使费由原来的政府定价改为实行政府指导价上限管理，下浮不限，增加收费弹性。2015年底，国家印发了《港口收费计费办法》，统一港口内外贸收费规定，规范港口收费计费行为，保护港口企业和用户双方的合法权益。

第五，放开部分竞争性邮政资费。2015年6月，根据新修订的《中华人民共和国邮政法》，国家明确放开国内特快专递资费、明信片寄递资费、印刷品寄递资费和单件重量10公斤以下计泡包裹等竞争性包裹寄递资费。这样，实行政府定价管理的邮政业务资费范围缩小为信函、邮政汇兑、机要通信、国家规定报刊发行资费，以及部分包裹寄递资费。其他邮政业务均由邮政企业根据生产经营成本、市场供求和竞争状况等确定具体资费水平。

（八）创新公用事业和公益性服务价格管理

《意见》提出，清晰界定政府、企业和用户的权利义务，区分基本和非基本需求，建立健全公用事业和公益性服务财政投入与价格调整相协调机制，促进政府和社会资本合作，保证行业可持续发展，满足多元化需求。全面实行居民用水用电用气阶梯价格制度，推行供热按用热量计价收费制度，并根据实际情况进一步完善。教育、文化、养老、殡葬等公益性服务要结合政府购买服务改革进程，实行分类管理。对义务教育阶段公办学校学生免收学杂费，公办幼儿园、高中（含中职）、高等学校学费作为行政事业性收费管理；营利性民办学校收费实行自主定价，非营利性民办学校收费政策由省级人民政府按照市场化方向根据当地实际情况确定。政府投资兴办的养老服务机构依法对"三无"老人免费；对其他特殊困难老人提供养老服务，其床位费、护理费实行政府定价管理，其他养老服务价格由经营者自主定价。分类推进旅游景区门票及相关服务价格改革。推动公用事业和公益性服务经营者加大信息公开力度，接受社会监督，保障社会公众知情权、监督权。

教育收费方面，义务教育阶段实行免费教育。2005年，国家决定从2006年春季学期开始，免除西部地区农村义务教育阶段中小学生学杂费；2007年，全国农村义务教育阶段中小学生全部免收学杂费；从2008年秋季学期开始，免收城市义务教育阶段公办学校学生学杂费。2015年，国务院印发《关于进一步完善城乡义务教育经费保障机制的通知》，决定从2017年春季学期开始，统一城乡义务教育学生"两免一补"政策，即在对农村学生免除学杂费、免费提供教科书和对家庭经济困难寄宿生补助生活费，以及对城市学生免除学杂费的同时，向城市学生免费提供教科书并推行部分教科书循环使用制度，对城市家庭经济困难寄宿生给予生活费补助。民办学校学生免除学杂费标准按照中央确定的生均公用经费基准定额执行。

公办高中（含中职）、高校学费实行属地化管理。职业教育逐步推行免费教育。国家规定从2009年秋季学期起，对中等职业学校农村家庭经济困难学生和涉农专业学生免收学费。从2012年秋季学期开始，对公办中等职业学校全日制正式学籍一、二、三年级在校生中所有农村（含县镇）学生、城市涉农专业学生和家庭经济困难学生免除学费（艺术类相关表演专业学生除外）。2013年，国家发改委、财政部、教育部印发了《关于加强研究生教育学费标准管理及有关问题的通知》，决定从2014年秋季学期开始，高等学校向所有纳入全国研究生招生计划的新入学研究生收取学费。全日制学术型硕士研究生、博士研究生的学费标准，现阶段分别按照每生每学年不超过8000元、10000元确定。民办教育收费逐步实行市场调节价。积极探索营利性民办学校收费统一实行市场调节价，非营利性民办学校收费的价格管理方式由省级人民政府根据本地实际情况确定。

养老服务收费。各地价格部门对政府举办的公办养老机构收养老年人的服务进行收费，一般实行政府指导价或政府定价管理，列入地方定价目录，由市、县价格主管部门制定具体收费标准。据不完全统计，实行政府定价或政府指导价管理的养老机构数量只占全部养老机构的20%左右。对社区和乡村举办的敬老院、福利院等养老机构服务收费一般实行市场调节价管理，由养老机构自主确定，个别省份对民办养老机构服务收费实行备案管理，如北京市民办非营利性养老机构的收费标准需向当地民政部门备案。受地区经济发展水平、养老机构等级、服务质量等因素影响，养老服务收费水平差异较大，床位费每月从100元左右到几千元不等，护理费每月从几十元到几千元不等，伙食费、医疗费等代收费都是据实收取。

居民用水用电用气阶梯价格。截至2015年12月底，31个省（区、市）中，除青海、西藏以外的29个省（区、市）已建立城镇居民阶梯水价制度，推广率约94%。到2015年5月，除新疆、西藏外，全国29个省（区、市）价格主管部门陆续召开了价格听证会，并对阶梯电价试行方案进行修改和完善后出台了具体实施方案，从2012年7月1日起实行。截至2015年12月底，已通气的30个省（区、市）中，除重庆、新疆以外的28个省（区、市）已建立阶梯气价制度，推广率达90%[①]。这几种阶梯价格制度此后在不断完善中。

（九）健全政府定价制度

《意见》提出，对于极少数保留的政府定价项目，要推进定价项目清单化，规范定价程序，加强成本监审，推进成本公开，坚决管细管好管到位，最大限度减少自由裁量权，推进政府定价公开透明。

1997年颁布、1998年实施的《中华人民共和国价格法》（简称《价格法》）是价格领域落实依法治国的重要法律。该法实施以来逐步形成了由法律、法规和规章构成的比较完整的价格法律规范体系。以《中华人民共和国价格法》为核心，以《中华人民共和国反垄断法》《中华人民共和国反不正当竞争法》《中华人民共和国消费者权益保护法》以及其他法律相关价格条款为重要支撑，以《中华人民共和国价格管理条例》《价格违法行为行政处罚规定》《制止牟取暴利的暂行规定》等行政法规，百余部地方性法规、部门规章和地方政府规章为配套，主要涉及政府定价行为规则、听证、成本监审、行政处罚、价格举报、反价格垄断等。《中华人民共和国价格法》为规范政府和经营者价格行为、强化市场价格监管执法、维护良好的价格秩序、保持价格总水平基本稳定、切实保护消费者价格权益、促进经济社会持续健康发展发挥了积极作用。

在《中华人民共和国价格法》指引下，不断推进政府定价项目清单化，规范政府定价程序，加强成本监审。下面着重介绍成本监审方面的进展。

科学制定政府管理的价格，必须合理核定成本。健全政府定价制度，必须健全成本监审制度。成本监审是指政府价格主管部门对纳入政府定价范围的商品或服

[①] 胡祖才主编《〈中共中央 国务院关于推进价格机制改革的若干意见〉学习读本》，人民出版社，2016，第132—153页。

务，在调查、测算和审核经营者成本的基础上核定定价成本的行为。成本监审应当遵循三条基本原则，即合法性原则、相关性原则和合理性原则。合法性原则主要是指计入定价成本的各项费用必须符合国家有关法律、法规和财务会计制度等规定。相关性原则指计入定价成本的费用必须是为经营被监审商品或服务而支出的费用。合理性原则是成本监审应当遵循的核心原则，主要包括：生产经营过程中各种技术标准（如物耗指标、损耗率等）要符合行业规范；各项成本费用指标（如人工费用、管理费用等）要符合国家有关规定或社会公允水平；共同费用的计提和分摊方法要科学合理；等等。

随着成本监审制度体系的建立，各级价格主管部门开展的成本监审项目逐年增加，涉及领域迅速扩大。据不完全统计，2006—2014年，全国各级价格主管部门累计开展成本监审项目26万余个，覆盖教育、城市供水、天然气、有线数字电视、旅游景点、出租车、医药、房地产、物业管理等20多个领域。2014年各级价格主管部门开展成本监审项目3696个，比2006年增长近3倍。经过多年的发展，到2016年，成本监审工作已经成为政府定价的重要程序，在大部分地区和领域实现了逢调必审，在城市供水领域还实行了成本公开。到2015年底，在新推出阶梯水价的500多个城市中，均已实现了制定价格前的成本公开[①]。2012年以来，价格主管部门克服重重困难，在成本监审方面取得了显著成果。比如，2015年以来国家发改委共核减与输配电不相关资产和不应计入输配电成本的费用约1200亿元，平均核减比例为14.5%，使输配电价改革试点得以顺利推进，《省级电网输配电价定价办法》顺利出台，从而使省级电网输配电价水平核定实现全国全覆盖。不仅电力领域，天然气、铁路运输等领域也建立了成本监审办法。各地建立了城市供水、供热、管道燃气、污水处理、交通、教育等行业的成本监审制度，有效地约束和激励有关企业降低成本、提高效率，促进了合理消费结构的形成。据统计，2013—2016年，各级价格主管部门开展了约24000项成本监审，核减不应计入定价成本的费用约8000

---

① 胡祖才主编《〈中共中央 国务院关于推进价格机制改革的若干意见〉学习读本》，人民出版社，2016，第154、第155、第157、第158页。

亿元[①]。

（十）加强市场价格监管和反垄断执法

《意见》提出，清理和废除妨碍全国统一市场和公平竞争的各种规定和做法，严禁和惩处各类违法实行优惠政策行为，建立公平、开放、透明的市场价格监管规则，大力推进市场价格监管和反垄断执法，反对垄断和不正当竞争。加快建立竞争政策与产业、投资等政策的协调机制，实施公平竞争审查制度，促进统一开放、竞争有序的市场体系建设。

党的十八大以来，党和政府强调反垄断和反不正当竞争，2020年底中央经济工作会议还专门提出："强化反垄断和防止资本无序扩张。反垄断、反不正当竞争，是完善社会主义市场经济体制、推动高质量发展的内在要求。国家支持平台企业创新发展、增强国际竞争力，支持公有制经济和非公有制经济共同发展，同时要依法规范发展，健全数字规则。要完善平台企业垄断认定、数据收集使用管理、消费者权益保护等方面的法律规范。要加强规制，提升监管能力，坚决反对垄断和不正当竞争行为。金融创新必须在审慎监管的前提下进行。"因此，下面着重介绍反垄断执法方面的进展。

2008年，根据国务院"三定方案"，当时我国负责反垄断执法的部门包括国家发展改革委价格监督检查与反垄断局、商务部反垄断局、国家工商行政管理总局反垄断与反不正当竞争执法局三个。其中，国家发展改革委价格监督检查与反垄断局负责价格垄断行为查处工作，并完全授权省级发改（物价）部门开展涉价反垄断工作。价格主管部门具体查处的反垄断案件包括两大类型、三种行为：两大类型是指经济垄断行为和行政垄断行为；三种行为是指经济垄断行为中的经营者达成或实施垄断协议行为、滥用市场支配地位行为及行政垄断行为（行政机关和法律法规授权的具有管理公共事务职能的组织滥用行政权力排除、限制竞争的行为）。自2008年起至2015年7月底，国家发展改革委及地方价格主管部门调查并作出执法

[①] 本刊特约评论员：《抓好成本监审这个关键环节》，《价格理论与实践》2017年第4期。

决定的反垄断案件有90件，其中国家发展改革委查处案件24件，地方价格主管部门查处案件66件。查处的案件中，涉及单位422家，其中内资企业及相关行业协会387家，外资企业35家；共没收违法所得2.13亿元，罚款96.37亿元，合计实施经济制裁98.5亿元[1]。

2020年底，国家市场监管总局反垄断局编撰的《中国反垄断执法年度报告（2019）》发布，这是首次单独发布反垄断执法年度报告。报告披露：2019年共立案调查垄断案件103件，结案46件，罚没金额3.2亿元。其中，立案调查垄断协议案件28件，作出行政处罚12件；立案调查滥用市场支配地位案件15件，作出行政处罚4件；办理滥用行政权力排除、限制竞争案件84件，其中立案调查24件，纠正12件；调查经营者集中未依法申报案件36件，作出行政处罚18件。收到经营者集中申报503件，立案462件，审结465件。报告还透露，2020年1月反垄断法修正草案将在市场监管总局官网公开征求社会公众意见。与此同时，还发布2019年反垄断执法十大典型案例，包括长安福特汽车有限公司垄断协议案，延安市10家混凝土企业垄断协议案，丰田汽车（中国）投资有限公司垄断协议案，伊士曼（中国）投资管理有限公司滥用市场支配地位案，天津市自来水集团有限公司滥用市场支配地位案，高意股份有限公司收购菲尼萨股份有限公司股权案，浙江花园生物高科股份有限公司与皇家帝斯曼有限公司新设合营企业案，诺贝丽斯公司收购爱励公司股权案，浙江省气象局滥用行政权力排除、限制竞争案，哈尔滨市交通运输局滥用行政权力排除、限制竞争案[2]。

2021年，反垄断执法力度加大，连落"重锤"，震惊全国的阿里巴巴被罚182亿元、美团被罚34亿元就是突出事例。据统计，截至2021年11月20日，与垄断协议、滥用市场支配地位以及经营者集中等相关的行政处罚案件大幅上行至110件，远高于过去5年的平均25件左右；相关行政处罚规模大幅上行至228亿元左右，远高于过去5年的平均4亿元左右。其中包括：南京宁卫医药有限公司滥用市场支配地

---

[1] 胡祖才主编《〈中共中央 国务院关于推进价格机制改革的若干意见〉学习读本》，人民出版社，2016，第261—262页。

[2] 《市场监管总局发布2019年反垄断执法十大典型案例》，《人民日报》2020年12月26日第6版。

位，实施以不公平的高价销售氯解磷定原料药、附加不合理交易条件的垄断行为，罚没款超过658万元；宜兴港华燃气有限公司滥用市场支配地位，向居民用户收取高额采暖增容费，在非居民用户燃气管道安装工程上收取不公平高价，罚没款共计4044万元；等等。

2021年11月18日，国家反垄断局挂牌成立，进一步充实反垄断监管力量，提升反垄断执法的统一性、权威性，反垄断监管迎来新格局。此后，反垄断监管框架有望更完善，平台经济、科技创新、信息安全、民生保障等重点领域反垄断利剑高悬，监管执法将进一步加强，为各类市场主体投资兴业、规范健康发展营造更良好的竞争环境。11月22日，反垄断法修正草案征求意见结束。这是施行13年的反垄断法首次"大修"，在鼓励创新和强化竞争政策基础地位的同时，将回应数字经济发展提出的新挑战[1]。

---

[1] 班娟娟：《强监管信号延续 多领域反垄断利剑高悬》，《经济参考报》2021年12月15日第2版。

第五节

完善宏观调控和深化政府"放管服"改革

构建高水平社会主义市场经济体制,需要继续推进政府改革,转换政府职能,更好发挥政府作用,促进高质量发展。这主要包括两方面内容:一是健全宏观经济调控,促进宏观经济稳定健康运行;二是深化政府"放管服"改革,充分激发各类市场主体活力。

党的十八大后,简政放权、放管结合、优化服务改革,是全面深化改革的重要内容,是转变政府职能的一个主要抓手,也是激发市场活力和社会创造力、推动高质量发展的关键举措。

大力精简行政许可事项和各类管理措施。由于取消和下放行政许可事项,到2020年,中央层面设定的行政许可事项还有1309项,其中国务院部门实施的有628项、中央指定地方实施的有681项。同时,推进"证照分离"改革。不少企业取得营业执照后,还需办理经营许可证才能正常开业,"准入不准营"问题亟待解决。2019年有关部门梳理出中央层面涉企经营许可事项523项,全部纳入清单管理,并定期调整和向社会公布。同时,对这些经营许可事项,按照直接取消审批、审批改为备案、实行告知承诺、优化审批服务等四种方式分类进行改革。自2019年12月1日起,"证照分离"改革在所有自贸区推开,2020年实现全覆盖。

推进商事制度改革。营商环境持续改善。世界银行2018年10月31日发布了《2019年营商环境报告:为改革而培训》,中国在2019年营商环境评估中排名上升30多位,从2018年的第78位上升到第46位。2019年10月,国务院公布《优化营商环境条例》，共72条。在世界银行发布的《2020年全球营商环境报告》排名中，中国再提高15个位次，升至第31位，连续两年入列营商环境大幅改善的十大经济体。

减税降费，尽力帮助企业特别是小微企业。其中比较突出的是：从2019年4月1日起实施深化增值税改革措施，从5月1日起降低社会保险费率，当年新增减税降费约5000亿元。同时，把前期出台6月前到期的减税降费政策执行期限延长到年底。其中包括免征中小微企业养老、失业和工伤保险单位缴费，减免小规模纳税人增值税，免征公共交通运输、餐饮住宿、旅游娱乐、文化体育等服务增值税，减免民航发展基金、港口建设费等。时任国务院总理李克强在全国深化"放管服"改革着力培育和激发市场主体活力电视电话会议上的讲话中提到，"近年来，我们把减税降费作为应对挑战、保持经济稳定发展的有力举措，坚持制度性安排与阶段性政策并举，由点到面推开营改增，持续实施大规模减税降费，'十三五'时期新增减税降费累计达7.6万亿元"[①]。

"放管服"改革有力调动了各方面创业的积极性，促进了各类市场主体的快速增长。2019年，全国新设市场主体2377万户，日均新登记企业达到2万户，活跃度保持在70%左右。截至2022年8月底，我国市场主体总量达到1.63亿户，相比2012年底的5500万户，净增超1亿户，年平均增幅12%。其中，民营企业数量增长到4701.1万户，在企业总量中的占比提高到93.3%。截至2022年9月底，全国登记在册的个体工商户1.11亿户，占市场主体总量的2/3，带动就业近3亿人[②]。

[①]《在全国深化"放管服"改革着力培育和激发市场主体活力电视电话会议上的讲话》，《经济日报》2021年6月8日第2版。

[②] 欧阳洁：《推动各类市场主体创新发展》，《人民日报》2022年12月7日第19版。

第三章

深化国资国企改革

习近平总书记在党的二十大报告谈到构建高水平社会主义市场经济体制时，专门指出："深化国资国企改革，加快国有经济布局优化和结构调整，推动国有资本和国有企业做强做优做大，提升企业核心竞争力。"这说明，构建高水平社会主义市场经济体制，必须深化国资国企改革。从历史发展看，改革开放后，我们是逐步推进国企改革的，1992年党的十四大明确社会主义市场经济体制改革目标后，1993年党的十四届三中全会明确国企改革的方向是建立现代企业制度。2002年党的十六大报告比较系统地提出国有资产管理体制改革的目标任务等。2013年党的十八届三中全会提出国资监管机构以管资本为主后，国资改革逐渐突出，有的专家还提出以国资改革带动国企改革的主张。从构建高水平社会主义市场经济体制的要求看，必须同时深化国资改革和国企改革。

下面的论述，拟按照历史发展的逻辑展开，先讲国企改革，后讲国资改革及国资改革如何带动国企改革。

第一节

1978—1992年：探索国企改革正确方向

我国的国有企业改革（这里所论述的国有企业专指国有工商企业，一般不含金融企业），是我国经济体制改革最重要的领域，也是最困难和争议最多的改革。我国的国有企业，从计划经济时代作为上级主管部门的附属物和"算盘珠"，改革成为政企分开、政资分开的独立的市场主体和法人实体，自主经营、自负盈亏、自担风险，这是一个脱胎换骨的过程，艰难困苦的程度可想而知。经过改革开放40多年的努力，可以认为，国有企业改革最困难的阶段已经过去，国有企业微观经济基础再造的任务已基本完成，绝大部分国有企业已成为同社会主义市场经济相适应的市场主体和法人实体。国有经济一直控制着国民经济命脉，在国民经济发展中发挥着主导作用。

下面先看1978—1992年的改革探索。

1978年10月，经国务院批准，四川省选择了重庆钢铁公司等6户地方国营工业企业，在全国率先进行扩大企业自主权试点。试点的主要内容是：逐户核定企业的利润指标，规定当年的增产增收指标，允许企业在年终完成计划后提留少量利润作为企业的基金，并允许企业给职工发放奖金。1979年1月，四川省把试点工业企业由6户增加到100户，同时在40户国营商业企业中进行扩大企业自主权的试点。1979年5月25日，原国家经委、财政部等六部委联合发出通知，确定在首都钢铁公司等8户企业进行扩大经营管理自主权的改革试点。后来，国务院又于1984年5月颁布《关于进一步扩大国营工业企业自主权的暂行规定》，规定了扩大企业十个方面的自主权，如生产经营计划权、产品销售权等。

1981年初，山东省等地及以首都钢铁公司为代表的企业在扩大企业自主权的基础上实行了利润包干的经济责任制。之后，全国各地陆续实行了一些不同的包干办法。首都钢铁公司制定向国家上缴利润每年递增7.2%的"上缴利润递增包干"经济责任制方案，得到国务院领导批准。于是，以山东省和首都钢铁公司为代表的经济责任制在全国广大国营企业中蓬勃开展起来。

在这期间，还实行了两步利改税方案。1983年2月，国务院批转财政部《关于国营企业利改税试行办法（草案）的报告》，决定从1983年1月1日开始，对国营企业实行利改税办法。具体做法是：国营企业保留原来（按销售收入计征）的工商税，把相当于基数利润的部分改为所得税，凡有盈利的国营大中型企业，按55%的税率计征所得税，所得税后利润一部分上缴国家，一定三年不变，剩余部分按照国家核定的留利水平留给企业；国营小型企业则实行利润按八级超额累进税率缴纳所得税，由企业自负盈亏。

1984年9月，国务院批转了财政部《关于在国营企业推行利改税第二步改革的报告》，决定从1984年9月开始实施第二步利改税方案。主要内容为：一是改变企业利润上缴形式，国家对国营企业实现利润分别征收所得税和调节税，调节税后的剩余利润作为企业留利；二是允许企业在征收所得税前从利润中归还技措贷款；三是调节税采取一户一率的办法分别核定；四是放宽小型企业标准；五是亏损企业和微利企业继续实行盈亏包干；六是增加税源。

由于外部体制不配套，调节税"鞭打快牛"现象的出现以及当时历史条件的限制，利改税推行后国营企业利润连续22个月滑坡。利改税的作用尚未发挥就被承包制取代，利改税改革事实上没有成功。

1987年3月召开的六届人大五次会议明确肯定了承包制。会议通过的《政府工作报告》指出："今年改革的重点要放在完善企业经营机制上，根据所有权与经营权适当分离的原则，认真实行多种形式的承包经营责任制。"1987年全国掀起了第一轮承包热潮。到1987年底，全国预算内企业的承包面达78%，大中型企业达80%。1990年第一轮承包到期的预算内工业企业有3.3万多户，占承包总数的

90%。接着又开始第二轮承包[①]。

从扩大经营自主权到承包制的放权让利改革，国营企业开始有一定的活力。但是，承包制也有重大缺陷，承包制"一对一"谈判强化了政企不分，只有激励没有约束，所有权和经营权分离了，但所有者缺位，所有权不能约束经营权。经营者滥用经营自主权谋取私利或小团体利益，普遍出现"内部人控制"现象，以致不少企业承包一轮，国有资产流失一轮，"富了和尚穷了庙"，后果严重。实践告诉我们，国营企业改革不能以承包制为方向，必须另找出路，实行制度创新。

早在1987年，国家经济体制改革委员会委托中央和地方8家单位作中期（1988—1995年）经济改革规划纲要时，北京大学课题组、中央党校课题组等就明确提出应以股份制和现代企业制度作为国营企业改革的目标模式，而承包制由于存在种种难以克服的缺陷和矛盾，不可能成为国营企业改革的目标模式。原国家经济体制改革委员会综合规划司在汇总各家改革规划纲要时表示，各家方案较一致的看法是，中期改革的目标应该是通过新旧体制转换，确立社会主义商品经济新体制的主导地位。这种新经济体制的基本框架是"政府调节市场，市场引导企业"，包括相互联系的三方面内容，即经济运行的市场化、企业形态的公司化、宏观调控的间接化。企业形态的公司化，就是要把竞争性行业的大中型国营企业改造成股份有限公司或有限责任公司，建立起真正的企业法人制度[②]。可见，我国许多经济学家对当时普遍实行承包制的做法是不赞成的，认为承包制不能作为我国国营企业改革的目标模式。

[①] 张卓元、郑海航主编《中国国有企业改革30年回顾与展望》，人民出版社，2008，第31—34页。

[②] 国家经济体制改革委员会综合规划司编《中国改革大思路》，沈阳出版社，1988，第2页。

| 第二节 |

1993—2012年：确定国企改革方向是建立现代企业制度

1992年，党的十四大报告确立社会主义市场经济体制改革目标，明确市场在国家宏观调控下对资源配置起基础性作用。1993年11月，党的十四届三中全会作出了《中共中央关于建立社会主义市场经济体制若干问题的决定》，在党的文件中第一次提出国有企业改革的方向是建立现代企业制度，并明确现代企业制度的特征是产权清晰、权责明确、政企分开、管理科学。我国40多年改革实践证明，现代企业制度这四个特征的概括是比较准确的。从此，我国国有企业改革进入制度创新阶段。

1999年，党的十五届四中全会专门针对国有企业改革和发展问题作出决定。决定对党的十五大报告关于国有企业改革和发展问题作出了更为系统、深入和具体的论述，专门论述了"从战略上调整国有经济布局""推进国有企业战略性改组""建立和完善现代企业制度"等。其中，对"对国有大中型企业实行规范的公司制改革"作了新的完整的论述。决定提出："公司制是现代企业制度的一种有效组织形式。公司法人治理结构是公司制的核心。要明确股东会、董事会、监事会和经理层的职责，形成各负其责、协调运转、有效制衡的公司法人治理结构。所有者对企业拥有最终控制权。董事会要维护出资人权益，对股东会负责。董事会对公司的发展目标和重大经营活动作出决策，聘任经营者，并对经营者的业绩进行考核和评价。发挥监事会对企业财务和董事、经营者行为的监督作用。国有独资和国有控股公司的党委负责人可以通过法定程序进入董事会、监事会，董事会和监事会都要有职工代表参加；董事会、监事会、经理层及工会中的党员负责人，可依照党章及有关规定进入党委会；党委书记和董事长可由一人担任，董事长、总经理原则上分设。充分发挥董事会对重大问题统一决策、监事会有效监督的作用。党组织按照党章、工会和职代会按照有关法律法规履行职责。股权多元化有利于形成规范的公司法人治理结构，除极少数必须由国家垄断经营的企业外，要积极发展多元投资主体的公司。"这些都是此后调整国有经济布局和国有企业公司制股份制改革的主要依据。

我国国有企业由于多年来实行承包制不能适应社会主义市场经济的发展，带来国有资产的流失，许多国有企业包括大中型企业出现亏损，陷入困境。1997年党和政府提出帮助国有大中型企业脱困的任务，其目标是从1998年起，用3年左右的时间，使大多数国有大中型亏损企业摆脱困境，力争到20世纪末大多数国有大中型骨干企业初步建立现代企业制度。到2000年底，这一目标已基本实现。1997年底，国有和国有控股大中型工业企业为16874户，其中亏损的为6599户，占39.1%；到2000年，亏损户减为1800户，减少近3/4。在帮助亏损企业脱困的同时，进行了现代企业制度试点，逐步推行公司制股份制改革，努力使国有和国有控股大中型企业成为适应社会主义市场经济发展的市场主体和法人实体。3年国企脱困，用去银行呆坏账准备金1500亿元以上，技改贴息200亿元左右，实施债转股580户，债转股总额4050亿元，并于2000年4月1日开始停息，当年即可减少企业利息支出195亿元[①]。

另据有关披露，到2000年，国有企业改革和脱困3年目标顺利实现表现在以下七个方面：

（1）国有企业经营状况明显好转。2000年国有及国有控股工业企业盈亏相抵后盈利2392亿元，为1997年的2.9倍。

（2）国有经济结构得到改善。以纺织行业为突破口，调整结构，发展新的增长点，淘汰落后产能。国家重点监测的14个亏损行业，有12个扭亏为盈。

（3）分流了富余人员。以"再就业服务中心"为过渡形式，积极推进社会保障体制建设，促进职工下岗再就业。3年国有企业下岗分流富余职工约2100万人。

---

① 王淑娟：《债转股背后风险仍须化解》，《经济参考报》2016年4月15日第16版。

（4）企业结构得到调整。一批丧失竞争力的国有企业逐步退出市场。1997年底国有大中型亏损企业6599户，通过兼并、联合和破产注销约2000户。

（5）资产负债结构得到改善。3年间约有300户国有企业在境内上市、22家在境外上市，共筹集资本金超过4000亿元；国家在约600户国有企业中实行债权转股权，总额约4000亿元。国有企业总体负债率下降。

（6）企业技术状况改善。国家贴息约200亿元支持重点国有企业贷款技术改造，加上企业自筹资金，3年共完成技术改造投资约10000亿元。

（7）企业制度创新取得进展。国家重点监管的大型国有企业约80%进行了公司制改制，初步建立了现代企业制度[①]。

还要看到，国有大中型工业企业只占全部国有企业的一小部分。据财政部材料，1998年底，全国国有企业（不含国有金融企业）共23.8万户，其中小企业困难很大，连年亏损。据有关部门2000年初统计，我国国有小型工业企业超过5万户，职工人数约1400万人，至1999年已连续6年亏损，亏损额为300亿元左右。在流通领域，国有物资企业连续7年亏损，商业企业连续5年亏损，粮食企业更是挂账几千亿元，外贸企业亏损面也很大。面对这种严峻情况，党的十五大报告提出："采取改组、联合、兼并、租赁、承包经营和股份合作制、出售等形式，加快放开搞活国有小型企业的步伐。"全国各地按照"抓大放小"的方针，采取了多种多样的形式，最主要的是出售的形式，放开搞活国有小型企业。主要包括山东省诸城模式（股份合作制）、广东省顺德模式（出售）、湖南省长沙模式（产权与职工身份双重置换）、四川省宜宾模式（净资产转让）等[②]。

国有中小企业改革最艰难的是约3000万职工下岗分流。1999年国有企业用工人数为6400万人，经过10多年改革，截至2010年，国有企业职工人数已下降到3599万人。从1997年党中央、国务院提出"鼓励兼并、规范破产、下岗分流、减员增效、实施再就业工程"的方针到2002年的5年间，党中央、国务院采取一系列政策措施，做好企业富余人员的分流安置工作。到2002年，累计分流达2750万

[①] 陈清泰：《陈清泰文集》第3卷，社会科学文献出版社，2023，第249—250页。
[②] 邵宁主编《国有企业改革实录（1998—2008）》，经济科学出版社，2014，第109—159页。

人。当时我国尚未建立社会保障体系,这些下岗分流人员如何安置,成为关系近3000万人(及其家庭)的生活和社会稳定的大问题。各地按照"企业消化为主,国家帮助为辅,保障基本生活"的方针,积极探索各行业和企业建立下岗职工再就业服务中心。再就业服务中心运作模式是:企业下岗职工离开企业但不直接进入社会,而是进入再就业服务中心,接受中心的管理。再就业服务中心对下岗职工进行培训,发放下岗生活费,办理各种社会保险,并根据劳动力供求信息推荐就业。需要说明的是,在近3000万下岗分流职工中,有一部分并没有进入再就业服务中心,有一些被买断了工龄,拿到的钱也很少,有的连1万元都不到,就被推到社会,生活很艰难。此后,他们有时也找企业和政府,要求帮助。

国有大中型企业经过3年脱困,放开搞活小型企业和一部分中型企业,近3000万职工下岗分流,特别是对国有大中型企业积极推行公司制股份制改革,使国有企业特别是国有大中型企业浴火重生,逐渐适应社会主义市场经济而发展壮大起来。

1994年国务院就确定了100家国有企业进行现代企业制度试点,各地区、各部门随后相继选择了一批企业进行试点。据统计,到1998年,全国各地共有2714家企业进行了试点工作。经过4年的努力,试点工作基本上达到了预期目标。按计划,1997年百户试点工作结束,不再组织新的试点,转入正常的规范过程,成熟一家,改制一家。在国务院确定的百家试点中,原来有74家独立的工厂制企业,另有26家为行政性总公司和行业主管局。试点后,有93家改制为公司制企业,其中70家由工厂制改为国有独资的集团公司,在明确国有资产投资主体、理顺集团内部母子公司体制后,生产主体或子公司的投资主体实现了多元化。与此同时,在各地选择进入试点范围的2714家企业中,共有2066家实现了改制,其中有限责任公司712家,股份有限公司700家,国有独资公司654家[①]。

经过20年的公司制股份制改革,到2012年底,90%的国有企业已完成了公司制股份制改革,中央企业净资产的70%已在上市公司,中央企业及其子企业引入非公有资本形成的混合所有制企业已占总数的52%。

在改革推动下,国有企业活力和竞争力不断增强,效益提高,国有经济快速发展。在美国《财富》杂志发布的2012年世界500强中,中国上榜的达79家,其中63

---

① 邵宁主编《国有企业改革实录(1998—2008)》,经济科学出版社,2014,第375页。

家为国有或国有控股企业。表3-1是1998—2012年国有企业发展若干经济指标。

表3-1 1998—2012年国有企业发展若干经济指标

项目	1998年	2003年	2012年
国有企业户数/万户	23.8	14.6	14.5
国有企业资产/万亿元	14.87	19.78	85.37
国有企业营业收入/万亿元	—	10.73	42.38
国有企业利润总额/亿元	213.7	3202	16100
国有企业上缴税金/亿元	—	8362	33500
中央企业户数/户	—	196	116
中央企业资产总额/亿元	—	83232	314000
中央企业利润总额/亿元	—	3006	13000
中央企业税金总额/亿元	—	3563	18000

资料来源：邵宁主编《国有企业改革实录（1998—2008）》，经济科学出版社，2014；《党的十八届三中全会〈决定〉学习辅导百问》编写组编著《党的十八届三中全会〈决定〉学习辅导百问》，党建读物出版社、学习出版社，2013；迟福林主编《市场决定——十八届三中全会后的改革大考》，中国经济出版社，2014。

第三节

2013年后：国资改革带动深化国企改革

2013年，党的十八届三中全会决定对国资国企改革作出重大部署，开创了国资改革带动深化国企改革新篇章。

决定提出："完善国有资产管理体制，以管资本为主加强国有资产监管，改革国有资本授权经营体制，组建若干国有资本运营公司，支持有条件的国有企业改组为国有资本投资公司。国有资本投资运营要服务于国家战略目标，更多投向关系国家安全、国民经济命脉的重要行业和关键领域，重点提供公共服务、发展重要前瞻性战略性产业、保护生态环境、支持科技进步、保障国家安全。"2015年8月24日，《中共中央 国务院关于深化国有企业改革的指导意见》对国资改革作了进一步的解释，意见指出："国有资产监管机构要准确把握依法履行出资人职责的定位，科学界定国有资产出资人监管的边界，建立监管权力清单和责任清单，实现以管企业为主向以管资本为主的转变。该管的要科学管理、决不缺位，重点管好国有资本布局、规范资本运作、提高资本回报、维护资本安全；不该管的要依法放权、决不越位，将依法应由企业自主经营决策的事项归位于企业，将延伸到子企业的管理事项原则上归位于一级企业，将配合承担的公共管理职能归位于相关政府部门和单位。"

各级国有资产监督管理委员会（简称"国资委"）实现"以管企业为主"向"以管资本为主"的转变，把原本属于企业的经营权归位于企业，是其职能的重大转变，涉及机构设置、人员配置、简政放权、利益调整等，也是一种脱胎换骨的变化。这既是实现国有企业政企分开、政资分开、所有权与经营权分开的治本之策，也有利于强化国有企业的市场主体地位、激发国有企业活力竞争力，有利于推进国有资本优化配置、向重点领域集中，促进高质量发展，还有利于维护国有资本的安全、防止国有资产流失。这是以国资改革推进深化国企改革的重要举措，也是提高国有资本配置和运营效率，实现高质量发展的制度安排。

根据中央决定的精神，从2014年起，国务院国资委先后选择了神华集团有限责任公司、国家开发投资集团有限公司等8家央企开展国有资本投资公司试点，并选择了中国诚通控股集团有限公司、中国国新控股有限责任公司2家央企开展国有资本运营公司试点，到2017年底，各地国资委共改组组建国有资本投资、运营公司89家。时任国务院国资委负责人2018年3月提到："两类公司试点取得了积极成果。在总结经验的基础上，今年进一步扩大两类公司试点范围，更重要的是要在推进综合性改革上下功夫，着力提高国有资本运作效率和水平。创新国有资本运营模式，推动各类国有资本基金规范运作、发展壮大。"[①]

2020年，19家试点企业经营业绩稳中向好，营业收入同比增长6.6%、净利润同比增长14.3%，大幅超过央企平均水平。2021年上半年试点企业营业收入和净利润同比增长34.4%和72.2%。试点企业为何能取得良好业绩？一是做强做优做大主业实业，国有资本布局结构更优化，资本运作效果更显著；二是更加突出战略型管控模式，明晰权责，推动生产经营事项下沉、资本投资运营功能上移；三是持续推进市场化改革，深化混合所有制改革，推行经理层成员任期制和契约化管理，健全完善激励机制[②]。这充分说明，国资监管机构以管资本为主，十分有利于高质量发展。

党的十八届三中全会决定对深化国有企业改革也提出了许多新的重要举措。决定提出："推动国有企业完善现代企业制度。国有企业属于全民所有，是推进国家现代化、保障人民共同利益的重要力量。国有企业总体上已经同市场经济相融合，必须适应市场化、国际化新形势，以规范经营决策、资产保值增值、公平参与竞争、提高企业效率、增强企业活力、承担社会责任为重点，进一步深化国有企业改革。"决定还提出"准确界定不同国有企业功能"，"健全协调运转、有效制衡的

---

① 王璐：《国资国企改革全面步入质量提升年》，《经济参考报》2018年3月7日第2版。
② 刘志强：《转向"管资本" 央企活力足》，《人民日报》2021年11月3日第18版。

公司法人治理结构","国有企业要合理增加市场化选聘比例,合理确定并严格规范国有企业管理人员薪酬水平、职务待遇、职务消费、业务消费"。

党的十八届三中全会之后,国有企业改革的顶层设计逐步形成。2015年8月,《中共中央 国务院关于深化国有企业改革的指导意见》发布,之后到2017年9月陆续出台了22个配套文件,形成了"1+N"政策体系,中央各部门又陆续出台了100多个政策文件,结合各地实际情况出台的文件更是超过800个,总体形成了国有企业改革的顶层设计,增强了国有企业改革的系统性、整体性、协同性[①]。

2017年,国有企业改革的一个重大举措是:6月26日,中央全面深化改革领导小组第三十六次会议通过《中央企业公司制改制工作实施方案》。方案强调,公司制是现代企业制度的有效组织形式,是建立中国特色现代国有企业制度的必要条件,2017年底前基本完成国有企业公司制改制工作。2017年7月,国务院印发《中央企业公司制改制工作实施方案》,要求在2017年底前,按照1988年《中华人民共和国全民所有制工业企业法》登记、国务院国资委监管的中央企业(不含中央金融、文化企业)要全部改制为按照《中华人民共和国公司法》登记的有限责任公司或股份有限公司,加快形成有效制衡的公司法人治理结构和灵活高效的市场化经营机制。此次改革涉及需要转制的69户央企集团公司总部(当时央企总共101户)资产近8万亿元,以及3200余户央企子企业资产5.66万亿元[②]。这也是落实国资委以管资本为主的重要条件,因为这些央企集团公司只有真正转为公司制后,国资委此后才有可能不再去直接管这些企业而转为以管资本为主。还有,地方国企改革三年行动,到2022年夏季,公司制改革也基本完成,剥离国有企业办社会职能和解决历史遗留问题全面收尾,完善中国特色现代企业制度、健全市场化经营机制等改革重点领域取得实质性突破[③]。

2020年6月30日,中央全面深化改革委员会第十四次会议审议通过了《国企

[①] 郑有贵主编《新时代的经济建设》,当代中国出版社,2022,第32页。

[②] 杨烨、黄可欣:《8万亿央企资产改制年底完成》,《经济参考报》2017年7月27日第1版。

[③] 刘志强:《地方国企改革三年行动主体任务完成超90%》,《人民日报》2022年5月8日第1版。

改革三年行动方案（2020—2022年）》。会议指出，今后三年是国企改革关键阶段，要坚持和加强党对国有企业的全面领导，坚持和完善基本经济制度，坚持社会主义市场经济改革方向，抓重点、补短板、强弱项，推进国有经济布局优化和结构调整，增强国有经济的竞争力、创新力、控制力、影响力、抗风险能力。2022年6月，时任国务院国资委负责人表示："国企改革三年行动启动以来，国企改革取得突破性进展，为做强做优做大国有企业提供了有力支撑，使国有经济的竞争力、创新力、控制力、影响力、抗风险能力得到进一步增强。"三年行动中，聚焦的重点任务之一是加快完善中国特色现代企业制度。第一，要突出抓好中国特色现代企业制度建设，把党的领导融入公司治理各环节，把企业党组织内嵌到公司治理结构之中。通过开展三年行动，国有企业党组织在公司治理结构中的法定地位得到明确和落实。到2022年6月，全部中央企业集团公司、地方一级企业、绝大多数中央企业和地方重要子企业均制定了"前置研究讨论重大经营管理事项清单"，党组织与董事会之间的权责边界更加清晰、决策程序更加规范。第二，董事会实现应建尽建。1.29万户中央企业子企业、2.63万户地方国有企业子企业均已设立董事会，实现外部董事占多数的比例分别达到99.6%、96.7%。第三，完善经理层行政履责机制。推广董事会向经理层授权的管理制度，推广职业经理人制度，通过一系列改革举措，经理层谋经营、抓落实、强管理的积极作用得到更好发挥。通过开展三年行动，中国特色现代企业制度更加成熟更加定型，以管资本为主的国资监管体制也更加健全。到2022年6月，37个地方国资委均完成权责清单制定完善工作，35个地方国资委针对不同企业进行了分类授放权。各级国资委逐步实现管资本与管党建相结合、履行出资人职责与履行国资监管职责相结合、党内监督与出资人监督相结合的"三个结合"。

三年行动中，国资国企加快完善市场化经营机制，有效激发了企业内生动力。一是推动经理层成员任期制和契约化管理，让管理人员能上能下。截至2022年3月底，全部中央企业集团公司和97.3%的地方一级企业已建立对企业经理层成员任期制和契约化管理的制度。2021年，中央企业、地方国有企业管理人员竞争上岗人数占比分别达到42.9%、37.7%，末等调整和不胜任退出人数占比分别达到4.5%、3%。二是全面推进市场化用工，让员工能进能出。2022年以来，中央企业集团公司及各级子企业公开招聘人员占新进员工总数的99.5%；地方一级企业及各级子企业公开招聘人员占新进员工总数的99.6%。三是健全激励约束机制，让收入能增能减。中国国新控股有限责任公司在所属上市公司全部实施股权激励计划，中国南方航空股份有限公司分层分类建立差异化薪酬弹性机制，等等。一系列激励约束举措更好地调动了干部职工的积极性，使投入产出效率明显提高。2021年，中央企业全员劳动生产率达69.4万元每人，同比增长17.5%[①]。

到2022年底，国企改革三年行动目标已经实现。2023年2月23日，国务院国资委相关负责人提出，新一轮国企改革锚定三大重点，即加快优化国有经济布局和结构、加快完善中国特色国有企业现代公司治理、加快健全有利于国有企业科技创新的体制机制[②]。这些举措，都是为了更好地实现高质量发展，加快现代化建设进程。

[①] 刘志强：《改革踔厉步稳　国企活力更足》，《人民日报》2022年6月13日第6版。
[②] 王璐：《新一轮国企改革锚定三大重点》，《经济参考报》2023年2月24日第2版。

第四节

从战略上调整国有经济布局和结构

1997年,党的十五大报告提出了调整国有经济布局和结构的任务。报告提出:"要从战略上调整国有经济布局。对关系国民经济命脉的重要行业和关键领域,国有经济必须占支配地位。在其他领域,可以通过资产重组和结构调整,以加强重点,提高国有资产的整体质量。只要坚持公有制为主体,国家控制国民经济命脉,国有经济的控制力和竞争力得到增强,在这个前提下,国有经济比重减少一些,不会影响我国的社会主义性质。""把国有企业改革同改组、改造、加强管理结合起来。要着眼于搞好整个国有经济,抓好大的,放活小的,对国有企业实施战略性改组。以资本为纽带,通过市场形成具有较强竞争力的跨地区、跨行业、跨所有制和跨国经营的大企业集团。采取改组、联合、兼并、租赁、承包经营和股份合作制、出售等形式,加快放开搞活国有小型企业的步伐。"

1999年,党的十五届四中全会通过的《中共中央关于国有企业改革和发展若干重大问题的决定》进一步指出:"从战略上调整国有经济布局,要同产业结构的优化升级和所有制结构的调整完善结合起来,坚持有进有退,有所为有所不为。目前,国有经济分布过宽,整体素质不高,资源配置不尽合理,必须着力加以解决。国有经济需要控制的行业和领域主要包括:涉及国家安全的行业,自然垄断的行业,提供重要公共产品和服务的行业,以及支柱产业和高新技术产业中的重要骨干企业。其他行业和领域,可以通过资产重组和结构调整,集中力量,加强重点,提高国有经济的整体素质。"在论述"推进国有企业战略性改组"部分时,特别提出要放开搞活国有中小企业。这是对党的十五大报告"抓大放小"方针的进一步发展。

改革开放前,在城市是国有企业一统天下,光是工商企业就数以十万计。改革开放后,由于在经济活动中引入市场机制,开始出现市场竞争。在这种情况下,许多国有企业特别是国有中小企业,由于其固有的体制机制弊端,如机构臃肿、冗员多、缺乏创新、出工不出力、产品多年一贯制等,对此很不适应,这些企业由于没有市场竞争力,逐渐出现亏损和资不抵债。这种情况,自20世纪90年代中期以来由于整个市场格局逐渐出现买方市场而越发严重。不少地方政府逐渐把当地国有小型企业看成负担,所以1995年以后,逐渐有一些地方政府想办法让这些国有小型企业转制。正是在这种情况下,中央先是提出"抓大放小"的方针,接着又提出"抓大放中小"的方针,调整国有经济的布局,主要是抓好国有大中型企业特别是大型骨干企业。1997年提出帮助国有企业脱困,脱困对象就是国有大中型企业,而且主要是工业企业。与此同时,提出着眼于搞好整个国有经济,而不企求把每一个国有企业都搞好,因为这是不可能做到的。

抓住国有大中型企业,从整体上搞好国有经济,在此后又有两大方面的发展:一是着力抓好中央企业;二是党的十九大报告提出的推动国有资本做强做优做大。

2003年,为加强对国有资产的监管,国务院和地方(省和市两级)成立国资委,划归国务院国资委监管的有196户中央企业。中央企业是国有企业的顶梁柱。当时在全国国有工商企业的国有资产总量中,中央企业占了一半多一点(56.7%),特别是,中央企业的资产质量普遍比较好,垄断行业中的大型骨干企业全部是中央企业。2003年,根据对190户中央企业的分析,第一类涉及国防军工、自然垄断、提供重要公共产品、战略资源等直接关系国家安全和国民经济命脉的重要行业和关键领域的企业有38户,占中央企业总数的20%,资产总额约占中央企业总资产的72%。第二类涉及冶金、机械、电子、化工、建筑等国民经济支柱产业中的骨干企业和科技型企业有84户,占中央企业总数的44%,资产总额占中央企业总资产的16%(其中重要的大企业16户,其资产总额占中央企业总资产的10%)。第三类为其他行业领域的企业有68户,其资产总额约占中央企业总资产的12%[①]。2003年成立国务院国资委时,196户中央企业的资产总额为6.9万亿元,利

---

① 邵宁主编《国有企业改革实录(1998—2008)》,经济科学出版社,2014,第474页。

润总额为3006亿元。而到2022年，中央企业实现营业收入39.4万亿元，利润总额为2.55万亿元。到2023年初，涉及国家安全、国民经济命脉和国计民生领域的中央企业营业收入占总体比重超过70%[①]。可见，要从整体上搞好国有经济，关键是搞好中央企业，加快中央企业改革发展步伐。

2017年，党的十九大报告提出要推动国有资本做强做优做大，这比从整体上搞好国有经济更加确切。因为国有经济中有部分公益性福利性企业或单位，它们的任务主要是做好服务，而不一定要求它们都去做强做优做大。国有资本做强做优做大，重要标志是培育出越来越多的具有全球竞争力的世界一流企业。还有，2013年党的十八届三中全会决定提出的国有资本投资重点，也比1999年党的十五届四中全会决定提出的四大行业和领域更加确切和全面。党的十八届三中全会决定提出，国有资本投资运营要服务于国家战略目标，更多投向关系国家安全、国民经济命脉的重要行业和关键领域，重点提供公共服务、发展重要前瞻性战略性产业、保护生态环境、支持科技进步、保障国家安全。党的十五届四中全会决定要求国家控制自然垄断的行业，党的十八届三中全会决定则提出国有资本继续控股经营的自然垄断行业，实行以政企分开、政资分开、特许经营、政府监管为主要内容的改革，根据不同行业特点实行网运分开，放开竞争性业务，推进公共资源配置市场化。所以，国有资本需要控制的，是垄断行业中的自然垄断业务，竞争性业务则要放开。党的十八届三中全会决定还把保护生态环境列为国有资本投资的一个重点，这是新提出来的。

2020年11月2日，中央全面深化改革委员会第十六次会议审议通过了《关于新时代推进国有经济布局优化和结构调整的意见》。会议指出，推进国有经济布局优化和结构调整，对更好服务国家战略目标、更好适应高质量发展、构建新发展格局具有重要意义。要聚焦战略安全、产业引领、国计民生、公共服务等功能，调整存量结构，优化增量投向，更好把国有企业做强做优做大。

1997年以来，由于贯彻落实上述调整国有经济布局和结构的方针，改革已取得一定成效。首先，国有工商企业的户数逐渐减少。1998年，全国国有企业户数

[①] 王璐：《国企改革新措施频现　整合上市进入活跃期》，《经济参考报》2023年2月14日第2版。

为23.8万户,而到2012年,已减为14.5万户。中央企业也从2003年的196户减为2018年以后的不到百户(2023年初为98户)。2016年至2021年底,中央企业共"压减"法人户数1.9万余户,占中央企业总户数的38.3%,推动管理层级控制在5级以内;"两非"(非主业、非优势)、"两资"(低效资产、无效资产)清退主体任务基本完成,全国纳入名单的"僵尸企业"和亏损企业采取资产重组、产权转让、关闭破产等方式"出清",推动资产盘活止损[①]。其次,1998年我国国有企业资产总额为14.87万亿元,而到2023年初光是国有工业企业资产总额就达58万亿元;2003年中央企业利润总额达3006亿元,而到2021年中央企业利润总额已达2.55万亿元。1989年中国第一次有一个企业(中国银行)进入美国《财富》500强名单。2012年,美国《财富》500强中,中国已有79家企业上榜,其中国有企业63家;而到2022年,美国《财富》500强中,中国已有145家企业上榜,是全球上榜企业数最多的国家,其中国有企业达110家,民营企业达28家。

---

① 刘志强:《改革蹄疾步稳 国企活力更足》,《人民日报》2022年6月13日第6版。

第五节

改革国有资产管理体制

我国有庞大的国有资产。改革开放后，随着国有经济的快速发展，国有资产包括总资产和净资产都在快速增长。为了更有效地运用好这笔劳动人民创造的巨大资产，需要改革国有资产管理体制，建立健全适合社会主义市场经济的国有资产管理体制。1988年国务院成立了国家国有资产管理局。上海、深圳、武汉、青岛等地分别建立了国有资产监督管理机构，探索国有资产管理模式。在改革试点方面，1994年国务院决定将中国石化总公司等3个全国性行业总公司作为国家控股公司试点。1998年以来，国务院先后批准了石化、军工、电力等领域44家企业集团进行授权经营试点。1998年国务院对大型国有企业实行了稽查特派员制度，两年后过渡到向国有重点大型企业派出监事会[1]。20世纪八九十年代，改革的深化暴露出国有资产管理存在的两大方面问题。一是"九龙治水"、多头管理，有了成绩都抢着要算在自己名下，出了问题则互相推诿，谁都不负责任。二是"内部人控制"现象严重，常常造成国有资产流失。2002年，党的十六大报告在总结过去各方面经验的基础上，明确了国有资产管理体制改革的原则。这就是：建立由中央政府和地方政府分别代表国家履行出资人职责，享有所有者权益，权利、义务和责任相统一，管资产和管人、管事相结合的体制。此后，国有资产管理体制改革加快并取得进展。

继2003年国务院国资委成立后，到2004年6月，全国31个省（区、市）和新

---

[1] 全国人大财政经济委员会法案室：《国有资产管理体制改革与立法》，《中国发展观察》2007年第12期。

疆生产建设兵团国资委全部成立，市（地）级国有资产监督管理机构组建工作也于2007年基本完成。此外，制定了《企业国有资产监督管理暂行条例》和与此相配套的规章。历经14年起草的《中华人民共和国企业国有资产法》于2008年10月28日由全国人大常委会通过，自2009年5月1日起实施。

2003年党的十六届三中全会提出建立国有资本经营预算制度的任务，2007年党的十七大报告进一步提出加快建设国有资本经营预算制度。这是深化国有资产管理体制改革的重要举措。1994年以来，国有企业的利润是留归企业支配的，那时国有企业处境比较困难，利润不多。经过多年的发展，特别是进入21世纪后，国有企业利润大幅度增加，2007年达1.62万亿元，其中中央企业利润近万亿元。在这种情况下，利润全部留归企业已不合适，建立国有资本经营预算制度自然提上了议事日程。

从2002年开始建立的管资产和管人、管事相结合的国有资产管理体制，运行了10年时间后，人们发现，各级国资委都出现了一些情况：对所监管的企业既当"老板"又当"婆婆"，许多应该由企业董事会决定的事情都要向国资委请示报告，企业的法人财产权得不到尊重，董事会形同虚设，政企和政资都没有很好地分开，影响企业的活力和创造力。这说明，国资改革需进一步深化。

2013年，党的十八届三中全会决定提出："完善国有资产管理体制，以管资本为主加强国有资产监管，改革国有资本授权经营体制，组建若干国有资本运营公司，支持有条件的国有企业改组为国有资本投资公司。"决定还提出："划转部分国有资本充实社会保障基金。完善国有资本经营预算制度，提高国有资本收益上缴公共财政比例，二〇二〇年提高到百分之三十，更多用于保障和改善民生。"这意味着：

第一，国资委的职责有重大变化，要从以管企业为主向以管资本为主转变。国资委与国有企业中间将出现国有资本投资、运营公司，从二层架构变为三层架构，让国有资本投资、运营公司真正成为国有企业的"老板"，只履行"老板"的职责，不当"婆婆"。因此，国资委转变职能的当务之急，是尽快组建国有资本投资、运营公司，把国有企业出资人的职责尽快交给国有资本投资、运营公司，让国有企业真正拥有法人财产权和经营自主权。自2014年起，国资委陆续确定一批央企开展国有资本投资、运营公司试点,并取得成效。一是基本完成了向国有资本投资、运营公司的转型。根据国有资本投资、运营公司功能定位,各企业内部实施了总部职能调整、业务板块整合、子企业授权放权等多项改革,实现了管理体制的重塑和再造。二是充分发挥了国有资本投资、运营公司的平台作用。投资公司立足优势产业,推进产业重组整合,在产业引领和供给侧结构性改革中充分发挥表率作用。运营公司探索国有资本市场化运作,支持了央企结构调整、创新发展和提质增效。三是积极探索了企业内部机制改革的途径方式。不少试点企业开展综合性改革试点,率先推进落实董事会职权、职业经理人制度、薪酬分配差异改革、混合所有制改革等,推动企业加快形成市场化经营新机制,有力激发了企业活力[1]。

第二,着力健全公司法人治理结构,重点是加强董事会建设。要切实落实中央关于党委会和董事会的关系的规定,落实董事会依法行使重大决策、选人用人、薪酬分配等权利,保障经理层经营自主权,法无授权任何政府部门和机构不得干预。加强董事会内部的制衡约束,国有独资、全资公司的董事会和监事会均应有职工代表,董事会外部董事应占多数,落实一人一票表决制度,董事对董事会决议承担责任。

第三,逐步提高国有资本收益上缴公共财政的比例。党的十八届三中全会决定要求到2020年国有资本收益上缴公共财政的比例提高到30%,这是一项相当高的要求。这项改革措施在2014年就有动作,财政部公布的2014年中央企业国有资本经营预算明确从2014年起,中央企业国有资本收益收取比例在现有的基础上提高5个百分点。此后,这一上缴比例也在逐步提高。

2017年12月,中共中央印发的《关于建立国务院向全国人大常委会报告国有资产管理情况制度的意见》,首次明确国务院要向全国人大常委会报告国有资产"家底",提高了国有资产管理的透明度和公信力。2018年5月11日,中央全面深化改革委员会第二次会议审议通过的《关于加强国有企业资产负债约束的指导意见》,提出加强国有企业资产负债约束,推动国有企业降杠杆、防范化解国有企业债务风险。要坚持全覆盖与分类管理相结合,完善内部治理与强化外部约束相结

---

[1] 王璐:《国资投资、运营公司试点 更多扩围至充分竞争行业》,《经济参考报》2018年3月13日第4版。

合，通过建立和完善国有企业资产负债约束机制，强化监督管理，做到标本兼治，促使高负债国有企业资产负债率尽快回归合理水平。

在国有资产管理体制改革推动下，我国国有资产包括中央和地方国有资产均呈大幅度增长态势，国有资产质量提高，效率有所改善。数据如下：截至2021年底，全国国资系统监管企业资产总额达到259.3万亿元，比2012年底增长2.6倍，年均增长15.4%，实现增加值年均增长9%，超过GDP年均增速2.3个百分点。2012—2022年，中央企业规模效益不断增长，效率指标明显提升，资产总额从31.4万亿元增至81万亿元，营业收入从22.3万亿元增至39.6万亿元，利润总额从1.3万亿元增至2.6万亿元，企业全员劳动生产率从每人38.2万元增长到每人76.3万元[①]。

[①] 刘志强：《上台阶挑大梁，央企迈向高质量发展》，《人民日报》2023年2月24日第6版。

第六节

积极推进混合所有制改革，发展混合所有制经济

2013年党的十八届三中全会决定的一个亮点，是提出积极发展混合所有制经济。决定提出："积极发展混合所有制经济。国有资本、集体资本、非公有资本等交叉持股、相互融合的混合所有制经济，是基本经济制度的重要实现形式，有利于国有资本放大功能、保值增值、提高竞争力，有利于各种所有制资本取长补短、相互促进、共同发展。允许更多国有经济和其他所有制经济发展成为混合所有制经济。国有资本投资项目允许非国有资本参股。允许混合所有制经济实行企业员工持股，形成资本所有者和劳动者利益共同体。"

党的十八届三中全会决定强调积极发展混合所有制经济，推动混合所有制改革，其背景主要是：

第一，出于充分动员国有资本和其他社会资本，更好地推动社会主义市场经济发展的目的。我国经过几十年的改革开放，随着经济的高速增长，国有资本、集体资本、个体私营等非公有资本都呈现几十倍的增长，2010年以来，每年利用外资均在1000亿美元以上。根据财政部2014年7月28日公布的数据，截至2013年底，全国国有企业资产总额为104.1万亿元，所有者权益为37万亿元。2012年底，私营企业注册资本为31万亿元。居民储蓄存款也大量增加，到2014年初，居民的银行储蓄存款余额达47万亿元，其中定期存款占一半以上。在这种情况下，积极发展混合所有制经济，有利于更好地动员各类资本参与社会主义现代化建设。同时，这也意味着我国经济在宏观层面上已经是混合经济，即国有经济、集体经济、个体私营经济和外资经济共同发展。我们今天讲发展混合所有制经济，主要指微观层面的发

展混合所有制企业，而且主要是推进国有企业的混合所有制改革，真正实现投资主体多元化。

第二，国有资本和非国有社会资本交叉持股、相互融合，可以更好地发挥各自优势，取长补短，实现高质量发展。国有资本实力雄厚，而民营资本更具活力，这两方面有机结合，能够取得"1+1＞2"的效应。在党的十八届三中全会决定作出前一段时间，一些地方国企热衷于找央企合作，希望靠央企的雄厚实力带动自己发展。实际上，这并不是地方国企改革的方向。地方国企改革的方向仍是实现投资主体多元化的公司制、股份制、混合所有制。混合所有制是公司制和股份制的升级版。因为公司制可以是国有独资公司，股份制也可以是由多个国有投资主体组建的股份制企业，而混合所有制企业则应是既有国有资本，又有非国有资本或非公有资本，从而真正做到投资主体多元化。

第三，为垄断行业改革打开一条通道。比较长的一段时间，垄断行业都以存在网络型自然垄断业务为由，拒绝引入非国有战略投资者，打着自然垄断的名义，行行政垄断之实。而随着科技进步，所有垄断行业都会有越来越多的非自然垄断的竞争性业务。改革开放后，垄断行业改革一直进展缓慢，困难重重，影响垄断行业的效率提高，影响资源的优化配置。党的十八届三中全会决定要求自然垄断行业放开竞争性业务，就是为了进一步推进垄断行业改革。而发展混合所有制经济，正是为垄断行业放开竞争性业务打开一条通道。也就是说，垄断行业可以在竞争性业务领域引入非国有资本，组建混合所有制企业，这样做，不但可以放大国有资本的功能，更重要的是可以在市场竞争的过程中提高效率，实现创新发展、高质量发展。我国经过30多年的改革开放，到2013年，处于竞争性领域的国有企业一般均已实行公司制股份制改革，投资主体已经多元化，已经是混合所有制经济。剩下国有独资的，主要是处于垄断领域的大型国有企业，它们的改革必须从打破垄断入手。2013年9月6日，国务院常务会议就提出，尽快在金融、石油、电力、铁路、电信、资源开发、公用事业等领域向民间资本推出一批符合产业导向、有利于转型升级的项目，形成示范带动效应，并在推进结构改革中发展混合所有制经济。此后，改革有一些进展。

第四，允许混合所有制企业实行员工持股，有利于形成更为完善的激励机制，特别是股权激励机制。一些企业（如华为公司）发展的经验证明，实行员工持股的股权激励机制，能很好地调动广大员工的积极性和主动性。

2014年7月15日，国务院国资委宣布在中央企业启动混合所有制经济试点，并确定中国医药集团总公司、中国建筑材料集团公司开展混合所有制经济试点，主要探索发展混合所有制经济的有效途径。与此同时，全国许多省市也纷纷推出发展混合所有制经济的方案。如重庆市提出，用3~5年时间，使2/3左右国有企业发展成为混合所有制企业，适宜上市的企业力争全部上市。广东省则计划2017年混合所有制企业户数比重超过60%等。党的十八届三中全会以来，到2016年底，中央企业及下属企业共推进混合所有制改革1995项，中央企业及下属企业中混合所有制企业（含参股）占比达到68.9%，上市公司的资产、营业收入和利润总额在中央企业"总盘子"中的占比分别达到61.3%、62.8%和76.2%[①]。

2017年后，混合所有制改革有新进展。主要表现在：由国家发展改革委牵头的混合所有制改革试点企业第一批、第二批共19家，第三批31家，三批共50家。国家发展改革委新闻发言人介绍，试点企业通过混改，有三个明显成效，即投资实力明显增强、杠杆率明显降低、经济状况明显改善，特别是中国联通、东航物流等落地实施，改革力度大，市场反应积极，营造了良好的社会氛围。前两批试点的都是央企，进入第三批试点的有地方国企，而且有垄断行业大企业。三批混合所有制改革试点示范项目，不仅涵盖了中央企业和部分地方国企，而且实现了电力、石油、天然气、铁路、民航、电信、军工等七大重要领域全覆盖，并延伸到国有经济较为集中的一些重要行业。

2013—2020年，央企累计实施混改4000多项，引入社会资本超过1.5万亿元。央企混合所有制企业户数占比超过70%，比2012年底提高近20个百分点。在央企所有者权益当中，引入社会资本形成的少数股东权益由2012年底的3.1万亿元增加到2020年的9.4万亿元，占比由27%提升到38%。另外，央企对外参股的企业超过6000户，国有资本投资额超过4000亿元。地方国有企业混合所有制企业户数占比达到54%，引入社会资本超过7000亿元。电力、民航、电信、军工等重点领域的混合所有制改革试点稳步推进，上市公司已成为央企混改的主要载体，央企控股的上

---

① 王雪青：《国资委：重点推进三领域央企重组》，《上海证券报》2017年6月5日。

市公司资产、利润总额分别占央企整体的67%和88%[①]。

可以设想,通过新一轮混合所有制改革,我国国有企业将出现如下格局:保留极少数国有独资企业,包括国有资本投资、运营公司和重要公益性企业等;垄断行业国企一般会发展为混合所有制企业,其中自然垄断环节业务国有资本控股,有一段时间还要绝对控股,竞争性业务国有资本控股或参股;竞争性行业一般实行混合所有制经营,国有资本可以控股或参股,参股的也可以采取国有资本投资公司持有优先股的办法,有些也可以退出。总的来说,优质国有资产将更多地分布在上市公司中。这些都将为国有企业更好地走上高质量发展的道路打下基础。

[①] 《中国经济这十年(2012—2022)》编写组:《中国经济这十年(2012—2022)》,经济科学出版社,2022,第57—58页。

第七节

加快建设世界一流企业

党的二十大报告提出，完善中国特色现代企业制度，弘扬企业家精神，加快建设世界一流企业。全面开启中国式现代化建设新征程，必须加快建设世界一流企业。

我们党历来重视发展大型企业特别是大型工业企业。在国企改革过程中，党和政府一直着力抓好大企业的改革和发展。1997年，党的十五大报告提出："把国有企业改革同改组、改造、加强管理结合起来。要着眼于搞好整个国有经济，抓好大的，放活小的，对国有企业实施战略性改组。以资本为纽带，通过市场形成具有较强竞争力的跨地区、跨行业、跨所有制和跨国经营的大企业集团。"1999年，党的十五届四中全会决定进一步指出："坚持'抓大放小'。要着力培育实力雄厚、竞争力强的大型企业和企业集团，有的可以成为跨地区、跨行业、跨所有制和跨国经营的大企业集团。要发挥这些企业在资本营运、技术创新、市场开拓等方面的优势，使之成为国民经济的支柱和参与国际竞争的主要力量。发展企业集团，要遵循客观经济规律，以企业为主体，以资本为纽带，通过市场来形成，不能靠行政手段勉强撮合，不能盲目求大求全。要在突出主业、增强竞争优势上下功夫。"1998—2000年国有企业3年脱困，主要也是国有大中型工业企业脱困。1997年国有大中型亏损企业为6599户，到2000年，通过兼并、联合和破产注销约2000户。2000年，国有及国有控股企业盈亏相抵后盈利292亿元，为1997年的2.9倍。发展大型企业，最主要的是要培育和提高企业的核心竞争力。有的专家指出："核心竞争力就是持续创新的能力，即持续开发独特产品的能力、持续发明专有技术的能力，以及持续创造先进管理和营销手段的能力。其中创新是核心竞争力的灵魂，主导产品（服务）是核心竞争力的精髓。"大企业要提高核心竞争力，就要不断提高企业的硬实力和软实力。"企业'硬实力'主要指资本、厂房、设备和生产经营设施等物化了的能力和企业员工。'软实力'则指企业宗旨、价值观、创新机制、市场信用、社会责任和由此凝聚而成的社会声誉、市场信用和品牌影响力。广义地讲，还应包括公司治理结构、营销网络、供应链体系等。"[①]我们看到，全球闻名的苹果公司、微软公司、特斯拉公司、沃尔玛公司、波音公司、亚马逊公司、奔驰公司、丰田汽车公司、三星公司等，中国的国家电网公司、中石化公司、中石油公司、腾讯公司、阿里巴巴公司、华为公司等，都是兼具硬实力和软实力的大公司。

改革开放后，中国经济迅速腾飞，大企业大公司也迅猛发展，大公司的快速发展带动着整个经济的腾飞。中国经济总量2022年达120万亿元，占世界经济的比重从1978年的1.8%跃升至18%，稳居世界第二位。到2021年，中国企业500强营收总额首次超过百万亿元大关，其中万亿元级大企业首次突破10家。2022年9月6日，中国企业联合会、中国企业家协会发布2022年中国企业500强榜单及其分析报告。报告指出，中国企业500强资产总额从2012年的150.98万亿元增长到2021年的372.53万亿元，增长了约1.47倍；入围世界500强的内地企业数量从86家增加到133家，中国连续3年成为入围企业最多的国家。2022年中国企业500强入围门槛为446.25亿元，较上年提高53.89亿元，增长13.74%。2022年中国企业500强的营收总额达到102.48万亿元，比上年增加12.65万亿元，增长14.08%，比2012年的50.02万亿元增长了约1.05倍。2022年中国企业500强实现归属母公司的净利润4.46万亿元，比上年增长9.63%，比2012年的2.17万亿元增长1倍多；资产利润率为1.2%，比上年提高0.02个百分点。中国大企业是重大创新产品的主要贡献者，在高铁、深海机器人、量子计算、5G等诸多重大创新成果中，都有中国企业500强的身影。2022年中国企业500强共投入研发费用1.45万亿元，研发强度提升至1.81%，迎来五连升。2022年中国企业500强共持有各类有效专利166.80万件，其中有效发明专利67.29万件，在全国各类企业持有有效发明专利数的占比约为35.3%。2022年中

---

① 陈清泰：《陈清泰文集》第3卷，社会科学文献出版社，2023，第199页；陈清泰：《陈清泰文集》第4卷，社会科学文献出版社，2023，第68页。

国企业500强累计参与标准制定74939项，比上年增加了5989项，其中参与国内标准制定69600项[①]。

我国国有企业是中国特色社会主义的重要物质基础，国有资本更多投向关系国家安全、国民经济命脉的重要行业和关键领域，发展重要前瞻性战略性产业，支持科技进步，国资国企是我国建设世界一流企业的主力军。2022年我国有99家国有企业进入《财富》世界500强，占全国全部入围企业的68.3%。这充分体现了我国进入新世纪后国有资本配置效率不断提升，科技创新成果不断涌现，高质量发展硕果累累。

与此同时，我们也要清醒地看到，以世界一流、具有国际竞争力的综合性标准来衡量，我国真正能够引领全球科技和产业发展的一流企业还不够多，科技水平低、盈利能力弱、创新能力不强、产业层次不高、品牌影响力不足等问题仍较为突出。

比如自主创新能力较弱。到2022年，我国重大的基础理论、重大的原创核心技术几乎仍是空白，高端的芯片、工业机器人等硬件几乎不能生产，原创的操作系统等关键软件也要依靠进口，中国企业还需要长期艰苦努力才能赶上世界先进企业的水平。又如经营效率和盈利能力偏低。从体现经营效率的销售收益率、总资产收益率、净资产收益率三方面指标看，2022年进入《财富》世界500强的中国内地企业平均销售收益率为5.1%，总资产收益率为1.15%，净资产收益率为9.5%，落后于《财富》世界500强平均水平。上榜的中国民企的平均销售收益率是7.2%，总资产收益率是1.7%，净资产收益率是12.7%；上榜国企的3个指标则分别为4.3%、0.95%和7.8%。盈利能力也偏低，中国上榜企业平均利润约为41亿美元，仅为世界500强平均利润的一半，而美国上榜企业的平均利润高达100.5亿美元。再比如产业竞争力不强。从全球竞争最为激烈的高新技术产业领域的信息通信技术产业看，美国有19家企业上榜，平均营业收入为1262亿美元，平均利润达到237亿美元；中国有12家企业上榜，平均营业收入为787亿美元，平均利润为77亿美元，美国公司平均利润是中国的3倍[②]。

[①] 陆娅楠：《中国企业500强营收总额首超百万亿元》，《人民日报》2022年9月8日第7版。

[②] 王绛：《以世界一流国资国企推进中国式现代化》，《经济内参》2022年第52期。

以上说明，我国要建设世界一流企业，仍然任重道远，最关键的是要占领科技高地，在高新技术产业领域攻坚克难，着力提高核心竞争力，在全球处于领跑地位。在这方面，不仅要发挥民营大企业的作用，更要充分发挥国有大企业特别是中央企业的主力军作用。国有大型企业和公司经济与科技实力雄厚，人才济济，不少优秀企业家脱颖而出，公司治理结构逐步完善，发展潜力巨大，有几家大公司已跻身世界500强前十名。当务之急是强化创新，不断提升品牌价值、质量和效益，提高产业链供应链控制力，在高质量发展和全面推进中国式现代化建设中起顶梁柱作用。

2023年2月28日，国务院国资委办公厅发布《关于印发创建世界一流示范企业和专精特新示范企业名单的通知》。通知指出，为加快建设世界一流企业，国务院国资委组织中央企业和地方国资委同步开展创建世界一流示范企业和专精特新示范企业"双示范"行动。7家地方国有企业成为新一批创建世界一流示范企业，200家中央企业和地方国有企业入围创建世界一流专精特新示范企业名单。国务院国资委将推动各方面聚焦促进企业提高核心竞争力和增强核心功能，努力打造一批产品卓越、品牌卓著、创新领先、治理现代的世界一流企业和专业突出、创新驱动、管理精益、特色明显的世界一流专精特新企业。为此，国务院国资委于2023年3月3日召开会议，对国有企业对标开展世界一流企业价值创造行动进行动员部署。会议强调，国资国企要突出效益效率，加快转变发展方式，聚焦全员劳动生产率、净资产收益率、经济增加值率等指标，有针对性地抓好提质增效稳增长工作，切实提高资产回报水平；要突出创新驱动，提升基础研究能力，充分发挥企业创新决策、研发投入、科研组织、成果转化的主体作用；要突出产业优化升级，加快布局价值创造的新领域新赛道，一手抓加快战略性新兴产业布局，一手抓加快传统产业转型升级，更好推进新型工业化。会议要求，国资央企要深化改革攻坚，着力构建有利于企业价值创造的良好生态。进一步完善中国特色现代企业治理，加强董事会建设；加快建立科学评价体系，更大力度实施以价值创造为导向的中长期激励；要强化分类改革，建立更加科学精准的考核评价体系，指导推动企业提升价值创造的整体功能[①]。

---

① 王璐：《锚定"世界一流"国资委敲定207家"双示范"企业》，《经济参考报》2023年3月17日第2版。

第四章

优化环境，推动民营经济发展

党的二十大报告提出"优化民营企业发展环境，依法保护民营企业产权和企业家权益，促进民营经济发展壮大"，"支持中小微企业发展"。这对坚持和完善社会主义基本经济制度、发展社会主义市场经济，具有十分重要的意义。

1978年底党的十一届三中全会以来，我国经济体制改革的一个重要特点，是在体制内逐步引入市场机制的同时，在体制外先是允许个体经济恢复和发展，接着是允许私营经济的存在和发展，以及引进和利用外资，从而打破公有制一统天下的局面，逐步营造了社会主义市场经济的发展基础。随着非公有制经济的逐步发展，个体私营经济即民营经济已经成为社会主义市场经济的重要组成部分。1997年，党的十五大报告明确提出，公有制为主体、多种所有制经济共同发展是我国社会主义初级阶段的一项基本经济制度，从而为民营经济的发展提供了制度保障。按照党的二十大报告的精神，在我国全面建设社会主义现代化国家的新征程中，仍需继续推动民营经济发展壮大，对此不能有任何疑问和动摇。

第一节

个体经济和私营经济逐渐发展为
社会主义市场经济的重要组成部分

一、个体经济的重生与发展

我国改革开放前是公有制一统天下的局面，在城市是国营经济，在农村是人民公社集体所有制经济。私营经济在1957年社会主义改造后不复存在，个体经济只在一些缝隙中留下一点点。据统计，改革开放前全国只留下个体经营14万户，从业人员15万人。

改革开放后最早打破公有制一统天下局面的动因是解决上千万人的就业问题。"文革"期间，经济发展缓慢，积累的劳动就业问题很多。"文革"结束后，大批知识青年返城和落实政策后各方面的就业问题尤为突出。据统计，截至1979年上半年，全国需要安排就业的人员达2000万人[1]。

1979年2月，原国家工商行政管理局召开了"文革"结束后第一次工商行政管理局局长会议。面对大批知识青年返城、大量城镇积压待业人员的巨大压力，会议提出并经党中央、国务院批转的报告指出，"各地可以根据当地市场需要，在取得有关业务主管部门同意后，批准一些有正式户口的闲散劳动力从事修理、服务和手工业等个体劳动，但不准雇工"。这是"文革"结束后首次为个体经济重生开了绿

---

[1] 中共中央整党工作指导委员会编《十一届三中全会以来重要文件简编》，人民出版社，1983，第29页。

灯。到1979年底，全国各地的个体工商户发展到31万户，比上年增加1倍多。

1979年9月29日，叶剑英委员长在国庆招待会上的讲话指出，我国的社会主义制度还处于幼年时期，"目前在有限范围内继续存在的城乡劳动者的个体经济，是社会主义公有制经济的附属和补充"。

1980年8月，中共中央在《关于进一步做好城镇劳动就业工作》中明确提出，要鼓励和扶植城乡个体经济的发展，指出："宪法明确规定，允许个体劳动者从事法律许可范围内的，不剥削他人的个体劳动。这种个体经济是社会主义公有制经济的不可缺少的补充，在今后一个相当长的历史时期都将发挥积极作用，应当适当发展。有关部门对个体经济要积极予以支持，不得刁难、歧视。一切守法的个体劳动者，应当受到社会的尊重。"

此后几年，由于党和政府鼓励和支持个体经济的各项政策陆续出台，我国个体经济开始快速发展。表4-1是1979—1985年城乡个体经济从业人员情况。

表4-1 1979—1985年城乡个体经济从业人员情况

年份	城镇从业人员/万人	农村从业人员/万人
1979	31.1	—
1980	80.6	—
1981	105.6	121.0
1982	135.8	184.0
1983	209.0	537.8
1984	291.0	1013.0
1985	17660（城乡共计数）	

资料来源：苏星：《新中国经济史（修订本）》，中共中央党校出版社，2007，第559页。

个体经济恢复和发展起来以后，很快就在以下几个方面发挥了重要作用。一是发展了生产，特别是小商品生产，包括服装、纽扣、土特产加工、小农具维修等。饮食业的一些风味小吃多年没有人干，快要失传了，现在得以恢复起来。二是搞活了一部分商品流通，繁荣了市场。广大城乡都开展了集市贸易，有一些城市还搞了旧货市场。三是不花国家投资，不占劳动指标，大大增加了服务业网点。从党的十一届三中全会到1983年，全国增加了534.9万个网点，其中个体经济增加414.2万个，占增加总额的87.7%。四是方便了人民生活，不同程度地缓解了城乡居民吃饭难、穿衣难、住店难、乘车难、农民卖难买难的问题。五是扩大了就业门路。六是增加了税收。七是促进了竞争，有活力的个体工商户对国营和集体的服务业是一个越来越大的竞争对手。

1986年以后，个体经济继续快速增长，逐渐成为社会主义市场经济的重要组成部分。表4-2是1986—2002年全国个体工商户发展情况。

表4-2　1986—2002年全国个体工商户发展情况

年份	户数/万户	人数/万人	资金/亿元
1986	1211	1846	180
1988	1458	2305	312
1990	1328	2093	397
1991	1417	2258	488
1992	1534	2468	601
1993	1767	2939	855
1994	2187	3776	1319
1995	2529	4614	1813
1996	2704	5017	2165
1997	2851	5442	2574
1998	3120	6114	3120
1999	3160	6241	3439
2000	2571	5070	3315
2001	2433	4760	3436
2002	2377	4743	3782

资料来源：国家统计局。

注：2001年数据见《中华工商时报》2002年4月19日，2002年数据为国家工商行政管理总局统计数字。

个体经济主要集中在第三产业，为人民生活提供各种服务，使人民生活便利舒适，受到广大人民群众的欢迎。表4-3是1992—2000年全国个体工商户结构状况。

表4-3　1992—2000年全国个体工商户结构状况（按户数计）

年份	第一产业/%	第二产业/%	第三产业/%
1992	0.03	12.23	87.7
1993	0.03	11.97	88.00
1994	1.21	12.08	86.71
1995	2.07	12.13	85.80
1996	2.71	12.30	84.99
1997	3.80	12.25	83.95
1998	4.74	12.26	83.00
1999	5.44	12.35	82.22
2000	5.35	12.04	82.60

资料来源：国家统计局。

个体经济在进入21世纪后继续发展，根据国家统计局和市场监管总局数据，从业人员于2011年突破5000万人，2013年突破6000万人，此后继续快速增长。全国个体工商户2021年已突破1亿户，解决了我国2.76亿人的就业问题[①]。2023年1月，全国登记在册个体工商户已达1.14亿户，约占市场主体总量的2/3，带动近3亿人就业[②]。

需要指出，我国大力发展个体经济有其客观必然性。我国是拥有14亿人口的发展中大国，就业始终是最重要的经济社会问题。党和政府多年来一直采取就业优先政策，要保证每个家庭至少有一个人就业，而发展个体经济是扩大就业最重要的渠道。改革开放后，我国经济迅速起飞，人民群众的收入和生活水平随之迅速提高，2020年已如期全面建成小康社会，中等收入群体越来越大，人们对美好生活的需求越来越高，对差异化个性化高端化需求越来越迫切，各种各样服务业增加值在GDP中的占比逐步提高（一些发达的经济体服务业增加值占GDP的比重达70%以上），规模经济的优势在一些领域开始消退，这就为个体经济发展提供了更大空间。还要看到，到现在为止，世界上还没有一个国家或经济体，其生产力发展水平和生产社会化程度能达到消灭个体经济的程度，因而人们看不到生产要素全面社会

---

① 林丽鹂：《全国个体工商户超1亿户》，《人民日报》2022年2月10日第1版。

② 王文博：《我国市场主体达1.7亿户　更多支持举措可期》，《经济参考报》2023年2月15日第2版。

主义公有化和个体经济消亡的前景。所以，个体经济在我国现阶段有广阔的存在和发展空间，即使我国实现了现代化，建设现代化经济体系取得实质性进展后，个体经济的存在和发展仍是毋庸置疑的。

二、私营经济逐步发展为社会主义市场经济重要组成部分

允许个体经济存在和发展，过一段时间，私营经济必然接着出现和发展，这是经济学的一般原理。个体经济发展以后，有些经营好的个体工商户就要求扩大经营规模和增加经营范围，就需要增加劳动力，需要雇工。而城乡都有相当数量的剩余劳动力等待就业，很容易找到雇工。对于雇工，改革开放初期是有限制的。1979年全国工商行政管理局局长会议文件允许个体经营，但规定不准雇工。1981年7月7日，《国务院关于城镇非农业个体经济若干政策性规定》指出："个体经营户，一般是一人经营或家庭经营；必要时，经过工商行政管理部门批准，可以请一至两个帮手；技术性较强或者有特殊技艺的，可以带两三个最多不超过五个学徒。"

随着个体经济的发展，不但出现雇工，还出现雇工大户。1982年，邓小平提议，中央政治局讨论并通过了对雇工大户采取"看一看，等一等"的方针。1983年1月2日，在中共中央印发的《当前农村经济政策的若干问题》中，对雇工政策有所放宽，指出："农村个体工商户和种养业的能手，请帮手、带徒弟，可参照《国务院关于城镇非农业个体经济若干政策性规定》执行。对超过上述规定雇工请较多帮工的，不宜提倡，不要公开宣传，也不要急于取缔，而应因势利导，使之向不同形式的合作经济发展。"①

雇工多少人算超出个体经济的范畴？当时有的经济学家援引马克思在《资本论》第一卷第九章《剩余价值率和剩余价值量》中提出的，雇工8人以下的，自己也和工人一样直接参加生产劳动的，是介于资本家和工人之间的中间人物，也就是小业主；而超过8人的，则开始占有工人的剩余价值，是资本家。以此为依据，雇工不到8人的，算个体工商户；雇工8人及以上的，就是私营业主即私营经济。这在当时不容易引起争议，此后就一直以此区分个体工商户和私营经济。

---

① 黄孟复主编《中国民营经济史·纪事本末》，中华工商联合出版社，2010，第212页。

雇工（指雇了8人及以上的）算不算剥削？从20世纪末起就一直有争议。有的专家以发展私营经济属于"三个有利于"的范畴而否定其剥削性质，认为无论资本积累采取怎样的社会形式，都是促进社会化大生产形成和发展的源泉。私营企业创造的财富，从所有权上看虽然归属私人占有，但是，只要还在社会再生产过程中不停地运行，就是社会的资产。在以公有制经济为主体的社会主义社会中，私有的积累和公有的积累一样，其使用和发挥效能的社会性，都在为社会主义国家创造物质财富，共同构成社会主义的物质基础，增强社会主义的综合国力，推动着社会生产力的发展和社会进步[①]。有的专家则提出各种生产要素均参与价值创造的广义价值论，认为不存在资本剥削劳动的问题："传统的马克思主义分配理论根源于劳动价值论，把价值的源泉仅仅归结为劳动，认为价值的创造与价值的分配是分开的，非劳动要素参与分配的唯一依据是非劳动要素的所有权，继而从所有制关系着手，论证各种分配关系产生的客观必然性，把分配单纯地视为所有权在经济上的实现；而广义价值论则认为，生产要素的所有权仅仅是生产要素参与分配的法律依据，生产要素在价值创造中所做的贡献才是生产要素参与分配的尺度。诚然，所有权关系是分配关系的法律基础，但是，生产要素的所有权关系，仅仅是决定分配关系的一个法权因素，所有权本身并不创造价值，它不过是使生产要素所创造的价值在法权上得到确认并归于相关生产要素的所有者，而决定分配的内在因素，或者说是更重要的一个因素，是生产要素在生产过程中所起的作用，即生产要素在价值创造中所作出的实际贡献。既然我们承认非劳动要素同样参与价值的创造，非劳动要素参与分配的尺度自然是非劳动要素在价值创造中所做的贡献。"[②]按照这个理论，资本剥削劳动并不存在。

主流的观点则认为，劳动价值论是马克思主义经济学的基石，只有活劳动创造价值，除劳动外生产要素对财富创造有贡献，但不参与价值创造。按生产要素贡献参与分配，是指按生产要素对财富创造的贡献参与分配，而不是按生产要素对价值创造的贡献参与分配。因此，资本雇佣劳动必然会占有他人劳动和剩余价值，其性质肯定是剥削，而在我国具体条件下，只要私营经济依法经营、依法纳税，其剥削

---

① 张厚义、刘文璞：《中国的私营经济与私营企业主》，知识出版社，1995，第326页。
② 蔡继明：《从狭义价值论到广义价值论》，商务印书馆，2022，第171—172页。

构建高水平社会主义市场经济体制

收入就是合法的，不能剥夺，甚至可以说剥削有功。也有专家表示现阶段不必讨论和争议这个问题，放一放再说。看来这个问题，值得认真研究和讨论。

1984年4月，邓小平在会见香港客人时提到："现在我们国内人们议论雇工问题，我和好多同志谈过，犯不上在这个问题上表现我们在'动'，可以再看几年。开始我说看两年，两年到了，我说再看看。""要动也容易，但是一动就好像政策又在变了。动还是要动，因为我们不搞两极分化。但是，在什么时候动，用什么方法动，要研究。动也就是制约一下。"[①]

随着城乡私营企业的发展，雇工逐渐普遍，有调查表明，1990年全国农村共有雇工8人以上的私营企业6.04万家，雇工99.7万人，每家私营企业平均雇工16.5人。在集体经济不强、商品经济发达的地区，雇工经营发展较快，所占比重也大。例如浙江省温州市1987年有雇工8人以上的私营企业1万多家，产销占该市乡镇企业总产值的70%[②]。

经过几年的观察和实践，大家对私营经济的认识逐渐趋于一致。1987年10月，党的十三大报告指出："社会主义初级阶段的所有制结构应以公有制为主体。目前全民所有制以外的其他经济成分，不是发展得太多了，而是还很不够。对于城乡合作经济、个体经济和私营经济，都要继续鼓励它们发展。""私营经济是存在雇佣劳动关系的经济成分。但在社会主义条件下，它必然同占优势的公有制经济相联系，并受公有制经济的巨大影响。实践证明，私营经济一定程度的发展，有利于促进生产，活跃市场，扩大就业，更好地满足人民多方面的生活需求，是公有制经济必要的和有益的补充。"

1988年4月，七届人大一次会议通过的《中华人民共和国宪法修正案》规定："私营经济是社会主义公有制经济的补充。国家保护私营经济的合法的权利和利益，对私营经济实行引导、监督和管理。"1988年，全国各地工商行政管理机构开始办理私营企业的注册登记。从此，我国私营企业可以名正言顺地发展了。

我国私营（民营）经济在1992年党的十四大确立社会主义市场经济体制改革

---

① 邓小平：《邓小平文选》第3卷，人民出版社，1993，第216—217页。
② 彭森、陈立等：《中国经济体制改革重大事件》（上），中国人民大学出版社，2008，第184—185页。

目标后，得到较快增长。表4-4是1992—2021年我国私营经济发展情况。

表4-4 1992—2021年我国私营经济发展情况

年份	户数/万户	人数/万人	注册资金/亿元
1992	13.9	231.9	221.2
1993	23.8	372.6	680.5
1995	65.5	956	2621.7
1997	96.1	1349.3	5140.1
2000	176	2407	13308
2002	243	3409	24756
2005	430	4714	61475
2007	551	7253	93873
2010	819	9184	177300
2012	1086	12000	310000
2017	2700	13327	—
2021	4457.5	—	—

资料来源：张厚义、明立志主编《中国私营企业发展报告（1978—1998）》，社会科学文献出版社，1999；本书编写组《十七大报告辅导读本》，人民出版社，2007；本书编写组编《〈中共中央关于全面深化改革若干重大问题的决定〉辅导读本》，人民出版社，2013；林丽鹂：《民营企业数量10年翻两番》，《人民日报》2022年3月23日第1版。

我国民营经济（广义的民营经济包括私营经济和个体经济）改革开放后发展迅速，其增长速度直到2012年均高于国有经济和其他公有经济，这就使私营经济和个体经济（以及外资经济，统称为非公经济）对GDP的贡献率呈逐步提高的趋势。根据统计资料，1978年非公经济对GDP的贡献率还不到1%，1993年上升到12.3%，1997年上升到24.2%。而到2012年，一般认为非公经济对GDP的贡献率达60%，超过国有经济和其他公有经济的贡献率。这一年，非公经济在全社会固定资产投资中所占的比重也超过60%。到2017年，民营经济具有"五六七八九"的特征，即贡献了50%以上的税收，60%以上的国内生产总值，70%以上的技术创新成果，80%以上的城镇劳动就业，90%以上的企业数量。此后一直到2022年，除民营经济对劳动就业的贡献率有所提高外，一般认为这些比重已大体稳定下来。还有，在世界500强的企业中，我国民营企业由2010年的1家增加到2022年的28家。2022年我国民营企业500强入围门槛达263.67亿元，比上年增加28.66亿元。19家500强企业营业收入超3000亿元，88家500强企业资产总额超过千亿元规模[①]。

根据任泽平团队发布的2021年中国民营企业100强名单可以看出，中国民营企业经过改革开放后几十年的发展，已成长为颇具实力的经济形态。根据该团队给出的分析，包含以下一些特点。

2021年民营企业百强的营收门槛为786.5亿元，五成百强企业的营收处于1000亿～2000亿元区间。2012—2021年，规模以上工业企业营收中民营企业占比从49.7%提升至51.8%。民营企业30强、50强、百强营收门槛分别为1845.2亿元、1337.0亿元和786.5亿元。48家百强企业营收在1000亿～2000亿元区间，营收平均为1432.3亿元，千亿元级民营企业正在成为中坚力量。

民营企业10强入围门槛约为4000亿元，以互联网、先进制造业为代表。其中以京东、阿里巴巴、腾讯、字节跳动为代表的互联网企业占据4席，京东商业模式以自营为主，其销售额大部分计为收入，以9515.9亿元的营收位居第一。以华为、联想为代表的计算机、通信、电子设备先进制造业占据2席，以碧桂园为代表的房企占据1席，山东魏桥作为有色金属代表、吉利作为汽车制造代表、青山控股作为黑色金属代表占据3席。

地域方面，八成的百强民企集中在东部。分地区来看，2021年百强民企中有82家分布于东部地区，长三角、京津冀和珠三角的分布数量分别为34家、21家和16家。分省份来看，55%的企业集中于粤浙京苏，广东省、浙江省、北京市、江苏省的百强民企数量分别为16家、16家、12家和11家。分城市来看，百强民企主要集中于北上广深和新一线城市。都市圈、城市群发挥着国家经济社会发展的增长极作用，是推进高质量发展和参与国际竞争的主要平台。头部民企集中在都市圈、城市群，契合了我国人口和产业持续向大都市圈集聚的大趋势。

行业分布上，制造业在百强中占比超五成。对GDP贡献度较高的行业容易出龙头民企，传统行业对GDP贡献度更高。分行业来看，2021年工业对GDP累计同比贡献度达到38%，在2021年百强民企中制造业企业占比达到53%，远超其他行业。批发和零售业，信息传输、软件和信息技术服务业对GDP贡献度分别为12.3%和7.8%，相关行业分别有17家和8家企业进入百强榜，等等。

[①] 班娟娟：《28家民营企业500强入围世界500强》，《经济参考报》2022年9月8日第2版。

第二节

党的十八大后继续支持民营经济发展

2012年党的十八大以来,党中央、国务院继续支持民营经济发展,支持个体私营经济发展。

2013年,党的十八届三中全会决定对个体、私营等非公有制经济在社会主义市场经济中的地位和作用更加肯定,为它们的发展提供了更为广阔的空间。决定明确提出,公有制经济和非公有制经济都是社会主义市场经济的重要组成部分,都是我国经济社会发展的重要基础。公有制经济财产权不可侵犯,非公有制经济财产权同样不可侵犯。在加强监管的前提下,允许具备条件的民间资本依法发起设立中小型银行等金融机构。今后,要坚持权利平等、机会平等、规则平等,废除对非公有制经济各种形式的不合理规定,消除各种隐性壁垒,制定非公有制企业进入特许经营领域具体办法。鼓励非公有制企业参与国有企业改革,鼓励发展非公有资本控股的混合所有制企业,鼓励有条件的私营企业建立现代企业制度。同时,推进工商注册制度便利化,削减资质认定项目,由先证后照改为先照后证,把注册资本实缴登记制逐步改为认缴登记制,等等。

决定的上述内容是有很强的现实针对性的。一个时期以来,无论是理论界还是经济界,总是有人对非公有制经济在社会主义市场经济中的地位和作用估计不足,或者是为了维护既得利益,使许多关于鼓励非公有制经济发展的政策很难落实。比如,为打破各种"玻璃门""弹簧门""旋转门"等,2005年和2010年,国务院分别下达《国务院关于鼓励支持和引导个体私营等非公有制经济发展的若干意见》和《国务院关于鼓励和引导民间投资健康发展的若干意见》,但一直落实不好,以致民营企业在市场上被限制竞争，在贷款政策上受到歧视，许多民营企业的融资成本很高，不能享受与国有企业的同等待遇。所以，直到2013年，还需要进一步解决所有制歧视的问题。同时，通过积极发展混合所有制经济，逐步淡化企业的所有制色彩。

决定作出后，在一些方面很快取得实效。比如，商事制度改革激发了大家的创业热潮。2015年、2016年和2017年，全国平均每天新增市场主体超过4万家，其中绝大部分是民营的。2013年每天新增企业为6900户，而到2017年平均每天新增企业达到1.66万户，其中主要也是民营企业。还有，从决定公布至2017年，全国已有16家民营银行开业经营。2016年，内地民营企业有16家进入《财富》公布的世界500强名单，比2015年增加了5家，万科、京东、大连万达、美的等企业首次上榜。当年，民营企业上缴税金71834亿元，占全国税收总额的51.1%，非公经济对新增就业岗位的贡献率高达90%。

在落实决定的过程中，也有一些曲折，突出表现在由于对私营经济财产权保护不力，市场准入方面也常受限制，2016年民间资本对全社会固定资产投资增长速度出现了较大幅度下滑，全年投资增速仅为3.2%，而此前一般年份均为两位数左右（2015年为10.1%）。针对这种情况，2016年，政府出台了《中共中央 国务院关于完善产权保护制度依法保护产权的意见》；2017年，政府又出台了《中共中央 国务院关于营造企业家健康成长环境弘扬优秀企业家精神更好发挥企业家作用的意见》，提出要构建亲清新型政商关系等。在这些政策指引下，2017年民间资本对全社会固定资产投资有所回升，增速为6%。

2017年，党的十九大报告重申了"两个毫不动摇"，并指出："全面实施市场准入负面清单制度，清理废除妨碍统一市场和公平竞争的各种规定和做法，支持民营企业发展，激发各类市场主体活力。"这是在党的重要文件中第一次提出民营企业概念，这个提法比非公企业提法更加直白和明确，也更通俗易懂。党的十九大报告专门提支持民营企业发展，针对性强，主要是此前在民营经济的财产权保护方面做得不够好，这显然是不利于社会主义市场经济发展的。党的十九大报告在论述新时代建设现代化经济体系时，提出"经济体制改革必须以完善产权制度和要素市场化配置为重点"，这里说的完善产权制度是很重要的。2003年，党的十六届三中全会决定指出:"产权是所有制的核心和主要内容,包括物权、债权、股权和知识产权等各类财产权。建立归属清晰、权责明确、保护严格、流转顺畅的现代产权制度,有利于维护公有财产权,巩固公有制经济的主体地位;有利于保护私有财产权,促进非公有制经济发展;有利于各类资本的流动和重组,推动混合所有制经济发展;有利于增强企业和公众创业创新的动力,形成良好的信用基础和市场秩序。这是完善基本经济制度的内在要求,是构建现代企业制度的重要基础。"党的十八届三中全会决定经济体制改革部分第一条写的就是完善产权保护制度。要完善产权保护制度,最重要的一是产权保护,二是产权激励。特别重要的是知识产权保护、民营经济财产权保护、创新激励、防止国有资产流失。民营经济财产权得到有效保护,就能很好增强民营经济发展的动力、活力和竞争力。

2018年以来,社会上有人发表了一些否定、怀疑民营经济的言论。比如,有人提出所谓"民营经济离场论",说民营经济已经完成使命,要退出历史舞台;有人提出所谓"新公私合营论",把现在的混合所有制改革曲解为新一轮"公私合营";还有人说加强企业党建和工会工作是要对民营企业进行控制;等等。对上述奇谈怪论,习近平总书记于2018年11月1日在民营企业座谈会的讲话中进行了批驳,指出"这些说法是完全错误的,不符合党的大政方针",并明确指出:"民营经济是我国经济制度的内在要素,民营企业和民营企业家是我们自己人。民营经济是社会主义市场经济发展的重要成果,是推动社会主义市场经济发展的重要力量,是推进供给侧结构性改革、推动高质量发展、建设现代化经济体系的重要主体,也是我们党长期执政、团结带领全国人民实现'两个一百年'奋斗目标和中华民族伟大复兴中国梦的重要力量。在全面建成小康社会、进而全面建设社会主义现代化国家的新征程中,我国民营经济只能壮大、不能弱化,不仅不能'离场',而且要走向更加广阔的舞台。"

2019年9月9日,中央全面深化改革委员会第十次会议通过了《关于营造更好发展环境支持民营企业改革发展的意见》。习近平总书记在会上强调,支持民营企业发展,要坚持和完善中国特色社会主义基本经济制度,坚持"两个毫不动摇",营造市场化、法治化、制度化的长期稳定发展环境,保证各种所有制经济依法平等使用生产要素、公开公平公正参与市场竞争、同等受到法律保护,推动民营企业改革创新、转型升级、健康发展。意见提出了28条改革发展举措，其中对构建亲清政商关系明确了具体举措：一是建立规范化机制化政企沟通渠道。地方各级党政主要负责同志要采取多种方式经常听取民营企业意见和诉求。鼓励行业协会商会、人民团体发挥建设性作用，支持优秀民营企业家在群团组织中兼职。二是完善涉企政策制定和执行机制。制定实施涉企政策时，要充分听取相关企业意见建议。保持政策连续性稳定性，健全涉企政策全流程评估制度，完善涉企政策调整程序，根据实际设置合理过渡期，给企业留出必要的适应调整时间。政策执行要坚持实事求是，不搞"一刀切"。三是创新民营企业服务模式。进一步提升政府服务意识和能力，鼓励各级政府编制政务服务事项清单并向社会公布。维护市场公平竞争秩序，完善陷入困境优质企业的救助机制。建立政务服务"好差评"制度。完善对民营企业全生命周期的服务模式和服务链条。四是建立政府诚信履约机制。各级政府要认真履行在招商引资、政府与社会资本合作等活动中与民营企业依法签订的各类合同。建立政府失信责任追溯和承担机制，对民营企业因国家利益、公共利益或其他法定事由需要改变政府承诺和合同约定而受到的损失，要依法予以补偿。

2020年9月16日，全国民营经济统战工作会议举行。会上，习近平总书记对做好新时代民营经济统战工作作出重要指示，强调要坚持"两个毫不动摇"，把团结好、引导好民营经济人士作为一项重要任务。各级党委要加强对民营经济统战工作的领导，全面贯彻党的方针政策，抓好党中央各项决策部署贯彻落实。各级统一战线工作领导小组和党委统战部要发挥牵头协调作用，工商联要发挥群团组织作用，把民营经济人士团结在党的周围，更好推动民营经济健康发展。

2021年底召开的中央经济工作会议指出："促进多种所有制经济共同发展，优化民营经济发展环境，依法保护各类市场主体产权和合法权益，政策要一视同仁、平等对待。"

2022年10月，党的二十大报告在论述"构建高水平社会主义市场经济体制"时，明确提出坚持"两个毫不动摇"，优化民营企业发展环境。报告指出，"坚持和完善社会主义基本经济制度，毫不动摇巩固和发展公有制经济，毫不动摇鼓励、支持、引导非公有制经济发展，充分发挥市场在资源配置中的决定性作用，更好发挥政府作用"，"优化民营企业发展环境，依法保护民营企业产权和企业家权益，促进民营经济发展壮大。完善中国特色现代企业制度，弘扬企业家精神，加快建设世界一流企业。支持中小微企业发展"。2023年3月，习近平总书记在看望参加全国政协十四届一次会议的民建、工商联界委员时强调，要正确引导民营经济健康发展、高质量发展。习近平总书记指出："民营经济是我们党长期执政、团结带领全国人民实现'两个一百年'奋斗目标和中华民族伟大复兴中国梦的重要力量。我们始终把民营企业和民营企业家当作自己人，在民营企业遇到困难的时候给予支持，在民营企业遇到困惑的时候给予指导。要优化民营企业发展环境，破除制约民营企业公平参与市场竞争的制度障碍，依法维护民营企业产权和企业家权益，从制度和法律上把对国企民企平等对待的要求落下来，鼓励和支持民营经济和民营企业发展壮大，提振市场预期和信心。要积极发挥民营企业在稳就业、促增收中的重要作用，采取更有效的措施支持中小微企业和个体工商户发展，支持平台企业在创造就业、拓展消费、国际竞争中大显身手。要把构建亲清政商关系落到实处，为民营企业和民营企业家排忧解难，让他们放开手脚，轻装上阵，专心致志搞发展。要加强思想政治引领，引导民营企业和民营企业家正确理解党中央关于'两个毫不动摇'、'两个健康'的方针政策，消除顾虑，放下包袱，大胆发展。"

2023年3月13日，李强总理在出席记者会并回答中外记者提问时系统地阐述了对民营企业的政策。他表示："我长期在民营经济比较发达的地方工作，经常有机会与民营企业家交流，对他们发展中的期盼和顾虑还是比较了解的。在这里，我主要想表达这么几层意思：第一，'两个毫不动摇'是我国基本经济制度的重要内容，是长久之策，过去没有变，以后更不会变。确实，去年有段时间，社会上有一些不正确的议论，使一些民营企业家内心感到忧虑。其实在发展民营经济这个问题上，党中央的方针政策一直是非常明确的。党的十九大、二十大和去年的中央经济工作会议都作了强调。对此，我们是旗帜鲜明、坚定不移的。第二，民营经济的发展环境会越来越好，发展空间会越来越大。我们将在新起点上大力营造市场化、法治化、国际化营商环境，平等对待各类所有制企业，依法保护企业产权和企业家权益，促进各类经营主体公平竞争，支持民营企业发展壮大。从发展空间看，中国具有超大规模的市场需求，还有很多新领域新赛道有待开拓，蕴藏着巨大的发展机遇。民营经济一定是大有可为的。第三，时代呼唤广大民营企业家谱写新的创

构建高水平社会主义市场经济体制

业史。这也是我特别想说的一点。经济发展有其客观规律，也依赖客观条件，但更需要很强的主观能动性。希望民营企业家大力弘扬优秀企业家精神，坚定信心再出发。说到这里，我不由想起当年江浙等地发展个体私营经济、发展乡镇企业时创造的'四千'精神：走遍千山万水、说尽千言万语、想尽千方百计、吃尽千辛万苦。虽然现在创业的模式、形态发生了很大的变化，但当时那种筚路蓝缕、披荆斩棘的创业精神，是永远需要的。我们各级领导干部要真诚关心、服务民营企业，构建亲清政商关系，带动全社会形成尊重创业者、尊重企业家的良好氛围。我相信，在新时代新征程上，广大民营企业家一定能谱写出更加辉煌的创业史。"[1]

以上说明，党和政府对民营经济和民营企业的政策应当说是再明确和清晰不过了。我国民营经济将在党的正确方针指引下，在市场准入、贷款、用工用地等方面不断优化发展环境，开拓发展空间，从而在全面建设社会主义现代化国家的新征程中，继续贡献自己的力量！

在党和政府的推动下，我国市场准入准营规则不断完善，为市场主体创新发展打造更优的市场环境，进一步激发市场主体活力和竞争力，有力地促进高质量发展。截至2022年底，全国登记在册的企业达5282.5万户，其中绝大多数是中小微企业，而中小微企业绝大多数是民营企业，它们是国民经济和社会发展的生力军，是推动经济实现高质量发展的重要基础。

2023年4月21日，二十届中央全面深化改革委员会第一次会议审议通过了《关于促进民营经济发展壮大的意见》。会议指出，支持民营经济发展是党中央的一贯方针。促进民营经济发展壮大，要着力优化民营经济发展环境，破除制约民营企业公平参与市场竞争的制度障碍，引导民营企业在高质量发展中找准定位，通过企业自身改革发展、合规经营、转型升级，不断提升发展质量。要充分考虑民营经济特点，完善政策执行方式，加强政策协调性，推动各项优惠政策精准直达，切实解决企业实际困难。要把构建亲清政商关系落到实处，引导促进民营经济人士健康成长[2]。

2023年4月6日，国家税务总局负责人在国务院新闻办公室举行的发布会上表

---

[1] 《李强总理出席记者会并回答中外记者提问》，《人民日报》2023年3月14日第2版。

[2] 《守正创新真抓实干 在新征程上谱写改革开放新篇章》，《人民日报》2023年4月22日第1版。

示，鼓励和支持民营经济发展壮大。近5年，民营企业累计享受新增减税降费及退税缓税缓费超过8万亿元，占比约七成。特别是民营经济中的个体工商户，有80%在国家实施系列税费支持政策后已不用缴税。5年来，针对民营企业"融资难"问题，税务部门积极深化税银合作，以企业纳税信用的相关信息作为金融机构向民营企业特别是小微企业提供贷款的重要参考，共助力小微企业获得银行贷款2246万笔，贷款金额达6.22万亿元[①]。

2023年7月，《中共中央 国务院关于促进民营经济发展壮大的意见》指出："民营经济是推进中国式现代化的生力军，是高质量发展的重要基础，是推动我国全面建成社会主义现代化强国、实现第二个百年奋斗目标的重要力量。"意见共提出了31条现实性、针对性很强的举措，推动民营经济发展壮大。

在党的一系列方针政策鼓励下，我国民营经济在党的十八大以后取得了长足的发展。北京大成企业研究院用10组数据简要描述了民营经济在党的十八大后的发展成就及其作用地位。

（1）2020年，民营企业法人占全国企业法人总量的98%，而2012年为96%。

（2）2021年，民营企业资产占全国企业资产的50%左右。

（3）2021年，民间投资占全国固定资产投资总额的56.9%，而2012年为54.6%。

（4）民营经济就业占城镇就业的80%以上。2012年，全国城镇私人企业和个体户就业人数分别为7557万人和5643万人，国有单位就业人数为6839万人；2019年，全国城镇私人企业和个体户就业人数分别为14567万人和11692万人，国有单位就业人数为5473万人，2020年为5563万人。10年来，全国城镇就业总量增加了1亿多人，其中，国有单位减少了1000多万人，外资企业增加了200多万人，民营经济增加了1.2亿多人，超过了全国城镇新增就业总量。

（5）民营企业营收占规模以上工业企业营收比重从2012年的49.7%增加到2021年的51.8%。

（6）民营企业利润2021年占规模以上工业企业利润的47.7%。

（7）民营经济税收占全国税收比重从2012年的48%增加到2021年的59.6%。

（8）民营企业进出口贸易额占全国进出口贸易总额比重从2012年的31.6%

---

① 王观：《更好发挥税收职能作用》，《人民日报》2023年4月7日第6版。

增加到2021年的48.9%。2021年，民营企业占全国出口的57.7%，占全国顺差的136.5%。

（9）2020年，企业研发投入，国有企业占20%左右，民营企业占60%左右，外资企业占20%左右；新产品销售收入，国有企业占15%左右，民营企业占65%左右，外资企业占20%左右；发明专利申请数量，国有企业占20%以上，民营企业占50%以上，外资企业占20%多。

（10）民营企业效率效益总体好于全国其他企业。2021年，资产营收效率（营收/资产），国有企业为63.5%，民营企业为124.5%，外资企业为92%；资产利润率（利润/资产），国有企业为4.4%，民营企业为7.1%，外资企业为7.9%[①]。

另据国家发展改革委提供的数据，在税收上，2012—2021年，民营企业占比从48%提升至59.6%。在就业上，2012—2022年，规模以上私营工业企业吸纳就业占比从32.1%提高至48.3%。在数量上，2012—2022年，民营企业数量占比从79.4%增长到93.3%。在外贸上，民营企业从2019年起成为第一大外贸主体，2022年占比达50.9%[②]。

2023年3月，《中国民营经济（浙江）高质量发展指数报告（2022）》发布，从中可以看出中国民营经济发展的最新状况。报告显示，浙江民营经济发展实力持续壮大、产业结构持续优化、发展动能持续释放、发展环境持续改善、社会贡献持续提高。报告显示，2021年中国民营经济（浙江）高质量发展指数达到145.27点，2016年以来的年均复合增长率达到7.75%。民营经济对浙江省的贡献呈现"67789"的特点，即贡献了67%左右的GDP、73.4%左右的税收、75.5%左右的创新投入（全社会研究与试验发展经费投入）、87.5%左右的就业、96.7%左右的市场主体，浙江民营经济实现整体性跃升。当前，浙江民营企业加快向新兴领域布局发展。报告显示，信息传输、软件和信息技术服务业，科学研究和技术服务业，金融业中的民营经济增加值同比增幅，远高于全省民营经济增加值同比增幅。与此同

[①] 陈永杰：《民营经济这十年系列文章之一：十年起伏中的韧性》，《经济观察报》2023年3月，第5—9页。

[②] 陈炜伟、严赋憬：《进一步激发民营经济发展活力》，《人民日报》2023年7月20日第6版。

时，浙江加快推进先进制造业与现代服务业深度融合，做强做优生产性服务业，培育服务业新形态。数字化改革已经成为浙江民营企业探索高质量发展全新路径。报告显示，2021年浙江民营企业200强中有158家企业制定了数字化转型战略规划。最近几年，信息传输、软件和信息技术服务业以及金融业中的民营经济增加值都保持了两位数增幅，通过数字化改革，浙江民营经济再次进入发展快车道；与此同时，民营企业也成为浙江数字经济发展的排头兵。从指数运行规律及发展趋势综合判断，浙江民营经济未来将呈现五大趋势，即质量更好、效率更高、动力更足、环境更优、潜力更大。浙江民营经济产业结构将持续优化升级，民营经济对全省产业结构的拉动作用将继续增强。数字化转型将培育出数字经济新产业、新业态、新模式，传统制造业从生产型制造向服务型制造转换，世界级产业集群将催生更多高成长性、具有全球竞争力的产业集群和企业集群，绿色低碳转型也将加速产业创新和企业创新。

第三节

促进民营经济发展壮大的若干问题

我国民营经济在发展过程中出现某些曲折和问题，有其深刻的原因，其中认识不一致导致政策执行中的偏差相当突出。比如，不断有人写文章作报告，要民营经济退场或对民营经济进行社会主义改造；有人则强调，一旦中国基本实现现代化，社会主义初级阶段将宣告结束，没有必要再实行多种所有制经济共同发展的制度。这些，都造成民营企业家紧张不安，对投资经营有不小的影响。为使党的"两个毫不动摇"的方针得到认真落实，有必要在思想认识上明确以下一些重大问题。

第一，从现实角度看，发展民营经济有利于增强我国经济的韧性，推进全面建成社会主义现代化强国。我国民营经济经过改革开放40多年的发展，已成为社会主义市场经济中市场主体和就业人数最多的重要组成部分。截至2023年1月，我国市场主体达1.7亿户，其中登记在册个体工商户1.14亿户，约占市场主体总量的2/3，带动近3亿人就业[1]。民营企业数量2021年已增长到4457.5万户，从业人员超亿人，民营企业和个体工商户从业人员已达4亿人，民营企业成为我国就业的"稳定器"。民营企业在企业总量中的占比由2012年的79.4%提高到2021年的92.1%。民营企业活力较强，数据显示，2021年全国新设民营企业852.5万户，当年全国注吊销民营企业390.0万户，新设退出比为2.2∶1，即每新设2.2户退出1户，继续保持稳中有进的发展态势[2]。我国这么庞大的民营经济群体，具有极强的韧性，像新冠疫情的

---

[1] 王文博：《我国市场主体达1.7亿户 更多支持举措可期》，《经济参考报》2023年2月15日第2版。

[2] 林丽鹏：《民营企业数量10年翻两番》，《人民日报》2022年3月23日第1版。

严重冲击，我国经济保持大局稳定，稳中有进，很大程度上得益于民营经济的韧性和稳定发展。不能想象，如果没有民营经济的支持，我国经济能否取得如此耀眼的发展成效。党和政府一而再、再而三地坚定支持民营经济发展，就是因为现阶段民营经济有很强的韧性，能有力地稳定地促进社会生产力的发展。

第二，民营经济发展会不会动摇公有制的主体地位？多年来，在理论界一直有人提出，改革开放后由于非公有制经济迅速增长，对GDP的贡献已超过50%甚至60%，对全社会固定资产投资的比重已达到或超过60%，对全社会新增就业岗位的贡献率已超过80%甚至90%，公有制为主体已被突破，社会主义制度的根基受到动摇，从而主张限制非公有制经济的发展。有人还建议对富豪动手，实行再公有化。这是一个值得大家关注的话题。我们认为，上述说法和主张都是不正确的，都是没有很好地认识"公有制为主体"的含义。

1997年，党的十五大报告在确立公有制为主体、多种所有制经济共同发展的基本经济制度时，对公有制为主体的含义作出明确的规定："公有制的主体地位主要体现在：公有资产在社会总资产中占优势；国有经济控制国民经济命脉，对经济发展起主导作用。这是就全国而言，有的地方、有的产业可以有所差别。公有资产占优势，要有量的优势，更要注重质的提高。国有经济起主导作用，主要体现在控制力上。"从实行改革开放到2022年，我国的GDP飞速增长了44倍多，年均增速超过9%，我国GDP占世界GDP总量的比重，也从1978年的1.8%上升到2022年的18%。在这期间，国有经济、集体和合作经济、民营经济（个体私营经济）、外资经济以及不同所有制资本的混合所有制经济，都获得了巨大的发展。在这种情况下，公有制的主体地位，公有资产在社会总资产中占优势，国有经济控制国民经济命脉和对经济发展起主导作用，都没有发生根本性变化。所谓民营经济的发展动摇公有制的主体地位的说法是完全站不住脚的。

有的专家对经营性资产进行估算，得出的结论是：截至2012年，我国三次产业经营性总资产为487.53万亿元（含个体工商户资产），其中公有制经济的经营性资产规模是258.39万亿元，占53%[①]。如果加上非经营性资产如国有自然资源资

---

① 裴长洪：《中国公有制主体地位的量化估算及其发展趋势》，《中国社会科学》2014年第1期。

产，则公有资产在社会总资产中更是占绝对优势。有学者根据官方发布数据估算，截至2015年底，我国资源性国有资产合计达458万亿元[①]。根据《国务院关于2021年度国有资产管理情况的综合报告》，全国经营性非金融类国有企业资产总额达308.3万亿元，金融类国有企业资产总额达352.4万亿元，两项合计达660.7万亿元，其中中央企业资产为338.4万亿元。这说明党的十八大后，国有资产的增长速度是很快的，加上庞大的自然资源资产，公有资产占优势的地位更加巩固和提高。至于国有经济控制国民经济命脉，对经济发展起主导作用，则至今没有人对此表示怀疑，这里就不再论述了。

2021年10月23日闭幕的十三届全国人大常委会第三十一次会议审议了国务院关于2020年度国有自然资源资产管理情况的专项报告，集中披露了我国国有自然资源资产情况。具体来看，截至2020年底，全国国有土地总面积52333.8万公顷。目前我国已发现矿产资源173种，其中具有资源储量的矿种163个。现有石油探明技术可采储量36.2亿吨，现有天然气探明技术可采储量62665.8亿立方米，煤炭储量1622.9亿吨。根据《联合国海洋法公约》有关规定和我国主张，管辖海域面积约300万平方公里。我国共有海岛11000多个；海岸线长度约3.2万公里，其中大陆海岸线约1.8万公里，岛屿岸线约1.4万公里。我国还拥有海洋生物2万多种，其中海洋鱼类3000多种。"十三五"期间，全国国有建设用地累计供应306.1万公顷，其中以出让方式供应129.1万公顷，出让价款290759.2亿元。全国矿业权累计出让10796个，合同金额4181.3亿元。全国用海累计审批91.5万公顷，征收海域使用金364亿元。无居民海岛累计审批33个，征收无居民海岛使用金1.4亿元。

与此相联系，有人担心民营经济快速发展后，对GDP的贡献率如果不断提高的话，会动摇社会主义的根基。这种担心也是多余的。有研究表明，自2010年以来，我国所有制结构的调整已开始进入相对稳定的阶段，国有（公有制）经济和非公有制经济对GDP的贡献率也开始处于相对稳定的时期，有时公有制经济对GDP的贡献率也可能是上升的，而不是总是下降的。如从2009年起，公有制经济对GDP的贡献率已从当年的29.94%上升到2012年的32.41%，而非公有制经济对GDP的贡献

[①] 常修泽等：《所有制改革与创新——中国所有制结构改革40年》，广东经济出版社，2018，第18页。

率则由70.06%下降到67.59%[①]。出现这种情况,当然同那几年政府实行扩张性财政政策、大量投资基础设施建设有关,但也表明,非公有制经济对GDP的贡献率并不总是上升的,有时也会下降。2012年以后,由于政府继续实施扩张性财政政策,不断加大政府投资力度以稳增长,尽管非公有制经济也在发展,但可以肯定,公有制经济对GDP的贡献率应当是相当稳定的,更可能是有所提高的。

第三,从远景看,我国实现现代化后,民营经济是否需要退场?答案应当是否定的。关键在于,按照党的十九大和党的二十大报告的规划,我国2035年基本实现社会主义现代化和2050年全面建成社会主义现代化强国后,还要不要实行社会主义市场经济体制?如果还要实行社会主义市场经济体制,就要继续允许民营经济包括个体工商户和私营经济存在与发展。因为市场经济是以市场主体多元化为前提的,单一的社会主义公有制是不能搞市场经济的。迄今为止世界各国经济发展的实践证明,市场是比较有效配置资源的手段,目前世界上已经实现现代化的30多个国家(根据国际货币基金组织的数据,2019年全球共有39个发达经济体,它们的人均GDP达48250美元),都是通过实行市场经济体制做到的,而且在实现现代化后全都继续实行市场经济体制,仍有发展空间,说明市场经济体制具有的生产力发展的空间还不小。我国按计划到21世纪中叶实现现代化后,人均GDP仍与发达的市场经济国家有相当距离,估计还要经过相当长一段时间才能达到发达国家的水平,至于要做到具有比资本主义发达国家更高的劳动生产率,以充分显示社会主义制度的优越性,则需要更长的时间。所以,我国在实现现代化后,仍需继续发挥市场优化资源配置的作用,继续实行社会主义市场经济体制,继续坚持公有制为主体、多种所有制经济共同发展,继续发挥社会主义和市场经济的优越性,在经济上追赶甚至超过发达的资本主义国家。因此,"两个毫不动摇"的方针必须长期坚持,不能轻率否定。

还有,人类社会进入21世纪以来,人们对美好生活的需求越来越高端化、多样化、精细化、个性化,社会化大生产未能像过去那样不断排挤小生产,而是互相配套,规模经济效应则在一些领域衰减,我们至今还看不到由于生产社会化程度不

---

① 裴长洪:《中国公有制主体地位的量化估算及其发展趋势》,《中国社会科学》2014年第1期。

断提高要求实行单一社会公有制的经济前景。所有发达的市场经济体，都是大中小企业并存，互相补充，共同发展，而且小微企业占绝大多数，这证明小微企业有很强的生命力。因此，我国个体工商户及与此相联系的私营企业具有长远的发展前景应是无疑义的。

第四，民营经济如何健康发展？随着民营经济特别是私营经济的不断发展壮大，私营经济如何健康发展、私营企业家如何健康成长也提上日程。

一方面，要鼓励有条件的私营企业建立现代企业制度。我国私营企业大多数是家族企业，实行家族式管理，中小企业更是清一色的家族企业。我们不能完全否定家族式管理。有些华人控制的世界知名大企业、大公司也是实行家族式管理的，我国香港、台湾地区就有不少工商望族。但家族式管理也存在不少缺点。比如，家族式管理在用人上一般使用亲人、亲戚和熟人，而不是在企业家市场上寻聘具有现代商业意识和管理经验的职业经理人。还有，现代公司制均有一套出资人和经营者之间协调运转、相互制衡的治理结构，有较好的纠错机制；而家族式管理则往往老板一个人说了算，错误决策很难纠正过来。所以，私营企业做大、资本实力壮大后，应鼓励其建立现代企业制度即实行现代公司制，引入战略投资者或其他投资者，最好是在资本市场上市，按《中华人民共和国公司法》规范公司各项活动，完善出资人和经营者分开和互相制衡的公司法人治理结构，让职业经理人执掌和组织公司生产经营活动，遵纪守法，更好地参与市场竞争，创出品牌，做强做优做大，为国家的现代化建设作出更大的贡献。

另一方面，要鼓励私营企业和企业家更多更好地承担社会责任，推动民营经济在实现绿色发展、文明发展、共同富裕中发挥良好的作用。社会责任是企业文化的重要内容，也是企业核心竞争力的重要内容。社会责任的主要内容包括改善利益相关者的生活质量，为保护环境和可持续发展作贡献。民营企业也是这样。民营企业的发展战略必须认真考虑是否有利于公众利益、生态环境、社会进步和谐。就拿促进共同富裕来说，我国远未达到普遍富裕的程度，相对贫困的人口还有上亿，月收入千元的低收入者还有5亿多。政府除了要大力加强社会保障制度建设外，还要完善税收等政策，以调节过高收入，同时对慈善捐献部分免征所得税，鼓励私营企业和企业家多做公益事业，促进私营企业和企业家热心慈善捐赠活动，把赚到的钱尽可能多地回馈社会，热心帮助后富者和低收入群体，发扬中华民族乐善好施的优良传统。目前我国慈善捐赠金额占GDP的比重太低，不到1%，比一些发达国家低很多（有资料显示，2020年美国捐赠总额达4714亿美元，占GDP的2.3%），发展空间很大，亟须加快赶上去。这对合理调整居民收入分配结构是很重要的。

第五章

构建全国统一大市场

价值规律是市场经济的基本规律,竞争是市场经济的本质要求。充分发挥市场在资源配置中的决定性作用,更好发挥政府作用,迫切需要加快建设高效规范、公平竞争、充分开放的全国统一大市场,促进商品、服务、生产要素和资源在全国范围内自由流动,形成顺畅的经济大循环。在现代市场经济中,全国统一大市场具有特别重要的价值,它能够驱动资源要素不停地流动,为消费者和生产者提供更多选择机会和有效指引并促进机会均等;能够充分发挥范围经济和规模经济的作用,形成经济的整体优势,从而保证经济持续繁荣和社会充满活力。

本章系国家社会科学基金项目《资本特性和行为规律研究》(22AJL013)的阶段性成果。

| 第一节 |

全国统一大市场政策演进脉络

我国经济体制改革的实质是稳步引入市场机制并发挥其作用，而市场体系的发育是市场机制发挥作用的前提和基础。全国统一大市场概念的提出和完善几乎贯穿我国市场取向改革的整个历史进程，有一条清晰的理论和政策演进脉络，标志着我国对现代市场经济内部结构的认识日益加深，也日益科学化。

1978年召开的党的十一届三中全会开启了我国改革开放的历史新征程，大会明确提出："坚决实行按经济规律办事，重视价值规律的作用。"[①] 承认和重视价值规律的作用，就意味着市场体系启动并逐步演化，二者具有内在的理论和实践一致性。1980年10月颁布的《国务院关于开展和保护社会主义竞争的暂行规定》明确指出："开展竞争必须打破地区封锁和部门分割。任何地区和部门都不准封锁市场，不得禁止外地商品在本地区、本部门销售。……采取行政手段保护落后，抑制先进，妨碍商品正常流通的作法，是不合法的，应当予以废止。"提出把"竞争逐步开展起来，在我国经济生活中显示出它的活力，推动着经济的发展和技术的进步"。这是国务院第一次明确就打破封锁和垄断、开展市场竞争作出的专门政策规定。1987年，党的十三大报告提出了"加快建立和培育社会主义市场体系"，指出"社会主义的市场体系还必须是竞争的和开放的；垄断的或分割的市场不可能促进商品生产者提高效率，封闭的市场不利于发展国内的合理分工和促进国际贸

---

① 中共中央文献研究室编《三中全会以来重要文献选编》（上），中央文献出版社，2011，第6页。

易"①。1992年,党的十四大提出我国经济体制改革的目标是建立社会主义市场经济体制,为竞争机制的作用和市场体系的发展开辟了广阔的空间,明确指出"通过价格杠杆和竞争机制的功能,把资源配置到效益较好的环节中去,并给企业以压力和动力,实现优胜劣汰","要大力发展全国的统一市场,进一步扩大市场的作用,……引导市场健康发展"②。这是党的重要文献中首次提到"全国的统一市场"概念,具有重大的理论和实践创新意义。1993年,党的十四届三中全会通过的《中共中央关于建立社会主义市场经济体制若干问题的决定》蕴含着丰富的建设统一市场和促进公平竞争的思想,提出"国家要为各种所有制经济平等参与市场竞争创造条件,对各类企业一视同仁",并且单独设立"培育和发展市场体系"部分来论述市场体系建设,指出"发挥市场机制在资源配置中的基础性作用,必须培育和发展市场体系。当前要着重发展生产要素市场,规范市场行为,打破地区、部门的分割和封锁,反对不正当竞争,创造平等竞争的环境,形成统一、开放、竞争、有序的大市场"③。1997年,党的十五大进一步提出:"要加快国民经济市场化进程。……改革流通体制,健全市场规则,加强市场管理,清除市场障碍,打破地区封锁、部门垄断,尽快建成统一开放、竞争有序的市场体系,进一步发挥市场对资源配置的基础性作用。"④2003年,党的十六届三中全会通过的《中共中央关于完善社会主义市场经济体制若干问题的决定》重申"建设统一开放竞争有序的现代市场体系"⑤。2007年,党的十七大再次提出:"加快形成统一开放竞争有序的现代市场体系,发展各类生产要素市场,完善反映市场供求关系、资源稀缺程度、环境损害成本的生产要素和资源价格形成机制,规范发展行业协会和市场中介组织,健

---

① 中共中央文献研究室编《十三大以来重要文献选编》(上),中央文献出版社,2011,第26页。

② 中共中央文献研究室编《十四大以来重要文献选编》(上),中央文献出版社,2011,第16页。

③ 中共中央文献研究室编《十四大以来重要文献选编》(上),中央文献出版社,2011,第458页、第459页。

④ 中共中央文献研究室编《十五大以来重要文献选编》(上),中央文献出版社,2011,第21页。

⑤ 中共中央文献研究室编《十六大以来重要文献选编》(上),中央文献出版社,2005,第465页。

全社会信用体系。"①从此,"统一开放、竞争有序"成为我国现代市场体系和全国统一市场建设的基本目标。2007年,全国人大通过了《中华人民共和国反垄断法》,并决定从2008年8月1日起施行,这是我国竞争政策和全国统一市场演进过程中的一个里程碑。《中华人民共和国反垄断法》第一次在法律层面明确提出了竞争政策的概念,涉及有关维护和促进市场竞争、统一大市场的许多关键要素。

2012年党的十八大以来,我们党对市场经济和市场体系建设的认识进入新的历史阶段。2013年党的十八届三中全会通过的《中共中央关于全面深化改革若干重大问题的决定》提出"使市场在资源配置中起决定性作用和更好发挥政府作用",把市场的作用提升到新的理论和实践高度。决定还明确指出"建设统一开放、竞争有序的市场体系,是使市场在资源配置中起决定性作用的基础","清理和废除妨碍全国统一市场和公平竞争的各种规定和做法,严禁和惩处各类违法实行优惠政策行为,反对地方保护,反对垄断和不正当竞争"。2014年党的十八届四中全会通过的《中共中央关于全面推进依法治国若干重大问题的决定》提出:"社会主义市场经济本质上是法治经济。使市场在资源配置中起决定性作用和更好发挥政府作用,必须以保护产权、维护契约、统一市场、平等交换、公平竞争、有效监管为基本导向,完善社会主义市场经济法律制度。……反对垄断,促进合理竞争,维护公平竞争的市场秩序。"2015年3月发布的《中共中央 国务院关于深化体制机制改革加快实施创新驱动发展战略的若干意见》提出:"探索实施公平竞争审查制度。"②公平竞争审查制度在我国具有特殊及重要的意义。我国市场经济是从高度集中的计划经济走过来的,政府介入经济程度较深,干预范围较广,滥用行政权力和政策手段限制、排除和隔离竞争,扭曲生产要素流动的可能性和空间较大,行政性垄断尤其突出,如何事前防范政府借助政策措施乃至法律手段排除、限制竞争就显得十分重要。2015年10月发布的《中共中央 国务院关于推进价格机制改革的若干意见》提出要"逐步确立竞争政策的基础性地位",第一次在政策层面用"竞

---

① 中共中央文献研究室编《十七大以来重要文献选编》(上),中央文献出版社,2009,第20页。
② 中共中央文献研究室编《十八大以来重要文献选编》(中),中央文献出版社,2016,第422页。

争政策的基础性地位"回应党的十八届三中全会提出的"使市场在资源配置中起决定性作用和更好发挥政府作用",从此,竞争政策的基础地位开始确立。党的十九大对加快完善社会主义市场经济体制进行了战略部署,提出为了适应经济发展阶段的转换,必须加快完善社会主义市场经济体制,加快推进要素的市场化配置,全面实施市场准入负面清单制度,打破行政性垄断、防止市场垄断等,以"实现产权有效激励、要素自由流动、价格反应灵活、竞争公平有序、企业优胜劣汰"。党的十九届四中全会聚焦社会主义市场经济的制度建设,提出"建设高标准市场体系,完善公平竞争制度,全面实施市场准入负面清单制度,……强化竞争政策基础地位,落实公平竞争审查制度,加强和改进反垄断和反不正当竞争执法。健全以公平为原则的产权保护制度,……推进要素市场制度建设",把强化竞争政策的基础地位提升到社会主义市场经济支持性制度的高度。2020年5月印发的《中共中央 国务院关于新时代加快完善社会主义市场经济体制的意见》,提出夯实市场经济基础性制度,保障市场公平竞争,构建更加完善的要素市场化配置体制机制,指出要"建设高标准市场体系,全面完善产权、市场准入、公平竞争等制度,筑牢社会主义市场经济有效运行的体制基础"。

2022年4月10日,《中共中央 国务院关于加快建设全国统一大市场的意见》发布,这是我国构建高水平社会主义市场经济体制历史进程中的一部重要文献,是我们党自改革开放以来关于全国统一大市场建设重要论述的集大成者,系统阐释了构建全国统一大市场的指导思想、工作原则和主要目标,明确了推动建设全国统一大市场的重点任务。该意见科学归纳出加快建设全国统一大市场的关键领域和重要环节:第一,强化市场基础制度规则统一,包括完善统一的产权保护制度、实行统一的市场准入制度、维护统一的公平竞争制度、健全统一的社会信用制度;第二,推进市场设施高标准联通,包括建设现代流通网络、完善市场信息交互渠道、推动交易平台优化升级;第三,打造统一的要素和资源市场,包括健全城乡统一的土地和劳动力市场、加快发展统一的资本市场、加快培育统一的技术和数据市场、建设全国统一的能源市场、培育发展全国统一的生态环境市场;第四,推进商品和服务市场高水平统一,包括健全商品质量体系、完善标准和计量体系、全面提升消费服务质量;第五,推进市场监管公平统一,包括健全统一市场监管规则、强化统一市场监管执法、全面提升市场监管能力；第六，进一步规范不当市场竞争和市场干预行为，包括着力强化反垄断、依法查处不正当竞争行为、破除地方保护和区域壁垒、清理废除妨碍依法平等准入和退出的规定做法、持续清理招标采购领域违反统一市场建设的规定和做法。党的二十大报告把构建高水平社会主义市场经济体制作为加快构建新发展格局、推动高质量发展的重要一环，提出"构建全国统一大市场，深化要素市场化改革，建设高标准市场体系。完善产权保护、市场准入、公平竞争、社会信用等市场经济基础制度，优化营商环境"[①]。

  从以上分析可以看出，随着我国市场取向改革的不断推进，我们党对全国统一大市场在社会主义市场经济乃至中国式现代化建设中的地位、作用有了越来越深入和科学的认识，对于如何构建全国统一大市场有了越来越清晰的政策思路和举措，我们可以从中得出两个重要认识：第一，全国统一大市场是发挥市场在资源配置中的决定性作用和更好发挥政府作用的重要基础；第二，构建全国统一大市场的关键是完善产权保护、市场准入、公平竞争、社会信用、公平监管、政绩考核等市场经济基础制度，制度建设至关重要。

[①] 习近平：《高举中国特色社会主义伟大旗帜 为全面建设社会主义现代化国家而团结奋斗》，人民出版社，2022，第29页。

第二节

构建全国统一大市场的理论逻辑和实践逻辑

2021年12月17日,习近平在中央全面深化改革委员会第二十三次会议上指出:"发展社会主义市场经济是我们党的一个伟大创造,关键是处理好政府和市场的关系,使市场在资源配置中起决定性作用,更好发挥政府作用。构建新发展格局,迫切需要加快建设高效规范、公平竞争、充分开放的全国统一大市场,建立全国统一的市场制度规则,促进商品要素资源在更大范围内畅通流动。"这充分阐明了建设全国统一大市场在构建高水平社会主义市场经济体制和实现高质量发展中的重要地位。建设全国统一大市场具有深刻的理论逻辑和实践逻辑。

一、构建全国统一大市场的理论逻辑

(一)市场扩展与分工相互促进、循环累积

亚当·斯密对分工与市场规模相互关系的分析有助于我们把握建设全国统一大市场的理论逻辑。亚当·斯密认为,分工能够促进劳动生产率的提高。他说:"劳动生产力上最大的增进,以及运用劳动时所表现的更大的熟练、技巧和判断力,似乎都是分工的结果。"[1]不仅如此,亚当·斯密还进一步认为,分工是经济增长和社会发展的根本原因,"在一个政治修明的社会里,造成普及到最下层人民的那种

---

[1] 亚当·斯密:《国民财富的性质和原因的研究》(上卷),王亚南译,商务印书馆,1988,第6页。

普遍富裕情况的，是各行各业的产量由于分工而大增"①。对此，熊彼特在《经济分析史》中这样写道："在斯密看来，分工是导致经济进步的唯一原因。……技术进步、'各种机器的发明'甚或投资，都是由分工引起的，实际上只不过是分工的附属品。"②

分工对经济增长和社会进步如此重要，那么，分工的广度和深度又是由什么因素决定的呢？亚当·斯密指出："分工起因于交换能力，分工的程度因此总要受交换能力大小的限制，换言之，要受市场广狭的限制。市场要是过小，那就不能鼓励人们终生专务一业。"③这就指明了分工的程度受到市场规模和统一性的制约。他举例说，苏格兰地广人稀，市场过于狭小，妨碍了分工的进步；而地中海沿岸因为水运发达，挖掘了现有市场，开拓了新市场，从而促进了分工的发展。

（二）全国统一市场促进要素自由流动和社会生产力质的飞跃

马克思主义经典作家对于市场的扩大和统一促进分工发展、资源配置优化和社会生产力发展作了深刻的分析，认为三者之间存在循环累积的相互促进关系④。马克思、恩格斯在《共产党宣言》中就明确指出了这一点："美洲的发现、绕过非洲的航行，给新兴的资产阶级开辟了新天地。东印度和中国的市场、美洲的殖民化、对殖民地的贸易、交换手段和一般商品的增加，使商业、航海业和工业空前高涨，……以前那种封建的或行会的工业经营方式已经不能满足随着新市场的出现而增加的需求了。工场手工业代替了这种经营方式……各种行业组织之间的分工随着各个作坊内部的分工的出现而消失了。但是，市场总是在扩大，需求总是在增加。甚至工场手工业也不再能满足需要了。于是，蒸汽和机器引起了工业生产的革

---

① 亚当·斯密：《国民财富的性质和原因的研究》（上卷），王亚南译，商务印书馆，1988，第11页。

② 约瑟夫·熊彼特：《经济分析史》第1卷，朱泱、孙鸿敞、李宏、陈锡龄译，商务印书馆，1991，第285页。

③ 亚当·斯密：《国民财富的性质和原因的研究》（上卷），王亚南译，商务印书馆，1988，第16页。

④ 向国成、刘晶晶、罗曼怡：《马克思恩格斯的分工与市场思想及其当代价值》，《经济学动态》2021年第9期。

命。现代大工业代替了工场手工业。……大工业建立了由美洲的发现所准备好的世界市场。世界市场使商业、航海业和陆路交通得到了巨大的发展。这种发展又反过来促进了工业的扩展。"[1]市场的扩大和统一促进了生产力质的飞跃,"自然力的征服,机器的采用,化学在工业和农业中的应用,轮船的行驶,铁路的通行,电报的使用,整个整个大陆的开垦,河川的通航,仿佛用法术从地下呼唤出来的大量人口——过去哪一个世纪料想到在社会劳动里蕴藏有这样的生产力呢?"[2]列宁对社会分工、商品发展和市场规模亦有过深刻的分析,指出:"'市场'这一概念和社会分工……这一概念是完全分不开的。哪里有社会分工和商品生产,哪里就有'市场';社会分工和商品生产发展到什么程度,'市场'就发展到什么程度。市场量和社会劳动专业化的程度有不可分割的联系。"[3]从马克思、恩格斯、列宁的上述论述中,我们可以清晰地看出市场扩大、分工发展和生产力发展之间的循环累积、相互促进的机制。

马克思在分析利润的平均化,也就是资源动态配置过程时,强调竞争和生产要素流动的重要性,而这恰恰是全国统一市场的两个关键要素。首先,平均利润的形成有赖于充分的市场竞争,特别是部门间的竞争。只有当投资于不同部门的资本能够围绕争夺有利投资场所而展开激烈竞争,从而驱使各种生产要素不停流动时,平均利润才能最终得以形成。平均利润的形成也就标志着资源配置达到了最优状态。当然,这只是一种暂时的均衡状态,一旦有新因素打破这种状态,新一轮的竞争又将开始。其次,生产要素的充分自由流动是竞争得以充分展开和资源实现动态最优配置的条件。马克思认为,竞争的展开需要以下两个重要条件:一是"资本有更大的活动性,也就是说,更容易从一个部门和一个地点转移到另一个部门和另一个地点";二是"劳动力能够更迅速地从一个部门转移到另一个部门,从一个生产地点转移到另一个生产地点"。这就要求"社会内部已有完全的贸易自由,消除了自然垄断以外的一切垄断","废除了一切妨碍工人从一个生产部门转移到另一个生

---

[1] 马克思、恩格斯:《共产党宣言》,人民出版社,2018,第28—29页。
[2] 马克思、恩格斯:《共产党宣言》,人民出版社,2018,第32页。
[3] 列宁:《列宁全集》第1卷,人民出版社,1984,第79页。

产部门，或者从一个生产地点转移到另一个生产地点的法律"①。

二、构建全国统一大市场的实践逻辑

从实践看，建设全国统一大市场是发挥我国超大规模经济优势，特别是超大规模市场优势的基础和前提。

我国是一个经济大国、人口大国、生产大国、消费大国，具有典型的大国经济发展特征，拥有发挥规模经济和范围经济的巨大潜在优势。2010年我国跃升为世界第二大经济体，2022年，国内生产总值达121万亿元，劳动力近7.5亿，固定资产投资近58万亿元，人均GDP达65698元，人均可支配收入达36883元，社会消费品零售额近44万亿元。市场主体规模庞大，2022年，我国规模以上工业企业451362家，资产总额1561197亿元；限额以上批零住餐企业371277家，资产总额527639亿元；规模以上服务业企业207252家，资产总额1371473亿元②。并且，我国幅员辽阔，区域自然条件、资源禀赋、历史特点、发展水平和相对优势差异很大，且多处在产业链的不同位置，具有明显的互补关系。大国经济具有内在的发展优势，比如资源供给充裕的优势、市场规模庞大的优势、产业体系完整的优势、经济韧性较强的优势③。亚当·斯密曾指出中国的规模经济优势，他说："中国幅员是那么广大，居民是那么多，气候是各种各样，因此各地方有各种各样的产物，各省间的水运交通，大部分又是极其便利，所以单单这个广大国内市场，就够支持很大的制造业，并且容许很可观的分工程度。……假设能在国内市场之外，再加上世界其余各地的国外市场，那末更广大的国外贸易，必能大大增加中国制造品，大大改进其制造业的生产力。"④发挥大国经济发展优势，形成超大规模国内市场和强大国内经济大循环，前提是存在一个全国统一大市场。在现代经济发展中，市场资源是特别

---

① 马克思、恩格斯：《马克思恩格斯文集》第7卷，人民出版社，2009，第218—219页。
② 国家统计局编《中国统计摘要·2023》，中国统计出版社，2023。
③ 欧阳峣：《大国经济特征、优势识别与发展格局》，《人民论坛·学术前沿》2023年第7期。
④ 亚当·斯密：《国民财富的性质和原因的研究》（下卷），王亚南译，商务印书馆，1988，第247页。

重要的资源，随着我国经济发展进入新阶段，经济发展的综合优势也发生变化：劳动力和自然资源要素的低成本优势在逐步丧失，技术模仿的后发优势在逐步缩小，唯有市场规模优势日趋重要[①]。

全国统一大市场将塑造和实现我国经济的整体优势：第一，全国统一大市场的规模优势促进了分工细化和分工深化。从分工细化来看，市场规模扩大使市场需求提升，一些原本处于企业内部的加工环节和中间品制造环节将会因越过了规模经济门槛而被独立出来，进而形成新的生产门类和产业部门，由此促进并拉长了社会分工的链条；从分工深化来看，市场规模扩大使消费需求趋向多样化，新的需求不断酝酿和产生，这就要求企业必须进行创新，如改变产品样式、提高产品复杂度，甚至生产全新的产品，从而促使生产的中间环节和中间品生产不断增多，由此促进分工的深化。从宏观上看，全国统一大市场建设把原来彼此分割的市场联结为一个整体，商品、服务和各类生产要素跨区域流动，这将有利于重塑生产力总体布局和国内产业分工格局，形成新的经济版图，有效提高各类资源的配置效率，释放强大的市场潜力和消费潜力。从微观上看，分工深化和分工细化使企业更加专注于某一细分领域，从而涌现一大批专精特新企业[②]。第二，全国统一大市场形成的超大规模市场优势能够激励创新。工业革命的历史经验表明，一些具有革命性意义的技术创新往往发生在拥有超大市场规模的国家。超大市场规模可以最大限度地分散创新风险和降低创新成本，并有效配置和聚集创新资源，而技术创新一旦成功，生产出新的产品，创新收益将是巨大和持久的。当创新的风险和成本被大大降低时，将会有越来越多的企业愿意从事技术创新活动，从而形成创新的良性循环[③]。第三，全国统一大市场能够优化经济的空间布局。在全国统一大市场上，不同区域会基于自身的禀赋和比较优势选择在产业链、供应链、创新链上的适当环节和位置，这样就可以避免重复投资和产业结构雷同，以及随后的过度竞争所造成的资源浪费。全

---

① 欧阳峣：《大国经济特征、优势识别与发展格局》，《人民论坛·学术前沿》2023年第7期。

② 罗小芳、卢现祥：《交易成本、普遍制度与全国统一大市场》，《经济学动态》2023年第6期。

③ 罗小芳、卢现祥：《交易成本、普遍制度与全国统一大市场》，《经济学动态》2023年第6期。

国统一大市场形成的本土市场互动效应和市场规模诱致效应有利于推动产业转型和升级。我国数字产业的发展就是这方面的一个典型例子。我国数字产业的上游研发和下游应用都布局在人才、技术和资金更加密集的东南沿海等经济发达地区，而数据的存储、传输和计算则集中在电力、土地资源更加丰富廉价、资源环境更加适宜的中西部地区，这使得不同地区的比较优势得到了充分发挥[①]，无论其发展水平存在怎样的差异，都同时并入数字经济发展的时代大潮中。第四，全国统一大市场提供了实现共同富裕的机制。共同富裕是社会主义的本质要求。在社会主义市场经济条件下，要借助市场机制来促进共同富裕的实现。全国统一大市场通过市场把不同区域、城市和乡村有机联结起来，各类生产要素在区域间、城乡间自由流动，形成"劳动、资本、土地、知识、技术、管理、数据等生产要素由市场评价贡献、按贡献决定报酬的机制"[②]，这也将促使要素收入均等化。有研究表明，在全国统一大市场下，经济和人口会出现向少数地区的集中，同时全国范围内人均GDP差距也将缩小，从而促进了共同富裕的实现[③]。

我国已经开启了全面建设中国式现代化国家新征程，中国式现代化"既有各国现代化的共同特征，更有基于自己国情的中国特色"[④]。从世界各国现代化道路的共同点看，与现代化进程相伴随的是市场经济的现代化，其中一个重要方面就是全国统一市场的开拓和形成，并逐渐成为现代经济增长和现代社会生活的基石。以美国为例，在美国现代化进程中，全国统一市场的形成起到重要支撑作用，它的形成经历了起步期、发展期和形成期三个历史时期。起步期就确立了全国统一市场的制度性框架，最重要的是1787年通过的《美利坚合众国宪法》，为美国统一市场奠定了坚实的政治、法律基础，包括：统一国内税收制度及征税标准；由国会

[①] 罗小芳、卢现祥：《交易成本、普遍制度与全国统一大市场》，《经济学动态》2023年第6期。

[②] 《中共中央 国务院关于新时代加快完善社会主义市场经济体制的意见》，人民出版社，2020，第18页。

[③] 陆铭、陈钊等：《大国治理：发展与平衡的空间政治经济学》，上海人民出版社，2021。

[④] 习近平：《高举中国特色社会主义伟大旗帜 为全面建设社会主义现代化国家而团结奋斗》，人民出版社，2022，第22页。

处理州际贸易，禁止各州制定关税，保证货物免费通行；统一度量衡标准，制定统一的破产法；统一货币及汇率，联邦政府享有唯一的铸币权和货币管理权；保护知识产权。发展期消除了原材料、劳动力自由流动障碍，建成全美铁路网，打破地区封锁，将全国各个区域紧密连接起来，这标志着美国统一市场的形成。统一市场形成以后，为维护、巩固国内统一市场，促进市场自由竞争、提高经济运行效率，美国进一步采取以下举措：一是不断完善反垄断政策，对不正当竞争行为进行严厉打击；二是保护、支持小企业发展，为美国经济、市场注入活力；三是对国有企业行为进行严格限定，使之对自由市场的影响程度降到最低[1]。

改革开放以来，我国全国统一大市场建设取得了巨大进步：市场体系趋于完备，形成了商品和服务市场，包括土地、资本、劳动力、管理、技术等生产要素市场；数字经济的快速发展进一步推进了各类市场的发育和相互联系，得益于交通通信技术的进步和基础设施建设的成就，以及全国统一市场制度建设取得的重要进展，各级各类市场和区域市场逐步联结起来，全国统一大市场的雏形已初步形成。但是，从生产、分配、交换、消费等社会再生产四个环节的顺畅运转来看，从构建以国内大循环为主体、国内国际双循环相互促进的新发展格局来看，以及从发挥市场在资源配置中的决定性作用、更好发挥政府作用来看，我们离"统一开放、竞争有序"的现代市场体系目标还存在着很大的差距，加快建设全国统一大市场还有很长的路要走，且具有现实的紧迫性。

---

[1] 徐孝新：《美国统一市场建设实践及启示》，《当代经济管理》2016年第11期。

第三节

加快构建全国统一大市场

构建全国统一大市场需要克服许多障碍，有学者分析，形成这些障碍的因素主要有三类，即纵向政府治理因素、横向政府治理因素、垄断企业因素[①]；还有学者指出，全国统一大市场之所以难以建立起来，主要原因是制度性交易成本过高[②]。综合来看，政府对经济的不合理干预阻碍了全国统一大市场的形成。

第一，政府的不合理干预阻碍生产要素的发育完善。政府依然保持着对主要生产要素的强大行政控制力。一是政府直接控制土地要素的配置阻碍了统一土地市场的形成。政府不仅全面控制农村土地征用权和城市土地分配权，以及使用者的选择权、期限和用途等，而且在土地交易、管理等方面缺乏足够的灵活性，这不仅导致难以建立全国性建设用地、耕地指标的跨区域交易机制，而且使现有土地市场功能残缺和刚性僵化，限制了土地以及其他生产要素市场的利用效率。二是政府控制劳动力的流动和配置阻碍了统一劳动力市场的形成。户籍制度、公共福利制度等限制了劳动力跨地区、跨城乡、跨所有制流动的自由。三是政府直接或间接控制资本要素的配置阻碍了统一资本市场的形成。主要表现在，大型国有商业银行系统控制货币资本的运动，纵向的行政力量限制资本市场的发展，金融业对内、对外开放进展缓慢，尤其对民营企业开放力度甚小[③]。四是技术要素的制度分割阻碍了统一

[①] 刘志彪：《全国统一大市场》，《经济研究》2022年第5期。

[②] 罗小芳、卢现祥：《交易成本、普遍制度与全国统一大市场》，《经济学动态》2023年第6期。

[③] 刘志彪：《全国统一大市场》，《经济研究》2022年第5期。

技术市场的形成。主要是科研人员职务科技成果所有权或长期使用权与处置权、收益权的制度分割，科技成果的学术评价与市场评价之间的制度分割，高等院校、科研机构与高技术使用企业之间的制度分割，技术要素与资本要素的制度分割[①]，这些制度分割使得技术的供求之间不能形成有效的衔接，技术市场的运转缺乏足够的动力。

第二，地方政府的不合理行政干预导致地区封锁和市场分割，商品、服务和生产要素不能跨区域自由流动。在财权分权体制的激励下和以GDP增长为核心的政绩考核体制下，出于经济增长和地方财政收入稳定目的，地方政府往往倾向于运用行政权力排除、限制外地企业竞争。例如，在本地开展的各种业务尤其是招投标和政府采购活动中，制定各种偏向于本地企业中标的政策，限制、排斥外地企业参与；以限定或变相限定交易为目的，制定含有排除、限制竞争内容的规定，有时甚至不惜制定违反国家法律的地方性法规和优惠政策来谋取竞争优势。同时，地方政府为避免优质资源和要素外流，也会以行政或制度手段为本地企业创造优势条件，阻碍生产要素流动和产业结构调整[②]。

第三，政府出台的不合理干预政策等导致制度性交易成本偏高。政府出台的不合理的规定、政策、法规和法律，导致市场摩擦和妨碍市场的平滑运行，引起制度性交易成本。在我国，与制度、产权、规则、契约等相关的制度性交易成本偏高。制度性交易成本严重阻碍全国统一大市场的形成。有学者研究，在中国国内贸易总成本中，制度性贸易成本占到21.7%，制度性贸易成本若能降低50%，中国整体福利水平将因此提升5.9%，欠发达地区在此过程中获益更多[③]。

除了政府的不合理干预阻碍全国统一大市场形成以外，由经济因素形成的市场垄断也可以导致市场分割。随着市场经济纵深发展、企业规模扩大和新技术、新产业、新组织形态的出现，这一因素的作用会越来越显著。当前阻碍全国统一大市场形成的垄断因素主要有两种：一是在关键技术、品牌或者渠道等方面具有市场势力

---

① 刘志彪：《全国统一大市场》，《经济研究》2022年第5期。
② 韩保江、崔笑李：《加快全国统一大市场建设的科学内涵和重大意义》，《中国经济时报》2023年6月20日第4版。
③ 韩佳容：《中国区域间的制度性贸易成本与贸易福利》，《经济研究》2021年第9期。

的企业，利用技术优势或市场势力操纵市场；二是具有网络控制力的平台企业，利用市场势力控制市场，侵占中小企业和消费者利益，造成不公平竞争[①]。

加速构建全国统一大市场，可以从以下几个方面着手：

第一，加强党对全国统一大市场建设工作的领导。建设全国统一大市场，旨在通过全国范围内商品、服务以及生产要素的自由流动和自由竞争，加强与外部市场的联系，实现资源和要素的有效配置，增进社会共同利益和长远利益。在这个过程中，必然会遇到局部利益和整体利益、短期利益和长远利益的尖锐冲突。消除市场分割、各类保护主义和歧视性行为，必然要打破现有的利益分配格局，毫无疑问会招致既得利益集团的极力阻挠。即便全国统一大市场形成，破坏全国统一大市场的各种现实和潜在危险也不会彻底清除，维护、巩固统一大市场仍任重而道远。因此，政治决断和引领是至关重要的。必须在党中央的集中统一领导下，统一市场经济的基础制度和规则，对地方政府和政府部门的职能和行为进行规范，推动地区和部门间建立良性的合作和竞争机制，引导各地区基于资源禀赋和动态竞争优势形成各具特色的经济结构，有效避免产业同质化，以此获得国家整体优势。

第二，有效降低制度性交易成本。制度性交易成本实际上是体制性摩擦成本，主要指企业或经济主体因遵循政府制定的各种制度、规章、政策而需要付出的成本。制度性交易成本会增加市场运行的摩擦力，阻碍商品、服务、生产要素的自由流动，从而妨碍统一大市场的形成。《中共中央 国务院关于加快建设全国统一大市场的意见》指出："破除妨碍各种生产要素市场化配置和商品服务流通的体制机制障碍，降低制度性交易成本。"

有效降低制度性交易成本有以下三个主要方法：

一是消除各种不合理的制度规则，包括消除各种不合理的监管措施、政策、法规、法律等。不合理的制度规则就像竞技场上的绊脚石，会妨碍市场竞争的公平公正，会大大缩小和限制市场主体的选择空间和交易自由，降低商品、服务和生产要素的流动性和配置效率，从而带来高昂的制度性交易成本。政府制定的制度规则应限于矫正市场失灵和维护公平的市场竞争秩序，超出这一范围的制度规则就像给市场主体戴上枷锁，影响市场活力。因此，降低制度性交易成本的首要工作就是消除

---

① 刘志彪：《全国统一大市场》，《经济研究》2022年第5期。

各种不符合现代市场经济运行规律的监管措施、政策、法规、法律。

二是建立普遍制度。普遍制度是相对于特殊制度而言的。特殊制度是适用于特定区域、特定人群和特定市场主体的制度，是高度人格化的制度。地方保护及市场分割实质上是特殊制度的产物。普遍制度则不同，它具有以下特点：普适性，囊括所有地区、市场主体和市场交易；非人格化，与市场主体的身份、地位等特征无关，为所有市场主体提供公平、开放的机会；统一性，对所有市场主体平等对待，不存在歧视性规定和条款。《中共中央 国务院关于加快建设全国统一大市场的意见》强调"市场基础制度规则统一"，实质就是强调建立普遍制度，以此作为全国统一大市场的制度基础。

普遍制度中最基本的制度规则包括以下几方面。第一，统一的产权保护制度。依法平等保护各种所有制经济产权，如建立统一规范的涉产权纠纷案件执法司法体系，执行统一规范的行政执法和司法裁判标准。第二，统一的市场准入制度。严格落实"全国一张清单"，严禁各地区各部门自行制定具有市场准入性质的负面清单，维护市场准入清单制度的统一性、严肃性、权威性，建立全国统一的登记注册数据标准，等等。第三，统一的公平竞争制度。对各类市场主体一视同仁、平等对待，在反垄断和反不正当竞争中统一审查标准，规范审查程序。第四，统一的社会信用制度。建立信用信息共享和整合机制，形成覆盖全部信用主体、所有信用信息类别、全国所有区域的信用信息网络。

三是不偏不倚地执行统一的制度规则。制度规则的有效性最终取决于它的实际执行情况，即使制度规则是统一的，但如果得不到公平公正的执行，同样会造成市场的支离破碎和产生高昂的制度性交易成本。一些地方政府出于维持本地经济增长等局部利益，在执法和司法过程中往往会对本地企业和外地企业区别对待，如一些地方政府对本地企业的产权转让和保护与对外地企业的产权转让和保护是有差异的，在产权纠纷案件中在产权保护的司法程序及执法力度上偏向本地企业，这些都会严重影响生产要素的流动和全国统一大市场的形成。

第三，充分发挥数字经济在建设全国统一大市场中的积极作用。数字经济的发展会极大地改变市场结构、市场主体选择参数和选择范围，能够使商品、服务和生产要素越过看似不可能越过的制度障碍，在更大范围内流动和配置。这是因为数据要素跨区域、跨行业高效联通，大大降低了企业获取生产要素的各类成本，并赋能劳动力、资本、信息等其他要素，消除地方保护等诸多壁垒，无形中降低了市场交易成本和制度性交易成本[1]。可以预期，数字技术的广泛应用能够有效打破市场分割和区域限制，借助网络空间实现现实空间中城乡、区域联通和国内国外的相互链接，同时还能减少信息不对称，提高市场运行效率和企业利润水平。以平台经济为例，它实际上已经建立了一个跨城乡、跨区域甚至跨国界的统一大市场。

我国数字经济发展非常迅速，在世界上处于靠前位置。以服务业数字化为例，电子商务、移动支付规模全球领先，网约车、网上外卖、智慧旅游等市场规模不断扩大，全国网络零售市场规模连续9年居于世界首位。近年来，我国电子商务交易额保持快速增长，由2012年的8万亿元增长至2021年的42.3万亿元，年均增长20.3%。在数字技术快速发展和应用的背景下，物流配送、信息传播等领域的数字经济业态加快发展，推动了产品和服务市场的高标准联通、数字化改革和智能化升级[2]。为了充分发挥数字经济在建设全国统一大市场中的引领和支撑作用，需要加强数字经济制度建设以及数字经济基础设施建设，对数据所有权、使用权、收益权作出明确的法律和政策规定，加快建立一套权威通用的数据交易体系，以及与之相配套的数据交易制度和治理体系，通过数字技术广泛应用来跨越现有的一部分制度障碍，进一步降低制度性交易成本。

---

[1] 王京生：《以数据要素市场为引领 建设高质量的全国统一大市场》，《中国行政管理》2022年第9期。

[2] 罗小芳、卢现祥：《交易成本、普遍制度与全国统一大市场》，《经济学动态》2023年第6期。

| 第四节 |

确立竞争政策的基础性地位和构建全国统一大市场

确立竞争政策的基础性地位,与建设全国统一大市场具有理论和实践逻辑的内在一致性。全国统一大市场为机会开放和公平竞争提供了舞台,而竞争会冲破各种阻碍流动性的藩篱,使不同的市场相互联结在一起。近年来,在党和政府的重要文件中,一再强调确立竞争政策的基础性地位,充分表明竞争在建设高水平社会主义市场经济体制和全国统一大市场中的重要地位。

一、竞争的价值

理解竞争政策的基础性地位,需要深刻认识竞争在市场经济和资源配置中的重要作用。马克思在谈到商品经济中竞争的地位和作用时指出,商品生产者"不承认任何别的权威,只承认竞争的权威,只承认他们互相利益的压力加在他们身上的强制"[1]。这就是说,竞争是市场经济的必然现象,是商品生产者行为的基本引导和强制力量,是价值规律发生作用的主要机制,能够驱使生产要素流动,实现优胜劣汰,使经济持续充满生机活力。从长期来看,通过竞争的动态调节,市场机制可以改善和优化经济结构,促使供给与需求有机地衔接起来。从这种意义上讲,竞争机制可以缓解我国长期以来存在的地区间重复投资和产能过剩这一经济顽疾,消除落后和无效产能以及低质和无效供给。联邦德国前总理、经济学家艾哈德在《来自竞争的繁荣》一书中高度评价竞争的作用,他说:"竞争是获致繁荣和保证繁荣最有

---

[1] 马克思:《资本论》第1卷,人民出版社,2004,第394页。

效的手段。只有竞争才能使作为消费的人们从经济发展中受到实惠。"① 有研究表明,"过去250年来,全球各大经济体取得的所有主要发展成就几乎都来自市场竞争和自由贸易环境"②。

具体而言,竞争的重要价值体现在以下几个方面:

第一,提高资源的配置效率和利用效率。竞争极大地提高了资源和生产要素的流动性,驱使资源从低效率的领域、环节和企业流向高效率的领域、环节和企业,从而提高经济的总体效率,实现经济的整体优势。因此,"为了确保社会资源被用在总体生产率年年都会提高且不断变化的企业群体中,就必须通过市场竞争来淘汰低效率的企业"③。

第二,提高消费者的福利。马克思指出:"商品价值从商品体跳到金体上,像我在别处说过的,是商品的惊险的跳跃。这个跳跃如果不成功,摔坏的不是商品,但一定是商品所有者。"④ 因此,在竞争和生存的压力下,生产者为了实现"惊险的跳跃",会不停地探寻消费者的现实和潜在需求,并以有竞争力的价格向市场提供自己的产品。结果,消费者得到物美价廉的商品,选择的范围和自由度大了,消费感受和生活质量相比没有竞争显著地提升了。而那些质次价高的商品和商家将会被消费者的货币"选票"淘汰掉。"竞争不但能满足消费者的不同偏好,还能尽可能地提供最低价格。"⑤

第三,迫使隐藏信息显示出来。在实际经济运行中,诸如产品质量、生产成本和生产技术等信息,属于企业内部信息甚至是商业秘密,购买者等外部人是很难直接获得的,就是政府的监管机构也难以掌握,而这些信息却是影响产品价格的重要

---

① 路德维希·艾哈德:《来自竞争的繁荣》,祝世康、穆家骥合译,商务印书馆,1987,第11页。
② 威廉·科瓦西奇、林至人、德里克·莫里斯编著《以竞争促增长:国际视角》,中信出版社,2017,第3页。
③ 威廉·科瓦西奇、林至人、德里克·莫里斯编著《以竞争促增长:国际视角》,中信出版社,2017,第4页。
④ 马克思:《资本论》第1卷,人民出版社,2004,第124页。
⑤ 威廉·科瓦西奇、林至人、德里克·莫里斯编著《以竞争促增长:国际视角》,中信出版社,2017,第87—88页。

因素。如果没有竞争，就没有对比，企业也没有内在的激励来披露这些信息，而购买者难以鉴别和比较，质次价高的商品就有可能充斥市场。竞争和统一市场能够使企业有揭示自身隐匿信息的内在激励，迫使生产者自动打开产品质量、生产成本和生产技术等"黑箱"以显示自己的竞争优势，从而给购买者提供足够的选择信息和有效的行动指引。

第四，促进创新的"永动机"。只有当生产者的个别劳动时间少于社会必要劳动时间时，生产者才能在竞争中处于优势地位和获取超额利润。这会迫使生产者不断地寻求新技术、新产品、新业态、新组织形式，力求走在同行甚至整个市场的前列。更为重要的是，一家企业，无论它在满足当前需求方面的效率有多高，如果不能通过持续的创新来发现和满足客户的未来需求，依然有可能被竞争对手淘汰。因此，竞争为技术、产业、生产的拓展和消费的满足创造了无限的可能性，这就是竞争的动态收益。"随着时间的推移，竞争的'动态'收益一般将远远超过更'静态'最低成本和最低价格带来的直接收益。"[1]而且，竞争不仅能够激励新技术、新产品、新业态和新组织方式的产生，在统一市场上还能促使它们快速扩散。威廉·鲍莫尔指出："市场力量为创新的快速传播提供了强有力的激励，而不是广泛地鼓励将这种专有财产储藏起来，这将严重妨碍经济增长。"[2]

第五，提供平等机会。统一市场上公开公平的竞争为人们提供了实现人生理想和事业抱负的机会。在公平的竞技场上，勤奋努力和高效率是获胜的基本途径，得失成败取决于市场的力量，而不是特殊的待遇或权力的滥用。尤其是，公开公平的竞争为那些新成长者提供了进入新领域、开辟新天地的无限可能性，激发各种新生力量的发育成长。

我国经济已由高速增长阶段转向高质量发展阶段。在高质量发展阶段，经济关系更加复杂，不确定性显著增强，探索和冒险精神对于经济成长更加重要；创新的价值凸显，静态的资源配置优化已经不能满足经济增长的需要，通过原始创新来开拓未知

---

[1] 威廉·科瓦西奇、林至人、德里克·莫里斯编著《以竞争促增长：国际视角》，中信出版社，2017，第88页。

[2] 威廉·鲍莫尔：《资本主义的增长奇迹：自由市场创新机器》，郭梅军、唐宇、彭敬、李青译，中信出版社，2004，第28页。

领域，把生产可能性曲线向外推移，已成为经济增长的重要源泉；消费更加多样化和个性化，且变动不居，蛰伏的潜在需求需要被发掘，使其变为现实需要而成为人们的福利；等等。经济新成长阶段的所有这些特征，都需要通过竞争机制来实现。

习近平总书记对于竞争价值有一段精辟的论述，指出："主要靠市场发现和培育新的增长点。在供求关系日益复杂、产业结构优化升级的背景下，涌现出很多新技术、新产业、新产品，往往不是政府发现和培育出来的，而是'放'出来的，是市场竞争的结果。技术是难点，但更难的是对市场需求的理解，这是一个需要探索和试错的过程。"[1]

二、以确立竞争政策的基础性地位为着力点，建设全国统一大市场

强化竞争政策的基础性地位，发挥竞争的作用，是建设高水平社会主义市场经济体制的一个重要着力点。要让竞争发挥作用，需要一些基本前提条件，如市场必须是全国统一的，投资是自由的，商品、服务和各类生产要素能够充分自由地流动；竞争者要足够多，否则就难以展开有效的竞争；竞争者是彼此独立的，不能发生诸如依附行政权力和串谋等行为，否则竞争就会消失；预算约束是硬的，竞争者的生存和发展完全取决于他们的竞争绩效，而不是某种特权和优惠政策，否则就会损害处于核心地位的激励机制；各类竞争者在政策、法律、监管、获取生产要素等方面的地位是平等的，否则他们面临的机会就不可能平等，竞争力将不取决于他们自身的能力和努力；等等。以下从全国统一大市场的基本逻辑出发，分析如何强化竞争政策的基础性地位，充分发挥竞争的作用。

（一）自由进入对竞争的充分展开至关重要，也是全国统一大市场形成的标志

只要市场是开放的，即使在一个寡占结构的市场中，潜在的竞争对手，无论

---

[1] 中共中央文献研究室编《习近平关于社会主义经济建设论述摘编》，中央文献出版社，2017，第82—83页。

是否真正进入对方的领域，都会对目前的在位者构成明显的威胁，迫使他们不敢懈怠。所以，自由企业制度和自由投资制度是确立竞争政策基础地位和建设全国统一大市场的关键要素。

我国目前的市场进入障碍主要是由行政性垄断、行政审批导致的，因此，消除政府不合理干预行为所形成的市场进入障碍是强化竞争政策基础性地位和加快建设全国统一大市场的第一步，也是关键性的一步。

行政性垄断是政府通过行政手段将特定区域、产业、企业与竞争隔离或将竞争排除在外而形成的垄断，其危害比经济性垄断严重得多，而行政权力在其中扮演着重要角色。行政性垄断有多种表现形式，如禁止销售非本地企业的产品和服务，有些地方甚至在高速公路、火车站、港口、机场等地段设置检查站，以阻止非本地产品进入本地市场；通过行政命令要求政府部门、机构和国有企业采购本地企业的产品和服务，甚至强迫消费者从指定的供应商那里购买产品和服务；干预司法判决和行政执法来保护本地企业的经济利益，干预和阻挠对本地企业反竞争行为和经济犯罪行为的调查或诉讼；庇护本地企业销售劣质或有害产品；等等。行政性垄断割裂了地区之间、部门之间的有机联系，阻碍了商品和生产要素的自由流动，使竞争难以充分展开，导致资源错配，也难以形成全国统一市场和一般均衡状态。而"全国市场的碎片化或分割妨碍了中国充分发挥庞大国内市场所能带来的规模经济和专业分工优势"[①]。

行政性垄断的根源在于行政机构介入经济活动太深，已远远超出了现代市场经济中政府应履行的行政和监管职能范围。因此，消除行政性垄断从本质上讲就是要处理好政府与市场的关系，让政府退出一般竞争性领域和绝大部分直接资源配置活动，同时大力改革现有政绩考核制度，防止地方政府为了追求GDP增长率而滥用行政权力来排除外地竞争者和割裂统一市场。

行政审批是实现行政性垄断的一种重要手段，也阻碍着全国统一大市场的形成。行政审批阻挡竞争者的进入和新企业的成长，其结果必然是限制、弱化甚至排除竞争，使得在位者和通过审批者获得市场垄断地位，从而可以通过制定垄断高价

---

① 威廉·科瓦西奇、林至人、德里克·莫里斯编著《以竞争促增长：国际视角》，中信出版社，2017，第42页。

或降低产品和服务质量来获取超额利润,创新的动力消失殆尽。党的十八大以来,行政审批制度改革加快推进,成效比较明显。"2013年以来共推动修改相关法律109部次,修改行政法规273部次、废止21部,出台了数十部法律法规及规范性文件。"[①] 2014年7月,国务院印发《关于促进市场公平竞争维护市场正常秩序的若干意见》提出实施市场准入负面清单制度,是行政审批制度改革的重大突破,也是继续推进行政审批制度改革的方向。在市场准入负面清单制度下,政府以清单方式明确列出禁止和限制投资经营的行业、领域、业务等,而在清单以外,各类市场主体可依法自由进入。市场准入负面清单制度奉行"法无禁止皆可为"的根本理念,既给市场主体更大的发展和探索空间,最大限度地容纳经济的不确定性,又体现了对政府权力进行限制的思想,是保证市场自由进入的重要制度,与竞争政策基础性地位和全国统一大市场高度契合。负面清单制度也需要不断完善,主要是缩短负面清单的"长度",给市场主体留下尽可能大的空间。

(二)确保各类市场主体的平等地位

各类市场主体法律、市场地位平等,是形成全国统一大市场与展开充分自由竞争的基础条件。党的十八届三中全会通过的《中共中央关于全面深化改革若干重大问题的决定》提出,各类市场主体"权利平等、机会平等、规则平等",这是市场竞争的基本原则和全国统一大市场存在的基本前提。市场主体平等地位在我国具有特殊的内涵和意义,它特别强调非公有制经济与公有制经济要处于平等地位,针对的是非公有制经济往往会面临额外的标准、要求、限制、更高的门槛、各种歧视和隐性壁垒,以及不能完全享受公有制经济所享受的政策优惠,导致在竞争中常常处于不利地位。

经过40多年的改革开放,我国各类市场主体迅速成长起来。截至2022年底,全国登记在册的市场主体1.69亿户,个体工商户1.14亿户,农民专业合作社223.6万户。非公有制企业数量增长速度很快,以规模以上工业企业为例,2021年国有控股企业2.5万家,而私营企业32.56万家,外商及港澳台投资企业也有4.35万家。

[①] 张定安、彭云、武俊伟:《深化行政审批制度改革 推进政府治理现代化》,《中国行政管理》2022年第7期。

公平竞争的营商环境能够激发各类市场主体的活力和创造力，使社会财富源泉充分涌流。

确保各类市场主体平等地位，需要从以下两方面着手：

第一，确保各类市场主体平等的法律地位。只有从法律上确保各类市场主体的平等地位，才能奠定公平竞争和统一大市场的坚实基础。这里要特别强调对产权，特别是对非公有产权给予平等的法律保护。产权制度是市场经济最重要的激励要素，对各类产权实施平等而有效的法律保护是现代产权制度和现代市场经济的核心部分。拉古拉迈·拉詹和路易吉·津加莱斯指出："竞争性市场要发展起来，第一步就需要政府尊重和保护公民的财产权利，包括那些最弱势和最无助的公民的财产权利。"[1] 从我国产权法律保护现状来看，相关法律法规对非公有产权的保护弱于对公有产权特别是国有产权的保护，尤其在司法实践中，对公有制经济产权和非公有制经济产权还没有做到一视同仁，给予同等保护。因此，"健全以公平为原则的产权保护制度，全面依法平等保护民营经济产权，依法严肃查处各类侵害民营企业合法权益的行为"[2]，将成为新时代建立高水平社会主义市场经济体制和全国统一大市场的一个关键点。

还要进一步完善《中华人民共和国反垄断法》和《中华人民共和国反不正当竞争法》，把行政性垄断纳入《中华人民共和国反垄断法》和《中华人民共和国反不正当竞争法》的管辖范围，同时赋予竞争监管机构更大的权力，以对行政性垄断和滥用行政权力行为实施有效约束。

第二，完善生产要素市场，进一步提高生产要素的流动性，给予各类市场主体平等获取生产要素特别是获取重要生产要素的权力。如果获取生产要素的权力受到非经济因素特别是行政权力的限制，那么，市场主体抓住经济机会的可能性就会大大降低，机会就不可能一样，竞争地位就不可能平等，建设全国统一大市场就会成为幻想。改革开放以来，我国的商品市场迅速发展，但生产要素市场发育严重滞

---

[1] 拉古拉迈·拉詹、路易吉·津加莱斯：《从资本家手中拯救资本主义：捍卫金融市场自由，创造财富和机会》，余江译，中信出版社，2004。

[2] 《中共中央 国务院关于新时代加快完善社会主义市场经济体制的意见》，人民出版社，2020，第8页。

后，生产要素配置的行政化色彩比较深厚，非公有制经济在获取诸如资本、土地、技术、能源资源、高级人才等重要生产要素上处于不利地位。例如，以2018年统计数据来看，民营经济产出在全国GDP中占60%，而银行给民营企业的贷款只占30%，民营经济融资难、融资贵的问题没有得到有效解决。

生产要素市场的发育完善关系到能否建立起完备的市场体系和全国统一大市场，进而关系到机会均等、选择自由和公平竞争，以及整体经济能否趋向一般均衡，在建设高水平社会主义市场经济体制中居于极其重要的地位。

加快完善生产要素市场，需要破除阻碍生产要素流动的体制机制障碍，提高生产要素的流动性，扩大生产要素的流动范围。一是加快改革僵化的户籍、医疗、养老、教育、住房等公共服务制度，消除劳动力的"肠梗阻"；二是加快金融供给侧结构性改革，促进供给主体的多元化，加快发展一批民营银行、网商银行，发展多层次资本市场和多样化的融资工具，进一步扩大直接融资的比例；三是加快土地市场发育，消除土地的行政化配置，强化竞争在土地资源配置中的作用，使珍贵的土地资源流向高效使用者；四是优化知识产权界定，强化知识产权保护，提高知识产权的流动性和配置效率，形成有效运转的知识产权交易市场。

（三）以竞争政策为中心展开政府政策体系

强化竞争政策的基础性地位和建设全国统一大市场，意味着政府政策体系需要围绕竞争和全国统一大市场展开，政府政策的出台需要经过公平竞争审查。公平竞争审查在我国具有特殊意义。从世界范围看，日本、韩国、新加坡、欧盟成员国等一些国家没有设立专门的公平竞争审查制度，但这些国家的经济政策从总体上看并没有排除或限制竞争，究其原因，这些国家拥有成熟的市场经济制度，各种经济政策的出台通常是各方力量博弈的结果，限制排斥市场竞争的情况较难发生。我国已经建立起了社会主义市场经济体制，但还不完善，政府仍大量涉足微观经济活动，一些地方政府或部门习惯于用行政手段而不是法律手段或者市场工具来实现经济社会发展目标和管理目标，对市场进行不当干预，导致市场分割，甚至通过制定政策、条例、法规和法律限制、排除和打压竞争。这就需要对行将出台的政策、条例、法规和法律进行公平竞争审查，防止它们对市场竞争和全国统一大市场造成损害。

确立竞争政策的基础性地位,建设全国统一大市场,需要调整竞争政策与产业政策的关系。从一般意义上讲,在经济发展的不同阶段,产业政策和竞争政策的地位和作用是不同的。在经济发展早期阶段,消费结构和产业结构比较简单,发展重点和项目比较明确且易于选择(如加强基础设施建设),还有先行国家经济结构和技术作为参考。在这种情况下,市场的选择可能显得不那么重要,产业政策的制定和执行相对来说也比较容易,通常也能取得成功。但不科学的产业政策大都会限制生产要素的流动和全国统一大市场的形成,导致企业间的苦乐不均和竞争的不平等。而且,当经济的复杂性和不确定性提高、决策更多地依赖分散而隐匿的信息、消费日趋多样性和个性化时,经济发展就迈入了更高阶段,这时行政决策和非市场选择所面临的信息约束和激励约束就会成倍增强。技术发展的重点在哪里?产业发展的方向在哪里?消费的潜在需求在哪里?所有这些都是变幻莫测且政策制定者难以准确把握的,这时市场的选择就显得尤其重要,只能依赖市场的竞争和企业家的冒险精神来发现技术、产业、需求和新组织的新生长点,从而实现生产力水平的总体跃升。因此,在经济发展的较高阶段,需要让竞争政策和全国统一大市场居于基础地位,政府的政策体系应该围绕竞争和全国统一大市场建设来展开。中国的经济发展和市场经济体制建设已经迈入这样的阶段。

不仅产业政策和竞争政策的相对地位要发生变化,产业政策的类型也需要发生相应的变化,即从纵向产业政策(或选择性产业政策)转向横向产业政策(或功能性产业政策)。选择性产业政策由政府挑选特定发展项目,同时挑选承担者(特定地区、产业和企业)加以扶持,这首先会导致信息和激励方面的硬约束,并损害公平竞争和市场的完整性。而功能性产业政策是政府仅挑选研究开发和创新等方面的优先项目,但不指定具体的承担主体,各类市场主体同台竞技,这就给竞争留下了较大空间。从国际经验看,当一个经济体发展出相对完善的产业体系时,经济增长将越来越多地依靠附加值更高和技术更加先进的产业,创新和国际竞争力便成为经济发展的决定性因素。这时,就应该用横向产业政策去取代压制市场选择和竞争的纵向产业政策[①]。对于功能性产业政策，政府的政策重点也不能主要放在"挑选"发展方向和项目上，而是要放在建设全国统一大市场和提供良好的竞争环境上，在这样的环境中，任何产业和企业都有平等的机会，只要它具有创新能力和较高的生产率，就能够繁荣壮大。一般来说，有力的竞争政策、可靠和可依赖的法律体制、教育、基础设施以及环境质量等方面的措施，虽然难度较大和富有挑战性，但相对于传统的纵向产业政策来说，其实更容易也更可能获得成功，应该成为横向产业政策的基本要素[②]。从这种意义上讲，在经济发展的较高阶段，加快建设全国统一大市场、营造宽松和适宜的软硬制度环境，就是一种最佳形式的产业政策。

[①] 威廉·科瓦西奇、林至人、德里克·莫里斯编著《以竞争促增长：国际视角》，中信出版社，2017，第53页。

[②] 威廉·科瓦西奇、林至人、德里克·莫里斯编著《以竞争促增长：国际视角》，中信出版社，2017，第57页。

第六章

夯实社会主义市场经济的法治基础

党的十八届四中全会通过的《中共中央关于全面推进依法治国若干重大问题的决定》指出:"社会主义市场经济本质上是法治经济。使市场在资源配置中起决定性作用和更好发挥政府作用,必须以保护产权、维护契约、统一市场、平等交换、公平竞争、有效监管为基本导向,完善社会主义市场经济法律制度。"党的二十大明确提出到2035年,要"基本建成法治国家、法治政府、法治社会"[①]。经济体制改革的核心在于处理好政府与市场的关系,"要用法治来规范政府和市场的边界,尊重市场经济规律,通过市场化手段,在法治框架内调整各类市场主体的利益关系"[②]。以法治为基础,实现有效市场和有为政府的有机结合,使之成为社会主义市场经济发展的"车之双轮",是构建高水平社会主义市场经济体制和建立现代市场经济的关键。

[①] 习近平:《高举中国特色社会主义伟大旗帜 为全面建设社会主义现代化国家而团结奋斗》,人民出版社,2022,第24页。

[②] 习近平:《完善法治建设规划提高立法工作质量效率 为推进改革发展稳定工作营造良好法治环境》,《人民日报》2019年2月26日第1版。

第一节

中国市场经济法治化的演进

经济基础与上层建筑是辩证关系。从市场经济的发展历史看，表现为法律形式的正式交易规则是随着市场经济的发展而不断增强的。"法的关系正像国家的形式一样……它们根源于物质的生活关系"[1]"先有交易，后来才由交易发展为法制……这种通过交换和在交换中才产生的实际关系，后来获得了契约这样的法的形式"[2]。也就是说，随着交易的发展和深化，相应的法律制度会逐步完善起来；反过来也一样，以法治保障和支撑的交易关系，是规定交易双方对等权利和义务的契约关系，随着交易的深化和复杂化，权利和义务关系也复杂化，契约的有效执行愈加需要法治的保障，完善的法治对市场经济的发展起到基础性的支撑作用。恩格斯指出："在社会发展某个很早的阶段，产生了这样一种需要：把每天重复着的产品生产、分配和交换用一个共同规则约束起来，借以使个人服从生产和交换的共同条件。这个规则首先表现为习惯，不久便成了法律。"[3]这是对市场经济法治化动态演变的经典论述。

改革开放以来，我国社会主义市场经济不断发展，市场作用的程度不断加深，政府与市场的关系不断改善，经济法治化水平随之不断提高。改革开放伊始，邓小平就明确指出了法治的重要意义和基本原则："应该集中力量制定刑法、民法、诉讼法和其他各种必要的法律……经过一定的民主程序讨论通过，并且加强检察机关

---

[1] 马克思、恩格斯：《马克思恩格斯全集》第31卷，人民出版社，1998，第412页。
[2] 马克思、恩格斯：《马克思恩格斯全集》第19卷，人民出版社，1963，第423页。
[3] 马克思、恩格斯：《马克思恩格斯选集》第3卷，人民出版社，1995，第211页。

和司法机关,做到有法可依,有法必依,执法必严,违法必究。国家和企业、企业和企业、企业和个人等等之间的关系,也要用法律的形式来确定"[①]。这里的法治建设不仅涉及具体的法律条文,还涉及立法程序和执法司法问题。我国经济体制改革采取的是渐进式改革,法治建设也呈现出渐进的特点,立法程序、法律体系和执行机制都是在摸索中不断前行的。1982年五届全国人大五次会议通过的《中华人民共和国宪法》,是改革开放后的第一部宪法,也是改革开放法治建设的根本大法,强化了全国人大的立法和监督功能,规定和保护公民的基本权利,为我国法治化建设奠定了基础。

我国市场经济发展的一个突出特征是国有经济之外的经济成分迅速成长,与此相应,我国法治建设的一个突出特点就是为体制外经济的成长不断提供法治支撑。外商投资对法治环境比较敏感,对法治需求比较迫切。早在1979年,全国人大就通过了《中华人民共和国中外合资经营企业法》,1982年的《中华人民共和国宪法》明确规定外资及中外合资企业的合法权利和利益受到法律保护。随后实施了《中华人民共和国中外合资经营企业所得税法》(1980年9月)、《中华人民共和国涉外经济合同法》(1985年7月)、《中华人民共和国外资企业法》(1986年4月)、《中华人民共和国中外合作经营企业法》(1988年4月)等法律,为保障"三资企业"权益和对外经济合作初步奠定了法治基础。1987年通过的《中华人民共和国海关法》、1989年通过的《中华人民共和国进出口商品检验法》,加强了海关监督管理,促进了对外经济贸易和科技文化交往。个体私营经济的成长为我国经济增长、就业创造和居民收入增长作出了重要贡献,对它们的法治支撑在不断强化。1982年通过的《中华人民共和国宪法》明确允许个体经济的存在,并且提出,"国家保护公民的合法的收入、储蓄、房屋和其他合法财产的所有权";1988年通过的《中华人民共和国宪法修正案》明确了私营经济的法律地位——"私营经济是社会主义公有制经济的补充"。1980年通过的《中华人民共和国个人所得税法》、1986年通过的《中华人民共和国民法通则》等相关法律,都有明确保障私营经济发展的条款。1981年通过的《中华人民共和国经济合同法》、1982年通过的《中华人民共和国商标法》和《中华人民共和国食品卫生法(试行)》、

[①] 邓小平:《邓小平文选》第2卷,人民出版社,1994,第146—147页。

构建高水平社会主义市场经济体制

1984年通过的《中华人民共和国专利法》、1986年通过的《中华人民共和国民法通则》、1986年通过的《中华人民共和国土地管理法》和1987年通过的《中华人民共和国技术合同法》等法律为产权保护和契约实施提供了法治初步保障。

党的十四大正式提出了社会主义市场经济的改革目标，这是我们党改革理论和实践的一次重大突破。与此相适应，我国法治建设有了更加清晰的目标，开始迈向与现代市场经济具有内在逻辑一致性的法治体系。1993年通过的《中华人民共和国宪法修正案》写入了"国家实行社会主义市场经济"，并以此为基础开始完善适应社会主义市场经济发展要求的配套法律法规体系。1997年党的十五大报告首次明确提出了"依法治国，建设社会主义法治国家"的目标。1999年通过的《中华人民共和国宪法修正案》则把依法治国写入宪法："中华人民共和国实行依法治国，建设社会主义法治国家。"这是中国特色社会主义法治化进程的重要里程碑。法治意味着依据法律法规进行国家治理，法律具有至高无上的权威，任何个人及组织，包括政党、政府以及其他社会组织，都要在法律规定的范围内行事，这与人治截然不同。

党的十四大以后，我国的法治化进程开始加速。在基本经济制度方面，1999年通过的《中华人民共和国宪法修正案》规定，"坚持公有制为主体、多种所有制经济共同发展"，"坚持按劳分配为主体、多种分配方式并存的分配制度"，非公有制经济定位则从"补充"变为"社会主义市场经济的重要组成部分"，"国家保护个体经济、私营经济的合法的权利和利益"。2004年通过的《中华人民共和国宪法修正案》增加了"国家鼓励、支持和引导非公有制经济的发展"，并将保护公民合法财产所有权修改为"公民的合法的私有财产不受侵犯"，强化了对私有产权的法律保护。相应地，对非公有制经济的产权保护也从原来侧重于个人财产转向私人投资形成的广泛产权。2007年通过的《中华人民共和国物权法》规定，保障一切市场主体的平等法律地位和发展权利。2008年通过的《中华人民共和国企业国有资产法》提出加强对国有资产的保护。

现实的经济运行以企业为载体，公司制是市场经济中企业的重要组织形式，构成经济运行的微观基础，但对正式的法律制度有较高要求。1993年通过的《中华人民共和国公司法》经多次修改，成为保障现代企业制度的重要法律手段，为完善公司治理提供了初步的法律依据。国有企业以《中华人民共和国公司法》的颁布为契机，通过改革开始向产权清晰的规范市场主体转变，开始转向与其他类型企业处于同等法律地位。2006年通过的《中华人民共和国企业破产法》则为规范企业破产和实现有序退出提供了法律依据。

市场经济要求要素市场的发育和要素的自由流动，以实现市场机制资源配置的功能，而法治是要素市场运行的重要制度支撑。对于金融市场，1995年通过的《中华人民共和国商业银行法》和相关法规，规范了商业银行行为，促进了信贷市场发展。1995年通过的《中华人民共和国保险法》规范了保险市场。1998年通过的《中华人民共和国证券法》及其后续修订，以及2003年通过的《中华人民共和国证券投资基金法》等，对保护投资者合法权利、规范证券发行和交易行为，促进资本市场发展起到了保障作用。金融业不同于各类实体企业和现货交易，契约形式更加复杂，潜藏的不确定性和风险更大，只有完善的法治环境，才能保证现代金融市场的有序和稳健发展，实现金融作为现代经济血液的功能。对于土地市场，1994年通过的《中华人民共和国城市房地产管理法》，1986年通过和2004年修正的《中华人民共和国土地管理法》，对土地征收和有偿使用，以及土地市场交易提供了初步的法律依据，对我国城市房地产开发与交易，以及居民居住条件改善和房产持有起到重要的推动作用。知识日益成为一种重要的生产要素，1990年通过的《中华人民共和国著作权法》，1993年通过的《中华人民共和国科学技术进步法》，以及修正后的《中华人民共和国专利法》和《中华人民共和国商标法》等，初步形成了知识产权法律体系。在调节劳动关系上，1992年通过的《中华人民共和国工会法》，1994年通过的《中华人民共和国劳动法》，1996年通过的《中华人民共和国职业教育法》，2007年通过的《中华人民共和国劳动合同法》和《中华人民共和国劳动争议调解仲裁法》等，对于促进劳动力的流动和合理配置、保护劳动者的合法权利提供了重要的法律保障。

现代市场经济要求维护市场的公平竞争，建立正常的市场秩序。党的十四大以后通过的法律法规加大了维护市场秩序的力度。1993年通过的《中华人民共和国反不正当竞争法》《中华人民共和国消费者权益保护法》和《中华人民共和国产品质量法》，以及2007年通过的《中华人民共和国反垄断法》，2009年通过的《中华人民共和国侵权责任法》等都是这方面的重要法律。1994年通过的《中华人民共和国广告法》，1999年通过的《中华人民共和国合同法》，1985年通过的《中华人民共和国涉外经济合同法》，1987年通过的《中华人民共和国技术合同法》和2009年通过的《中华人民共和国食品安全法》等，为规范市场交易秩序提供了比较系统和清晰化的法律体系。

2001年加入世界贸易组织推动了我国经贸领域法律法规与国际通行规则的接轨。加入世界贸易组织需签署一系列文件，这些承诺具有法律效力。加入世界贸易组织不仅是一个经贸问题，更是一个法律问题。世界贸易组织基本规则包括最惠国待遇、国民待遇、透明度、市场准入和例外原则，这与我国全面深化改革，建立统一有序、开放透明的市场经济体制的方向是一致的。为达到世界贸易组织标准，我国在加入世界贸易组织之前就修订了大量与世界贸易组织要求不符的法律法规[1]，之后又进一步完善，这些法律体系涵盖商品和服务贸易、投资和知识产权保护等诸多领域。可以说，加入世界贸易组织助推了我国经济法治化进程。

党的十八大以来，中国特色社会主义进入了新时代，法治建设更加强调系统性、整体性和协同性。党的十八大报告提出，"全面推进依法治国""法治是治国理政的基本方式"。2014年习近平在中央财经领导小组第七次会议上指出："抓紧修改完善相关法律法规，尽快完成促进科技成果转化法的修订，加快标准化法、反垄断法、公司法以及知识产权保护等方面的法律法规修订工作，研究制定商业秘密保护法、职务发明条例、天使投资条例等。"党的十八届四中全会通过了《中共中央关于全面推进依法治国若干重大问题的决定》，提出了建设社会主义法治国家总目标："形成完备的法律规范体系、高效的法治实施体系、严密的法治监督体系、有力的法治保障体系，形成完善的党内法规体系，坚持依法治国、依法执政、依法行政共同推进，坚持法治国家、法治政府、法治社会一体建设，实现科学立法、严格执法、公正司法、全民守法，促进国家治理体系和治理能力现代化。"要"加强重点领域立法……加快完善体现权利公平、机会公平、规则公平的法律制度"。党的十九大报告进一步提出，"以良法促进发展、保障善治"。2019年，

---

[1] 张德霖主编《中国加入WTO经济法律调整概览》，法律出版社，2002。

习近平总书记进一步强调,"改革开放越深入越要强调法治"[①]。党的二十大报告提出,"必须更好发挥法治固根本、稳预期、利长远的保障作用,在法治轨道上全面建设社会主义现代化国家"[②]。这些重要论述都有力推动了我国市场经济体制的法治基础建设。

为市场主体营造公平、规范、透明的法治环境是新时代法治建设的一个重要目标。《中共中央 国务院关于新时代加快完善社会主义市场经济体制的意见》指出:"破除制约市场竞争的各类障碍和隐性壁垒,营造各种所有制主体依法平等使用资源要素、公开公平公正参与竞争、同等受到法律保护的市场环境。"2022年4月10日,《中共中央 国务院关于加快建设全国统一大市场的意见》发布,要求把法治制度作为市场经济的基础性制度看待,指出要"充分发挥法治的引领、规范、保障作用,加快建立全国统一的市场制度规则,打破地方保护和市场分割……加快建设高效规范、公平竞争、充分开放的全国统一大市场"。

党的十八大以来颁布实施了一批关于社会主义市场经济制度基础的重要法律法规和政策。2016年颁布了《中共中央 国务院关于完善产权保护制度依法保护产权的意见》,指出产权制度是社会主义市场经济的基石,"形成了归属清晰、权责明确、保护严格、流转顺畅的现代产权制度和产权保护法律框架"。2019年修订了《中华人民共和国证券法》,引入集团诉讼制,以加强对投资者产权的保护;修正了《中华人民共和国土地管理法》,对农村宅基地管理和集体经营性建设用地入市作了新规定,删除了原来"入市土地必须是国有土地"的相关条款;通过了《中华人民共和国外商投资法》,以取代原来的《中华人民共和国中外合资经营企业法》《中华人民共和国外资企业法》和《中华人民共和国中外合作经营企业法》,《中华人民共和国外商投资法》成为适应新时代构建开放型经济新体制需要的统一的外资基础性法律。2020年先后发布《〈反垄断法〉修订草案(公开征求意见稿)》和《关于平台经济领域的反垄断指南(征求意见稿)》,对数据收集使用管理、

---

① 习近平:《完善法治建设规划提高立法工作质量效率 为推进改革发展稳定工作营造良好法治环境》,《人民日报》2019年2月26日第1版。

② 习近平:《高举中国特色社会主义伟大旗帜 为全面建设社会主义现代化国家而团结奋斗》,人民出版社,2022,第40页。

消费者权益保护作了规定。《中共中央关于制定国民经济和社会发展第十四个五年规划和二〇三五年远景目标的建议》多处涉及法治建设，如贸易、境外投资、中小微企业、绿色发展等，充分体现了全面依法治国的要求。值得一提的是，2020年通过了《中华人民共和国民法典》，取代原来的民法通则、合同法、担保法、物权法、侵权责任法、民法总则等诸多经济方面的立法。《中华人民共和国民法典》成为社会主义市场经济的一部基础性综合法律。

  从总体看，改革开放以来，我国的法治化水平不断提高。根据世界银行全球治理指数数据库资料，中国的法治指数自1996年以来总体呈上升趋势，从33.67上升到2018年的40.08（指数越高，表明法治状况越好）。特别是2012年以来，法治指数一直保持着上升趋势[1]。不过，这样的指数在全球排名仍然靠后，现有的法治水平还不足以为现代市场经济提供坚实的法治基础。奠定坚实的法治基础，已成为构建高水平社会主义市场经济体制和迈向现代市场经济的关键。世界银行和国务院发展研究中心联合课题组把市场、法治、社会价值观和高道德标准建设作为中国迈向2030年新战略的一个重要方面，指出："同时，也必须捍卫法治。……如果执法标准在部门、地区、实体甚至个人之间存有差异，不仅打击创新并降低经济效率，而且可能使人们感觉社会不公。当合同纠纷出现时，无论纠纷发生在私人之间或者私人与政府之间，纠纷各方不仅可以获得法律救助，而且应该享有一个透明有效、执法时不畏权势并不偏不倚的司法制度。"[2]

---

[1] http://info.worldbank.org/governance/wgi/。

[2] 世界银行和国务院发展研究中心联合课题组：《2030年的中国：建设现代、和谐、有创造力的社会》，中国财政经济出版社，2013，第22页。

第二节

构建法治政府

社会主义市场经济需要更好发挥政府的作用。因为,市场机制的运转需要一系列相关制度的支持,包括产权保护和契约执行、解决外部性问题和维持市场秩序等。而为了更好地履行诸如此类的职责,政府需要拥有强制力。拥有强制力是政府有别于其他行为主体的重要特征,也是政府力量的源泉所在。但是,如果政府的强制力不能受到有效制约,它就会偏离初衷,出现各种越权、错位和滥权行为,比如各种不合理约束、管制,甚至掠夺行为,这反过来又会极大地损害产权,阻挠竞争,干扰经济和社会秩序,抑制创新和经济活力。政府需要拥有强制力,以保证国家能力,但这种强制力又有可能被滥用,这就是政府权力所面临的"两难"困境。解决这一困境的根本出路在于法治,即将政府的权力和责任置于法律的框架之内。正如习近平总书记所指出的,"权力是一把双刃剑,在法治轨道上行使可以造福人民,在法律之外行使则必然祸害国家和人民"[1],"把权力关进制度的笼子里,就是要依法设定权力、规范权力、制约权力、监督权力"[2]。因此,基于法治视角,对于政府而言,法无授权不可为,法定职责必须为,有权必有责;而对于市场主体而言,则法无禁止皆可为。依据法治精神来处理政府与市场的关系,二者的界限就非常清晰,这样既能发挥市场在资源配置中的决定性作用,又能充分发挥政府的作用。从这种意义上讲,有效政府必然是法治

---

[1] 中共中央文献研究室编《习近平关于全面依法治国论述摘编》,中央文献出版社,2015,第37—38页。

[2] 中共中央文献研究室编《习近平关于全面依法治国论述摘编》,中央文献出版社,2015,第127—128页。

政府，法治政府是市场经济法治化的核心。

把政府建设成"有限、廉洁、透明、高效、基于法治运行的现代政府"[①]，关键是依法行政。依法行政，建立起法治政府，首先要实现政府职能的根本转变，使政府履行的职能与现代市场经济的内在逻辑相一致。市场经济清晰地区分了公权与私权的范围，这也是市场经济在法律上的要求，政府退出对私权领域的直接干预，转为保障私权，规范公权，因此政府职能转变要在法治的范围内进行。其次要做到有法必依。法治是政府的刚性约束，保证政府在法律界限内行动，做到执法必严、违法必究。"各级政府必须依法全面履行职能，坚持法定职责必须为、法无授权不可为，健全依法决策机制，完善执法程序，严格执法责任，做到严格规范公正文明执法。"[②]最后要对政府行为实行有效监督。政府的行政行为可能会存在缺位和越位，因此需要通过法律设置监督政府的机构和司法制度，这些监督机构和司法制度本身也在法律授权的范围内运行，监督政府的制度性保障依然要符合法治原则。

第一，切实转变政府职能是迈向法治政府的第一步。

法治政府必须是"职能科学、权责法定、执法严明、公开公正、廉洁高效、守法诚信"[③]的政府。职能科学和权责法定是建立法治政府的关键。习近平总书记指出："既要重视通过制定新的法律法规来固定转变政府职能已经取得的成果，引导和推动转变政府职能的下一步工作，又要重视通过修改或废止不合适的现行法律法规为转变政府职能扫除障碍。"[④]随着改革的推进，与社会主义市场经济相适应的政府职能慢慢清晰化了，但这还不够，还需要通过法治进一步把它们固定下来。比如，宏观调控中的货币政策调控职能，需要通过《中华人民共和国银行法》固定下来，借助法律赋予中国人民银行在国务院领导下独立制定和执行货币政策的职权，这就为消除财政赤字货币化和建立货币信用提供了法治支撑；再如，国有资产管理

[①] 世界银行和国务院发展研究中心联合课题组：《2030年的中国：建设现代、和谐、有创造力的社会》，中国财政经济出版社，2013，第20页。

[②] 中共中央文献研究室编《习近平关于全面依法治国论述摘编》，中央文献出版社，2015，第61—62页。

[③] 中共中央文献研究室编《习近平关于全面依法治国论述摘编》，中央文献出版社，2015，第60页。

[④] 中共中央文献研究室编《习近平关于社会主义政治建设论述摘编》，中央文献出版社，2017，第113页。

者职能需要通过《中华人民共和国企业国有资产法》固定下来,赋予国有资产监督管理机构代表同级人民政府履行国有资本出资人职责;又如,在弥补市场外部性方面,政府的生态保护职能要通过《中华人民共和国环境保护法》等法律固定下来,这样才具有刚性约束。

我国政府职能转变的总方向是从计划经济时代的管理型政府转变为社会主义市场经济下的服务型政府,政府重在为市场主体服务和创造良好的发展环境。党的十六届六中全会通过的《中共中央关于构建社会主义和谐社会若干重大问题的决定》提出,"建设服务型政府,强化社会管理和公共服务职能"。服务型政府与法治政府之间存在内在的联系[①]。建设服务型政府需要强化政府公共服务职能,这就要求政府公开、公正、透明和高效廉洁,而这些只有通过法治化的方式才能实现。党的十八届三中全会通过的《中共中央关于全面深化改革若干重大问题的决定》指出,"必须切实转变政府职能,深化行政体制改革,创新行政管理方式,增强政府公信力和执行力,建设法治政府和服务型政府",将法治政府与服务型政府紧密联系在一起,说明二者具有互通性和统一性。

第二,营造法治化营商环境。

新时代建设法治政府的一个重要着力点是营造法治化的营商环境。法治是最好的营商环境。只有通过法治,才能真正厘清公权与私权边界、政府与市场边界,确保市场主体的经营自主权。习近平总书记指出,要"加大转变政府职能力度,把工作重点转向营造公平竞争市场环境、保护生态环境、支持创新等,增强经济发展动力和活力"[②]。

改革开放以来,政企关系转变的方向是政府退出对企业微观经济的干预,实现政企分开。但迄今为止,政府仍可以通过频繁的行政审批影响企业的创办和发展。过多、不透明、不规范的行政审批伤害了企业的主体地位,也容易给各类寻租活动开方便之门。市场准入负面清单制度是行政审批改革的方向。习近平总书记指出:"推进法治政府建设,大幅减少行政审批事项,非行政许可审批彻底终结,建立

[①] 温国庆:《法治政府与服务型政府关系辨析》,《人民论坛》2014年第34期。
[②] 中共中央文献研究室编《习近平关于社会主义经济建设论述摘编》,中央文献出版社,2017,第57页。

政府权力清单、负面清单、责任清单,规范行政权力。"①市场准入负面清单制度实际上是一种法律上的决定机制,法律是唯一的依据②。推行行政审批制度的法治化,以透明、可预期的法治来规定政府审批事项的范围和程序,必然意味着政府必须建立负面清单审批模式。负面清单之外的领域和项目,各类市场主体皆可自由和平等进入,"法无禁止皆可为",这就为市场主体创造了一种透明、可预期的投资与交易环境。政府则从重事前审批转变为强化事中事后监管,而政府监管的标准和规则也由法律决定。从2018年开始,国家发展改革委和商务部每年都会颁布《市场准入负面清单》,准入环节门槛不断降低,市场主体的自由度不断扩大。在行政审批制度改革的基础上,国务院进一步推动"放管服"改革。"放管服"改革的核心在于减少乃至消除政府对市场的不当干预,同时强化应有监管和服务。

第三,以法治规范和制约行政权力。

法治的一个重要作用就是约束政府,即约束政府对经济活动的任意干预,这对于经济发展和国家治理效能至关重要。因为政府的权力天然大于企业和个人,政府拥有征税权、管理权、处罚权、禁止权,可以使用警察和军队,其他主体没有这些权力;而一旦拥有这些权力,政府对经济随意干预的倾向就往往很难自我抑制;当市场主体意识到政府的这种行为特征时,便不会有投资激励,或者只从事一些短平快的投资。究其原因,在政府权力和行为不受约束时,政府的政策或承诺就会变得不可置信,从而造成政府与市场双输的局面。反过来,通过法治对政府进行约束,政府就不能随意对经济进行干预,也不能随意限制经济活动,政策也不能朝令夕改,这时政府的政策或承诺就变得可置信,从而形成稳定的社会预期。在预期稳定的环境中,经济和社会主体就能够形成长期规划和行动方案③。

钱颖一还对"以法治国"和"法治"加以区分。"以法治国"是政府以法律为工具来管制经济主体,但是政府不受法律的约束。"以法治国"下的政府可能是无限政府或随意干预的政府。与此相反,"法治"政府自身处在法律之下,受法律的约束,实际上是有限政府。法治造就一个有限与有效政府。因此,法治是建设好的

---

① 习近平:《加强党对全面依法治国的领导》,《求是》2019年第4期。
② 张淑芳:《负面清单管理模式的法治精神解读》,《政治与法律》2014年第2期。
③ 钱颖一:《市场与法治》,《经济社会体制比较》2000年第3期。

政府、好的市场经济的制度保障。[①]

行政法在约束政府权力方面起着重要作用，包括组织法、公务员法、国家赔偿法、行政处罚法、行政强制法、行政许可法、行政程序法、行政公开法等。我国行政法建设已经取得了明显进展，1999年颁布了《国务院关于全面推进依法行政的决定》，2004年颁布了《全面推进依法行政实施纲要》，对政府的权力和责任作了制度性规定，推进了依法行政和法治政府建设。地方法治试验也是推进法治政府建设的一股重要力量，有助于地方根据实际情况补充完善中央层面的法律和其他政策文件[②]。党的十八届四中全会通过的《中共中央关于全面推进依法治国若干重大问题的决定》明确提出，"推进各级政府事权规范化、法律化，完善不同层级政府特别是中央和地方政府事权法律制度"。党的二十大提出，"扎实推进依法行政"，"推进机构、职能、权限、程序、责任法定化，提高行政效率和公信力"。

权力监督是建设法治政府的途径之一。"把权力关进制度的笼子里，就是要依法设定权力、规范权力、制约权力、监督权力。"[③]建设法治政府，就要建立相互协调又相互制约的行政决策制度、执行制度、监督制度、评估和纠错制度。当政府行政行为出现偏差，如不作为或乱作为时，监督就显得非常重要。对政府的监督涉及多种机制的配合，包括党内监督、人大监督、民主监督、行政监督、司法监督、审计监督、社会监督、舆论监督。从大的方面来讲，对政府的监督包括内部监督和外部监督，前者是政府内部的垂直监督和水平监督，以确保各级政府机构依照法定权限和规定程序进行决策和行使权力，后者由政府以外的组织及公民依法对政府权力和行为进行监督。作为重要的政府内部监督机构，2018年成立的国家监察委员会负责调查公职人员职务违法和职务犯罪，同年通过的《中华人民共和国监察法》为监察委员会不受行政机关、社会团体和个人的干涉，独立行使监察权提供法律依据。相比外部监督，内部监督主要是加强政府内部的权力制衡，具有成本低、反应快和效率高的特点，良好的内部监督机制能够有效降低监督政府运行的成本。

---

① 钱颖一：《市场与法治》，《经济社会体制比较》2000年第3期。

② 郑智航：《法治中国建设的地方试验——一个中央与地方关系的视角》，《法制与社会发展》2018年第5期。

③ 中共中央文献研究室编《习近平关于全面依法治国论述摘编》，中央文献出版社，2015，第127—128页。

此外，在政府机关内部实行重大决策合法性审查和政务公开机制，防止重大决策的随意性和暗箱操作，也是法治政府建设的重要方面[1]。"要强化公开，推行地方各级政府及其工作部门权力清单制度，依法公开权力运行流程，让权力在阳光下运行，让广大干部群众在公开中监督，保证权力正确行使。"[2]权力清单和责任清单的公开透明，与市场准入负面清单管理制度相互映衬，能够起到规范政府权力的作用，也在很大程度上消除设租和寻租空间。此外，《法治中国建设规划（2020—2025年）》还提出了加强政务诚信建设，重点治理政府失信行为，加大惩处和曝光力度，助推法治政府建设。

在外部监督中，公民和组织运用行政诉讼法和行政复议法监督政府是一个重要途径，因此，完善的政府应诉制度十分重要。政府应诉制度的法治理念在于，不仅公民要守法，政府也要守法。"平等是社会主义法律的基本属性，是社会主义法治的基本要求。坚持法律面前人人平等，必须体现在立法、执法、司法、守法各个方面。"[3]公民和政府在法律面前是平等的，这与公民之间法律地位平等、经济主体之间法律地位平等的实质是一样的，共同构成市场经济的法治原则。1982年通过的《中华人民共和国宪法》第四十一条就规定，中华人民共和国公民"对于任何国家机关和国家工作人员的违法失职行为，有向有关国家机关提出申诉、控告或者检举的权利"。同年，《中华人民共和国民事诉讼法（试行）》第三条规定："法律规定由人民法院审理的行政案件，适用本法规定。"这些法律条款为进行行政诉讼、维护公民权益打开了新局面。1989年通过的《中华人民共和国行政诉讼法》，填补了我国法治史的一项空白，是中国行政法治建设的重要里程碑。党的十四大之后，规范政府行政行为的法治建设取得明显进展，1999年通过了《中华人民共和国行政复议法》，实现了行政复议制度的规范化和法治化，这是实施依法治国方略的一个重大举措。

---

[1] 习近平：《关于〈中共中央关于全面推进依法治国若干重大问题的决定〉的说明》，《人民日报》2014年10月29日第2版。

[2] 中共中央文献研究室编《习近平关于全面依法治国论述摘编》，中央文献出版社，2015，第60页。

[3] 中共中央文献研究室编《习近平关于全面依法治国论述摘编》，中央文献出版社，2015，第29页。

| 第三节 |

以法治构建有效市场

在《国富论》中，亚当·斯密把市场机制比作"看不见的手"，在"看不见的手"的引导下，资源能够配置到最有利的领域和高效利用它们的人的手中，进而实现社会财富的增进和总体福利的增加。"各个人都不断地努力为他自己所能支配的资本找到最有利的用途。固然，他所考虑的不是社会的利益，而是他自身的利益，但他对自身利益的研究自然会或者毋宁说必然会引导他选定最有利于社会的用途""在这场合，像在其他许多场合一样，他受着一只看不见的手的指导，去尽力达到一个并非他本意想要达到的目的"[①]。但是，市场经济实现资源的有效配置和高效利用，进而达到提高社会福利的目的，并不是一个自然而然的过程和结果，中间需要经过许多关键环节，法治就是其中一个至关重要的环节。

法治的一个重要作用就是约束"经济人"的行为，使其在追求自身利益的同时，不能损害交易对方的利益、第三方的利益或社会整体的利益。不难想象，如果"经济人"的行为没有受到有效约束，就会出现诸如强买强卖、操纵市场、虚假广告、劣质产品、垄断高价、违规排放等问题。从理论上讲，如果"经济人"的行为不受到有效的约束，就会出现事后机会主义。当机会主义盛行时，许多交易就不能达成，人们之间就会出现严重的"不可信承诺"问题，造成"双输"或"多输"的局面。约束"经济人"的机制有三个：一是声誉。在重复博弈中，"经济人"顾及声誉，为求得未来交易机会或赢利机会，往往会选择遵守交易秩序，兑现承

---

① 亚当·斯密：《国民财富的性质和原因的研究》（下卷），商务印书馆，1988，第25、第27页。

诺。二是社会非正式习俗，比如诚信文化。诚信作为社会普遍认同的价值观和行为准则，对人的行为会形成一定的约束。三是法治。即通过明确界定和保护产权、执行合同、维护公平竞争、监管失范行为等来约束"经济人"的行为，实现"可信承诺"，形成"双赢"或"多赢"局面。在现代市场经济中，"人格化交易"所占的比例越来越小，经济活动早已超出了熟人或社区的圈子，"非人格化交易"成为普遍而重要的交易形式。在这种交易中，买卖双方不一定熟悉，甚至都不认识，这时，虽然声誉和诚信仍起作用，但它们对于维持大量的、复杂的交易是远远不够的，这时，法治的突出作用和重要性就显现出来了。因此，在现代市场经济中，法治是维持良好竞争秩序、规范交易行为，从而构建有效市场的基础。

法治之所以能够对市场的有效运行起到支撑和保障作用，归根到底，就是法治作为经济社会生活的基本规则和秩序，"对任何取得社会固定性和不以单纯偶然性与任意性为转移的社会独立性的生产方式来说，都是一个必不可少的要素"①。与以权代法和人治带来的规则混乱、变动不居和"暗箱操作"相比，法治具有统一性和透明性，能够给市场参与者和社会公众带来稳定的预期、更平等的权利和更自由的选择。法律之所以能够带来稳定的预期，重要原因在于法律是经由立法机关依立法程序制定的，是在罗尔斯所谓的"无知之幕"下形成的，再加上严格而公平的执法，法律便具有了权威性、连续性和稳定性。

法治对于构建有效市场的作用主要表现在以下三个方面：

第一，确保各类市场主体的平等地位。

马克思分析了商品经济中生产者的平等地位及其重要经济影响，指出商品经济打破了超经济强制，是地位平等的自由自愿的交换关系。"社会分工则使独立的商品生产者互相对立，他们不承认任何别的权威，只承认竞争的权威。"②正是基于这种平等交换关系和自由竞争关系，市场经济扩展了社会分工的范围，拓展了社会分工的深度，从而促进了生产力发展。可以说，市场经济的核心在于交易各方的地位平等和竞争公平，这些都需要法律的保障。如果说自然经济秩序主要依靠共同体内部的各种传统和非正式规则来维持，那么市场经济则需要法治来支撑，即"经济

---

① 马克思：《资本论》第1卷，人民出版社，2004，第896页。
② 马克思：《资本论》第1卷，人民出版社，2004，第412页。

事实要以法律的形式获得确认"。法律法规是一国之内通行的统一条文,各类市场主体都必须共同遵守。当市场冲破国界演变为世界市场时,相关法律法规甚至会越过国界,成为不同国家市场主体共同遵守的行为规范。

在我国,各类市场主体平等的法律地位不断在各种重要的法律法规和政策中重申。党的十八届三中全会通过的《中共中央关于全面深化改革若干重大问题的决定》提出,"保证各种所有制经济依法平等使用生产要素、公开公平公正参与市场竞争、同等受到法律保护",各类市场主体"权利平等、机会平等、规则平等";党的十九届四中全会通过的《中共中央关于坚持和完善中国特色社会主义制度 推进国家治理体系和治理能力现代化若干重大问题的决定》提出,"营造各种所有制主体依法平等使用资源要素、公开公平公正参与竞争、同等受到法律保护的市场环境"。在我国,有两类市场主体平等地位有待进一步重视和强化。一类是公有制经济与非公有制经济的平等地位。由于计划经济体制的惯性作用和根深蒂固的意识形态偏见,非公有制经济特别是私营经济还没有上升到与公有制经济平等的法律地位和经济地位,在执法裁决、司法判决、市场监管和政策待遇等方面,往往遭受歧视,处于被动、被挤压的地位。另一类是大企业与中小企业的平等地位。大企业由于市场上的优势而获得法律、监管和政策上的优势,中小企业的法律和政策诉求往往得不到公平的回应,处于事实上的不平等地位,但中小企业对于维持增长和就业,特别是创新都具有重要意义。

第二,法律确认和保护产权。

产权的法律确认和保护构成市场经济运行的基本条件和制度支撑。财产关系实际上是"生产关系的法律用语",商品交换意味着交易者之间产权的让渡和转移,通过法律制度来明晰和保护产权,是推动商品和要素自由流动的基础。因此,有效的产权与契约制度也是现代经济增长的基础[1],只有通过有效的产权保护和契约制度实施,人们才会有投资的激励和交易的愿望。

历史上,英国的崛起与它较早形成有效的产权保护制度密切相关。好的法律制度还可以通过降低市场交易成本而使市场得以出现,并通过减少现有市场运转的摩

---

[1] 罗伯特·考特、托马斯·尤伦:《法和经济学》第5版,史晋川、董雪兵等译,格致出版社、上海三联书店、上海人民出版社,2010,前言第1页。

擦力，而使市场不至于失灵。在一些发展中国家，产权保护制度的缺失使信贷市场难以建立起来，财产无法进行抵押和实现投资功能，从而不能顺利进入经济循环过程，严重抑制了经济增长。当然，在产权缺乏正式法律保护时，自发交易有时也会产生，但往往是以非正式经济的面目出现的，交易效率低下，市场经济的发展仿佛被扣着一层"钟罩"。随着市场经济的发展，产权的权利束也会不断扩展，特别是从有形产权扩展到无形产权，例如知识和数据等无形资产的产权，因此，正式的法律确认和保护就越来越重要。同时，以非实物商品交易为主的现代服务业所占的比例会越来越大，契约的复杂程度和执行难度随之不断提高，只有以法律制度为主的正式制度才能适应并推动市场经济向高级和成熟形态发展[1]。

第三，维持市场竞争秩序。

竞争是价值规律发挥作用和市场在资源配置中起决定性作用的基本机制[2]，市场竞争越充分，生产要素的流动性就越好，形成的价格就越能反映资源的稀缺性和使用成本以及潜在用途。不仅如此，竞争作为外在的强制规律，还会"迫使他的竞争者也采用新的生产方式"[3]，从而促进创新和技术进步。市场竞争如此重要，而维护市场竞争，法治须臾不可缺少。习近平总书记指出："发挥市场经济固有规律的作用和维护公平竞争、等价交换、诚实守信的市场经济基本法则，需要法治上的保障。"[4]党的十八届三中全会决定明确指出，"建设统一开放、竞争有序的市场体系，是使市场在资源配置中起决定性作用的基础""清理和废除妨碍全国统一市场和公平竞争的各种规定和做法，严禁和惩处各类违法实行优惠政策行为，反对地方保护，反对垄断和不正当竞争"。党的十八届四中全会通过的《中共中央关于全面推进依法治国若干重大问题的决定》提出："反对垄断，促进合理竞争，维护公平竞争的市场秩序。"

通过法治维护市场公平竞争秩序有两个着力点：

一是完善和强化实施《中华人民共和国反垄断法》（简称《反垄断法》）和

---

[1] 钱颖一：《市场与法治》，《经济社会体制比较》2000年第3期。
[2] 马克思：《资本论》第3卷，人民出版社，2004，第201页。
[3] 马克思：《资本论》第1卷，人民出版社，2004，第370页。
[4] 习近平：《之江新语》，浙江人民出版社，2007，第203页。

《中华人民共和国反不正当竞争法》（简称《反不正当竞争法》）。2007年全国人大通过了《反垄断法》，于2008年8月1日起施行，这是我国竞争政策演进过程中的一个里程碑。《反垄断法》在法律层次上确立了竞争政策的基础地位，涉及维护和促进市场竞争的许多关键要素，学术界给予很高的评价，"从很多方面来说，中国的《反垄断法》都是一部高水准的法律，它处理了横向限制、纵向约束、并购以及滥用支配地位等竞争法的核心问题"[1]；标志着我国竞争政策"在商品、竞争、市场等多元素的推动下，从无到有、从弱到强、从分散到系统，终于以法律的名义，走上历史舞台"[2]。

《反垄断法》还有许多需要完善的地方，如《反垄断法》规定了多元化目标，包括反垄断、公平竞争、效率、消费者福利、社会利益和市场健康发展等，而这些目标的层次不同，甚至存在某种冲突，同时，竞争目标和非竞争目标混杂在一起，这些给行政执法机关留下了过大的自由裁量空间，也带来了沉重的执法司法负担。再如，某些重要领域还没有纳入反垄断范围，如自然垄断领域的竞争环节和行政垄断领域，《反垄断法》的覆盖范围受到限制，等等。再者，《反垄断法》的执法司法力度不够，许多垄断活动得不到有效阻止。

除了垄断以外，还存在许多扰乱市场竞争秩序、损害其他经营者或者消费者合法权益的不正当竞争行为，如商业欺诈、商业贿赂、虚假宣传、侵犯商业秘密等。这些都需要通过《反不正当竞争法》来加以遏制。我国《反不正当竞争法》于1993年制定实施，2017年进行了修订，2019年进行了修正。《反不正当竞争法》颁布实施30年来，对维护市场竞争秩序、营造良好的营商环境发挥了重要作用。近年来，数字经济、互联网金融、人工智能、大数据、云计算等新技术新应用快速发展，催生了一系列新模式和新业态。《反不正当竞争法》需要根据形势的发展加以完善，以覆盖上述新兴领域，解决这些领域不正当竞争行为认定难、查处难等问题，以良法善治保障新业态、新模式健康发展。

二是有效落实公平竞争审查制度。

---

[1] 威廉·科瓦西奇、林至人、德里克·莫里斯编著《以竞争促增长：国际视角》，中信出版社，2017，第13页。

[2] 李青：《中国竞争政策的回顾与展望》，《中国价格监管与反垄断》2018年第7期。

公平竞争审查制度在我国具有特殊重要的意义。我国市场经济是从计划经济走过来的，政府介入经济程度较深，干预范围较广，滥用行政权力和政策手段限制、排除和隔离竞争的可能性和空间较大，扭曲、限制、排除了市场竞争，干扰了市场机制发挥作用，如地方保护、区域封锁、行业壁垒、企业垄断、违法给予优惠等。如何防范政府借助政策措施乃至法律手段来排除和限制竞争就显得十分重要。2015年发布的《中共中央 国务院关于深化体制机制改革加快实施创新驱动发展战略的若干意见》提出"探索实施公平竞争审查制度"，2019年党的十九届四中全会决定提出"落实公平竞争审查制度"，2020年党的十九届五中全会提出"健全公平竞争审查机制"。公平竞争审查主要是对政府行将出台的有关市场准入、产业发展、招商引资、招标投标、政府采购、经营行为规范、资质标准等影响市场主体经济活动的政策、法规进行审查，以判断它们是否违背公平竞争原则。对于违背公平竞争原则的政策、法规，则需要根据竞争优先原则进行修改完善才能颁布实施。借助于公平竞争审查制度，就可以逐步建立起以竞争政策为基础的政府政策体系。

第四节

以法治保障人的自由全面发展

社会主义的崇高目标是实现人的自由全面发展。相对于自然经济和计划经济，市场经济意味着人的解放向前推进了一大步，因为市场经济促进了社会财富的增长，使社会更有可能迈向以人的自由全面发展为基本准则的社会形态。在市场经济中，人获得了相对自由的权利，包括经济社会生活中的民事权利和政治生活中的公民权利，而这些权利都需要依靠法治来保障。马克思指出，"彼此作为身份平等的商品占有者发生关系，……因此双方是在法律上平等的人"[①]"他们是作为自由的、在法律上平等的人缔结契约的。契约是他们的意志借以得到共同法律表现的最后结果"[②]。市场经济承认人们具有法律上的平等地位，公民的人身权、财产权、基本政治权利等不受侵犯，以法治方式规定和实现公平正义的价值。市场经济是生产力发展不可逾越的阶段，也是实现人自由全面发展不可逾越的阶段。社会主义市场经济是现代市场经济，同样需要权利、机会、规则的公平，这与法治的基本价值取向是完全一致的。

党的十八届五中全会提出了以人民为中心的发展思想，强调发展民主，维护社会公平正义。党的十九大提出，社会主要矛盾已经转化为人民日益增长的美好生活需要和不平衡不充分的发展之间的矛盾，社会主义生产的根本目的是满足人民日益增长的美好生活需要。党的二十大报告提出，到2035年，"人的全面发展、全体人民共同富裕取得更为明显的实质性进展"。人的需要不是一成不变的，而是随着

[①] 马克思、恩格斯：《马克思恩格斯全集》第44卷，人民出版社，2001，第195页。
[②] 马克思、恩格斯：《马克思恩格斯全集》第44卷，人民出版社，2001，第204页。

生产力发展和时间的推移不断发展的。美国心理学家马斯洛在1943年发表的《人类激励理论》中将人类需要从低到高依次划分为五个层次，即生理需要、安全需要、社交需要、尊重需要和自我实现需要。这里，自我实现需要是指人们对道德、创造力、公平公正和自我价值实现的追求，是人们在获得生存需要和享受需要的满足之后产生的更高层次的需要。中国特色社会主义进入新时代，人们的需要发生了一些重要变化。

第一，追求高品质物质生活。一般性的产品和服务需求已经基本得到满足，人们转向追求产品和服务的性能、稳定性、安全性、便捷性、舒适性、环保标准及其所附着的精神方面的东西（如愉悦感、归属感、自我评价和社会评价等）。随着智能化时代的到来，人们开始注重产品的智能化、网络化和数字化，对智能产品和服务的需求已经被唤醒，并转化为快速增长的市场需求。

第二，追求良好的生态环境。随着人们对生活质量的要求越来越高，良好的生态环境已经成为人们的内在需要，新鲜空气、清洁水源、宜人气候、安全食品等已经成为人们选择的重要参数，并日趋内化为人们的价值判断。

第三，追求公平。公平是人类最深沉的价值追求，内嵌于人的基因。机会公平是现代市场经济中公平的核心要素。如果机会是开放和公平的，由此而带来的竞争结果就可以被视为符合公平原则，人们也能在较大程度上认可和接受这种结果。

第四，追求社会和政治参与。马克思认为，人本质上是"一切社会关系的总和""社会关系实际上决定着一个人能够发展到什么程度"。人追求社会参与和政治参与可视为人的"一种内在的、无声的和把许多个人自然联系起来"的"类"本质。追求社会参与和政治参与包含道德、自由、尊严、公平、民主等诸多因素，属于精神层面的需要。党的十九大在描述人民日益增长的美好生活需要时就已经指出了这些方面的需要："人民美好生活需要日益广泛，不仅对物质文化生活提出了更高要求，而且在民主、法治、公平、正义、安全、环境等方面的要求日益增长。"[1]

与较低层次的需要相比，高层次需要的满足对社会的法治水平提出了更高的

---

[1] 习近平：《决胜全面建成小康社会夺取新时代中国特色社会主义伟大胜利》，人民出版社，2017，第11页。

要求。高层次需要不仅要通过推进经济的高质量发展来逐步满足,更要通过法治建设奠定牢固的根基,良法善治是满足高层次需要的根本保证。习近平总书记指出:"解决制约持续健康发展的种种问题,……解决人民最关心的教育、就业、收入分配、社会保障、医药卫生、住房等方面的突出问题,解决促进社会公平正义……都需要密织法律之网、强化法治之力。"[1]

在保障人民群众对美好生活的追求层面,已经有了一些法治基础。从立法上看,1995年通过和2015年修正的《中华人民共和国教育法》,2007年通过的《中华人民共和国就业促进法》,2010年通过的《中华人民共和国社会保险法》,1980年通过和2018年修正的《中华人民共和国个人所得税法》,2013年修正的《中华人民共和国消费者权益保护法》,2014年修订的《中华人民共和国环境保护法》,2009年通过和2018年修正的《中华人民共和国食品安全法》,2019年通过的《中华人民共和国基本医疗卫生与健康促进法》等,为人民生活品质提升、人的能力发展、人的权利保障和社会成员共同富裕等提供了比较全面的法律保障,体现出我国法治建设在向深层次逐步推进。

实现人的自由全面发展,还涉及立法和司法环节。立法的根本目的是反映人民意愿,良法是法治建设的第一个环节,是依法治理的起点。"要抓住提高立法质量这个关键,深入推进科学立法、民主立法,完善立法体制和程序"[2]。2000年通过的《中华人民共和国立法法》,明确了立法应当体现人民的意志,保障人民通过多种途径参与立法活动。保障人民参与到立法过程中来,将人民群众的需求与希望尽可能纳入立法过程,将民意转化为法律,即是善治的基础和保证,也是人内在需要本身。

执法和司法是维护社会公平正义的最后一道防线。"人民群众对美好生活的向往更多向民主、法治、公平、正义、安全、环境等方面延展。……必须牢牢把握社会公平正义这一法治价值追求,努力让人民群众在每一项法律制度、每一个执法

---

[1] 中共中央文献研究室编《习近平关于全面依法治国论述摘编》,中央文献出版社,2015,第10—11页。

[2] 中共中央文献研究室编《习近平关于全面依法治国论述摘编》,中央文献出版社,2015,第47页。

决定、每一宗司法案件中都感受到公平正义。"[1]法治不能仅仅停留在立法或法律文本上。从理论上讲，一个国家的法律可以简单地照抄他国的法律，但执法和司法则完全是另一回事。因此，保障有法必依，执法和司法公正才能最终使法治落到实处。现实也证明，执法和司法比立法难度更大，存在的问题更突出。可见，深入推进执法和司法体制改革，确保执法和司法公正，消除执法和司法地方保护主义和腐败带来的消极影响[2]，是建设现代市场经济体制的基础性工作。

---

[1] 习近平：《加强党对全面依法治国的领导》，《求是》2019年第4期。
[2] 陈刚、李树：《司法独立与市场分割——以法官异地交流为实验的研究》，《经济研究》2013年第9期。

PART 07

第七章

健全宏观经济治理体系

经历了40余年市场化取向的经济体制改革之后，中国已经建立起社会主义市场经济体制。市场机制在大部分经济领域发挥着决定性作用。随着社会主义市场经济体制目标模式的确立，中国逐渐建立起与市场经济相适应的宏观调控体系。在新的宏观调控体系下，直接调控被间接调控所替代，计划管理让位于财政政策与货币政策的合理组合，而产业政策、价格政策和区域政策的灵活搭配，则进一步增强了宏观调控政策的功效。由于宏观经济治理体系不断完善、宏观调控政策更加灵活、宏观调控工具日趋多样、宏观调控经验日益丰富，因此尽管改革开放以来中国经济出现过几次波动，但基本上都得到了有效的控制和治理，国民经济实现了快速、稳定、健康的发展。

第一节

改革开放之初对宏观经济调控问题的探讨

1984年10月，党的十二届三中全会通过了《中共中央关于经济体制改革的决定》，要求加快以城市为重点的整个经济体制改革的步伐。该决定在对经济体制改革各项任务进行全面部署的同时，还明确指出，"越是搞活经济，越要重视宏观调节，越要善于在及时掌握经济动态的基础上综合运用价格、税收、信贷等经济杠杆，以利于调节社会供应总量和需求总量、积累和消费等重大比例关系，调节财力、物力和人力的流向，调节产业结构和生产力的布局，调节市场供求，调节对外经济往来，等等。我们过去习惯于用行政手段推动经济运行，而长期忽视运用经济杠杆进行调节。学会掌握经济杠杆，并且把领导经济工作的重点放到这一方面来，应该成为各级经济部门特别是综合经济部门的重要任务"。因此，如何更好地借鉴国外经验，构建具有中国特色的宏观经济管理理论框架和政策体系，就成为当时亟待解决的重大问题。

为了更好地借鉴发达国家和东欧社会主义国家的经验，完善经济转轨过程中的宏观经济管理，经国务院批准，1985年9月2日到7日，中国经济体制改革研究会、中国社会科学院和世界银行驻京代表处联合主办了一次"宏观经济管理国际讨论会"，对中国改革中的宏观经济管理问题进行了深入的讨论。来自国内外的30多名学者和官员参加了会议。这次会议围绕着经济体制改革的目标模式、经济体制模式的转换、宏观经济管理等内容展开了深入的讨论，极大地深化了对一些重要的理论和政策问题的认识①。

第一,关于经济体制改革的目标模式。当时正在进行的经济体制改革已经确立了社会主义经济是有计划的商品经济,但如何实现计划和商品经济的有机结合,是一个需要在理论上深入研究、实践中积极探索的重大问题。匈牙利经济学家雅诺什·科尔奈的观点受到了广泛的关注。他认为经济运行的协调机制可以分为行政协调和市场协调两类。还可以进一步细分为直接的行政协调和间接的行政协调,无控制的市场协调和有宏观控制的市场协调。与会的经济学家们普遍对其中有宏观控制的市场协调产生了兴趣,在这种体制下,宏观经济管理当局不是通过直接行政手段或者通过对微观经济活动进行大量的频繁的间接行政干预来控制经济运行,而是借助统一的和规范的宏观约束手段或经济参数手段来进行调节和管理。在坚持社会主义原则、坚持以公有制为主体的所有制结构和内涵、坚持国家宏观决策和计划指导的原则下,可以利用这一理论的合理内核来分析经济体制改革目标模式,探讨如何更好地实现微观放活和宏观控制的有机结合。

第二,直接控制与间接控制。在中国经济改革的过程中,政府干预经济的方式正在从由直接控制为主转向以间接控制为主,从主要依靠行政手段管理转向更多地运用经济手段来调节经济的运行。在新体制下,是否还需要政府的直接控制?如何顺利实现宏观经济管理方式的转型?从当时西方国家政府干预经济活动的方式与政策工具来看,在宏观经济管理中必要的行政干预是有用的,有时候甚至比财政政策、货币政策更有效,因此,财政政策、货币政策应当同行政干预结合起来。虽然行政控制是通过计划手段实施的,但计划不等于行政控制。计划可以分为两类:一类是传统体制下直接的行政控制,它与市场协调不相容;另一类是对经济发展的可能性进行探索,为决策作出准备,并协调社会各方面的利益,它可以与市场协调实现相容。中国在逐步建立竞争性市场体制的过程中,随着宏观经济管理方式的转换,应当学会用价格、税率、利率等经济参数来调节经济活动,但也不能放弃必要的行政手段,更不应当放松计划手段,因为必要的计划手段可以弥补市场力量的不

---

① 刘国光等:《经济体制改革与宏观经济管理——"宏观经济管理国际讨论会"评述》,《经济研究》1985年第12期;赵人伟:《1985年"巴山轮会议"的回顾与思考》,《经济研究》2008年第12期。

足,并防止市场机制的消极后果。

第三,财政政策和财政手段的运用。宏观经济管理的目标通常被归结为三种:维持总需求与总供给的平衡、保持物价总水平的稳定以及维持国家对外经济关系的稳定。其首要目标是维持总需求与总供给的平衡。随着经济参与者日趋多元化,国家难以对供给侧施加集中控制力,因而更多地侧重通过总需求管理来实现宏观经济管理的目标。财政政策和货币政策是政府通过间接手段实现总需求管理的主要政策工具。以政府支出、税收和补贴等手段为主的财政政策是控制需求、稳定经济的基础,在功能财政政策的目标框架下,政府可以通过直接调整政府收支达到调节总需求的目标。较之于货币政策,财政政策见效快,作用直接。要想使财政政策发挥应有的宏观调节作用,政府应着力于健全税收制度,发挥税收的作用,必要时可以发行公债。无论在何种情况下,都不应该采用"创造货币"的办法来筹措财源。

第四,货币政策和信贷杠杆的运用。货币政策是重要的宏观经济管理工具,货币政策的核心是控制货币的总供应量。当时我国将流通中的现金数量作为衡量货币供应量的唯一指标,但基于中国的金融环境还存在不少问题,复杂的影响因素导致货币流通速度缺乏稳定性,缺乏中央银行影响货币供给所必需的金融机制,因此,中国用信贷总额代替货币供应总额作为宏观控制指标,可能更为现实。中国要有效实施货币政策也面临不少挑战:国有企业普遍存在的预算软约束大大影响了利率杠杆的调节作用,存款准备金制度作用并不明显,金融市场也不健全,公开市场业务难以实施。学者们普遍认为,在当时中国的金融体制下,通过金融工具实现宏观管理,仍有必要延续过去由中央银行规定信贷总额指标,并通过专业银行逐层下达的直接控制方式。但要逐步建立和健全银行体系和金融市场,通过企业改革逐步解决预算软约束的问题,最终实现通过货币政策这种间接控制方式进行宏观管理。

第五,财政政策和货币政策的配套。财政政策和货币政策都是以间接调控为主的宏观经济管理政策的重要组成部分,只有将二者进行合理搭配,才能取得更好的政策效果。从政策组合来看,财政政策和货币政策通常有四种组合:紧的财政政策和货币政策、松的财政政策和货币政策、紧的财政政策和松的货币政策、松的财政政策和紧的货币政策。在当时,随着经济体制改革的重点从农村转向城市,经济出现了快速增长,但也很快导致经济过热。银行信贷激增导致货币投放过量,引发了通货膨胀。针对当时中国经济中存在的"投资饥渴""进口饥渴"和"消费饥渴"相叠加导致的总需求膨胀状态，国内外学者普遍建议中国实行紧的财政政策和货币政策，以抑制过度的总需求，为改革创造一个供给略大于需求的良好经济环境。

宏观经济管理与微观经济活动密不可分。要想更好地实现宏观经济管理的目标，不仅要求宏观经济政策本身具有科学性和合理性，也在很大程度上取决于微观经济主体能否对相关政策作出及时的反应。因此，中国不仅要构筑一个与经济体制改革目标相适应的宏观经济管理体制，还要建立与之相适应的微观基础，这就要求中国在下一步改革中硬化企业的预算约束、建立和完善市场体系特别是商品市场和资金市场、积极果断地改革价格、建立健全经济信息与经济监督系统。

"巴山轮会议"是中国从计划经济体制向有计划的商品经济转变过程中召开的一次重要学术研讨会。"'巴山轮会议'实际上是探索经济体制改革和加强宏观经济管理的一次高级研讨班。""这次会议的与会人员基本上是由三部分人构成的：来自中国的经济学家，包括经济决策者和经济理论工作者；来自东欧的或对东欧的改革富有经验的经济学家；来自西方的经济学家，特别是对市场经济的宏观管理和对经济转型富有经验的经济学家。从与会人员的组成可以看出，到了20世纪80年代中期，中国的经济改革不能仅仅吸取东欧的经验、停留于在中央计划经济的框架下引入市场机制，而是要进一步吸取对市场经济进行宏观管理的经验以及如何从计划经济向市场经济转型的经验。"[1]通过在巴山轮上近一周的交流和讨论，中国经济学家对西方宏观经济调控的理论框架及政策实践有了充分的了解，中外学者们对于体制改革的方向和经济运行中的问题也有了更深入的认识。无论从当时还是现在看，会议都产生了积极而深远的影响。"'巴山轮会议'对中国如何从直接的宏观经济管理向间接的宏观经济管理过渡，已经给出了一个基本的框架。"[2]

---

[1] 赵人伟：《1985年"巴山轮会议"的回顾与思考》，《经济研究》2008年第12期。
[2] 张卓元：《中国特色宏观经济管理理论研究与创新》，载张卓元主编《中国经济学30年》，中国社会科学出版社，2008，第167页。

第二节

确立社会主义市场经济体制改革目标后宏观调控体系不断完善

经过十几年的不断探索，我党对经济体制改革的目标模式有了认识上的飞跃。1992年党的十四大报告明确提出，我国经济体制改革的目标是建立社会主义市场经济体制。在社会主义市场经济体制下应当如何开展宏观调控？党的十四大报告对此也进行了深刻的论述。报告指出，在社会主义市场经济体制中，市场在社会主义国家宏观调控下对资源配置起基础性作用。要想更好地实现宏观调控的目标，就应当大力发展全国统一市场，进一步扩大市场的作用，并依据客观规律的要求，运用好经济政策、经济法规、计划指导和必要的行政管理，引导市场健康发展。此后召开的党的十四届三中全会提出了宏观调控的四项主要任务，即保持经济总量的基本平衡，促进经济结构的优化，引导国民经济持续、快速、健康发展，推动社会全面进步。对建立和完善社会主义市场经济体制下的宏观调控体系也进行了更为全面和具体的部署，强调宏观调控主要采取经济办法，建立计划、金融、财政之间相互配合和制约的机制，运用货币政策与财政政策，并与产业政策相配合，促进国民经济和社会的协调发展。党的十四大以来，为了尽快建立起与社会主义市场经济体制相适应的宏观调控体系，中国在计划、财税和金融体制改革方面相继迈出重大步伐。

20世纪90年代初以来，中国经济出现过几次大的波动。但随着对宏观经济运行规律认识的逐渐深入，以及宏观调控体系的不断完善，中国在应对经济波动方面取得了显著的成就。

一、对20世纪90年代初通货膨胀的治理

以1992年邓小平同志南方谈话和党的十四大胜利召开为标志，我国改革开放和经济建设进入了新的发展阶段。经济增长率持续攀高，1993年和1994年分别高达13.4%和11.8%。但经济的过快增长也加剧了久已存在的经济失衡状态，集中表现为物价水平的迅速上扬，1993年居民消费价格涨幅为14.7%，1994年高达24.1%，远远超过了1988年的18.5%，是改革开放以来的最高涨幅。这表明，在经济快速增长和经济体制转换过程中，通货膨胀压力依然较大。

对于这一轮通货膨胀的成因众说不一，普遍认为这一次通货膨胀的原因比较复杂，很难简单归结为某一类因素的推动。总体上有四种观点：需求拉动型通货膨胀、成本推动型通货膨胀、制度变革型通货膨胀以及综合型通货膨胀。在治理通货膨胀方面，主流观点认为，应当适度抑制总需求，特别是抑制投资需求。由于当时通货膨胀的形成与经济转轨这个背景有关，有学者也因此提出了"双轨调控"的思路，即针对不同所有制类型的微观经济主体使用不同的调控方式，对国有经济部门继续运用行政性的直接控制手段，特别是要对过度投资和"公款消费"进行直接控制，而对于非国有经济则使用各种间接的调控政策[①]。也有学者从金融调控方面提了具体建议，认为控制通货膨胀的根本性措施是建立和完善贷款的商业原则和信用原则，建立企业的贷款硬约束机制；应当上调利率，提高贷款的成本，遏制各方面对贷款的过度需求；应当提高中央银行的独立性和在货币政策方面的自主性，使中央银行能够抵制地方政府及其他部委的贷款需求和压力；要尽快改革中央银行的组织结构和货币政策体系，彻底取消中央银行省级分行的资金融通职能，以摆脱地方政府的干预；尽快推开公开市场业务，严格控制中央银行贷款的投放[②]。

为了更好地控制通货膨胀，当时中央政府采取了适度从紧的宏观调控政策，包括实行适度从紧和量入为出的财政方针，控制货币供应量和信贷规模，控制固定资产投资规模，抑制消费基金过快增长等。这些政策取得了明显的效果，物价涨幅从1994年的24.1%下降到1997年的2.8%。尽管1997年经济增长率较1992年的12.8%有

---

① 樊纲：《"软约束竞争"与中国近年的通货膨胀》，《金融研究》1994年第9期。
② 谢平：《中国转型经济中的通货膨胀和货币控制》，《华北金融》1994年第10期。

所降低，但仍保持了8.8%的高速增长。宏观调控政策的实施，既显著地降低了物价涨幅，又实现了经济的适度快速增长，成功实现了经济"软着陆"。

二、对20世纪90年代末通货紧缩的治理

尽管对通货膨胀的治理取得了成功，但中国经济很快又面临新的挑战，长期困扰中国经济的商品短缺渐行渐远，但产能过剩又悄然而至。1996年开展的第三次全国工业普查结果表明，在900多种主要工业产品中，"1995年全国有半数产品的生产能力利用率在60%以下。如照相胶卷仅13.3%，电影胶片25.5%，电话单机51.4%，彩色电视机46.1%，家用洗衣机43.4%，自行车54.5%，内燃机43.9%"[1]，大中型拖拉机、小型拖拉机、钢材等重要商品在20世纪80年代末还是紧俏物资，但在20世纪90年代中期却处于产能利用率不足的窘境。中国出现了新中国成立以来第一次大范围的产能过剩。当时不仅国内消费需求相对不足，在亚洲金融危机的冲击下，国外需求也开始出现萎缩。新一轮的供求失衡导致价格水平也持续回落。从1998年4月开始，消费价格指数涨幅曾经出现持续24个月的负值，工业品出厂价格指数从1997年6月到2000年1月一直处于负增长状态，而且负增长的幅度远大于消费价格指数。

虽然当时中国出现了物价水平的持续下降，但中国是否出现了通货紧缩，社会上存在不同的看法。顾名思义，通货紧缩是指物价水平的持续下降。有学者认为当时中国只是存在着通货紧缩的苗头，仅仅从物价水平持续降低还不足以断言通货紧缩的到来[2]。通货紧缩应当具有"两个特征、一个伴随"，即物价水平的持续下降和货币供应量的持续下降，通常还伴随着经济衰退。物价水平下降并不意味着必然出现了通货紧缩，只有当物价水平下降同时也出现了货币流通量下降才意味着通货紧缩的来临，而当时中国的经济增速和M2增速均为正值。但也有学者认为，中国

---

[1] 国家统计局：《第三次全国工业普查主要数据公报》，https://www.stats.gov.cn/sj/tjgb/gypcgb/qggypcgb/202302/t20230218_1913196.html。

[2] 北京大学中国经济研究中心宏观组：《正视通货紧缩压力，加快微观机制改革》，《经济研究》1999年第7期。

已经出现了通货紧缩①。"二战"结束以来，西方国家的经济衰退较少表现为经济总量的绝对下降，而是更多地表现为增长速度的下降。从这个角度去观察，近年来中国在物价持续下降的同时，虽然没有伴随着经济衰退和货币供应量减少，但经济增长速度逐年下降，已经出现了"增长型衰退"。由于中国的货币流通速度放慢，要想使货币供应量与经济总量的增长相适应，就不得不增加货币投放，因此，中国的通货紧缩所伴随的是货币供应量的增长而不是收缩。还有学者认为中国已出现全面性的严重的通货紧缩，已经影响了我国经济的持续、快速、健康发展，如果不实行旨在治理通货紧缩的货币政策及相关政策，中国将有可能陷入通货紧缩的螺旋陷阱之中②。

中国通货紧缩的形成原因是什么？主流观点将其归咎为有效需求不足，认为通货紧缩是消费需求、投资需求和出口需求下降所引起的，而导致社会总需求下降既有经济体制方面的原因，也有经济政策和经济结构方面的原因等③。结合当时全球性紧缩以及亚洲金融危机冲击等因素，外部需求不足对通货紧缩的形成也产生了一定的影响④。尽管对通货紧缩的成因仁者见仁、智者见智，但对于通货紧缩治理之策的观点则比较接近。一是采取积极的财政政策。在扩大财政支出的同时，对财政支出结构也要作出合理安排，继续加大对基础设施和农林水利建设的投资，加强对"小城镇"建设的支持⑤。税收政策和支出政策应各有侧重。结合财税体制改革的深化，在现有税收规模不减甚至有所增加的前提下，对现行税制作局部性的调整，改变在短缺经济时期长期实行的约束消费和抑制投资的税制，使其走上刺激投资和消费的道路；把减税的意图纳入"费改税"进程，并通过规范政府收入机制的安排加以实现⑥。二是实施积极主动的货币政策，适度增加货币供给。在短期内进一步

---

① 汪同三、李涛：《中国通货紧缩的深层次原因》，《中国社会科学》2001年第6期。
② 胡鞍钢：《我国通货紧缩的特点、成因及对策》，《管理世界》1999年第3期。
③ 曾国安：《九十年代中国通货紧缩的成因与反通货紧缩政策》，《当代经济研究》2001年第2期。
④ 胡鞍钢：《我国通货紧缩的特点、成因及对策》，《管理世界》1999年第3期。
⑤ 钱小安：《通货紧缩的原因、危害与对策》，《金融研究》1999年第9期。
⑥ 高培勇：《通货紧缩下的税收政策选择——关于当前减税主张的讨论》，《经济研究》2000年第1期。

增加货币投放，主要用于增加城乡居民的名义收入，以激活最终消费需求，刺激价格水平回升。在防范金融风险前提下，取消某些过时的管制，扩大信贷发放规模；放松利率管制，加快利率市场化改革[①]。三是协调好短期政策与中长期政策，将宏观经济政策和体制改革结合起来，解决通货紧缩的深层次矛盾。在短期要实行积极的宏观经济政策，在中期要改革国有企业产权制度和经营机制、投融资体制以及不合理的收入分配关系，在长期要改变经济增长方式，改善经济增长质量[②]。

中国政府在制定"九五"计划时，因为担忧需求拉动和成本推动价格上涨的因素依然存在，还强调"九五"期间要实行适度从紧的财政政策和货币政策，以保持需求总量的适度增长和需求结构的协调合理。但随着国内外需求不足的问题愈发突出，通货紧缩态势日趋明显，宏观调控政策也进行了较大调整，宏观经济政策的调控目标从力求稳健转向积极宽松，财政支出持续增加，国债发行规模不断扩大，央行连续多次调低利率。这些具有针对性的宏观调控政策改善了中国经济的运行状况，经济增长率从1998年的7.8%上升到2003年的9.1%，消费价格指数也从1998年的0.8%提升到2003年的1.2%，中国经济逐渐走出通缩的阴影，进入增长新周期。

三、对21世纪之初经济过热的治理

从2003年开始，中国经济开启了新一轮快速增长，2003—2005年的GDP增长率均在10%以上，远超1980—2003年平均9.8%的增长速度。尽管物价水平总体保持稳定，但投资增速却偏快，从全社会固定资产投资增长率来看，2003—2005年的投资增速均在26%以上，2003年甚至高达27.7%。这些情况也引发了对经济过热问题的担忧，认为中国宏观经济已经表现出总体过热，甚至开始了通货膨胀型的经

[①] 范从来：《论通货紧缩时期货币政策的有效性》，《经济研究》2000年第7期；胡鞍钢：《我国通货紧缩的特点、成因及对策》，《管理世界》1999年第3期；谢平、沈炳熙：《通货紧缩与货币政策》，《经济研究》1999年第8期。

[②] 汪同三、李涛：《中国通货紧缩的深层次原因》，《中国社会科学》2001年第6期；樊纲：《通货紧缩、有效降价与经济波动——当前中国宏观经济若干特点的分析》，《经济研究》2003年第7期。

济过热。但也有不少人认为，当时中国整体上并不存在经济过热[①]。判断经济过热的依据并不是投资增长速度或经济增长速度有多高，而是供给需求是否平衡。尽管经济增长速度的确很高，但从供需关系导致的物价变动看，中国经济并未过热。中国的投资回报率也很高，意味着低通货膨胀率、高投资率拉动的中国经济增长是可持续的。北京大学中国国民经济核算与经济增长研究中心（2017年更名为"北京大学国民经济研究中心"）认为，中国正处在1992年以来最好的时期[②]。该研究中心指出，由于国有企业改革取得了重要的突破，符合国情的宏观经济政策改善了经济环境，国民经济出现新的经济增长点，全球化红利助推经济发展，以市场为导向的经济发展模式运行良好，这些因素共同推动了中国经济的加速增长。虽然部分行业和地区经济发展有些偏热，但不能把经济的加速增长和经济过热混为一谈。当时物价出现了上升趋势，意味着经济确实存在着通货膨胀的可能，但深入分析表明，虽然投资需求增加拉动了部分生产资料价格的上涨，但投资增长仍然处在正常区间，而全社会大幅度提升消费水平的可能性也不大，因此，需求拉动通货膨胀的可能性很小。中国经济发展中的主要矛盾是就业问题，改善就业比防止通货膨胀更重要。

在当时的经济形势下，需不需要进行宏观调控？宏观调控的目的是熨平经济波动，促进经济平稳协调发展。只要市场经济有波动，就需要宏观调控。至于宏观调控政策是以紧缩为主还是以扩张为主，主要取决于宏观经济形势的变化。当前既有局部过热，特别是一些部门投资过多的现象，又有总体上供大于求、有效需求不足的问题。因此，在宏观经济政策上，既不能采用20世纪90年代治理全面经济过热和严重通货膨胀的紧缩性宏观调控政策，又不宜采取20世纪90年代末治理经济偏冷和经济紧缩趋势时的扩张性宏观调控政策，应当采用"中性"的宏观调控政策，政策总基调由前几年扩张性的"从松"转向适当从紧的"中性"。就财政政策来说，就是要调减财政赤字和长期建设国债规模，优化国债和财政支出结构；货币政策也要实行"有保有压、松紧适度"的中性政策。也有些观点认为，由于宏观经济

---

① 赵晓：《中国投资回报率高不说明经济过热》，《中国物流与采购》2006年第21期。

② 刘伟、许宪春、蔡志洲：《2003—2004中国经济走势分析——中国经济过热了吗？》，《经济科学》2003年第6期。

的失衡中既有总量问题也有结构问题，因此单纯从需求管理的角度进行总量调节是远远不够的，应该更多地考虑把需求管理和供给管理结合起来，尤其应该注重财政政策的作用[①]。通过适度紧缩的货币政策和适度扩张的财政政策来鼓励消费和抑制投资，解决总需求中的结构性矛盾。

由于当时经济增长势头较好，社会投资活跃，中国政府实际采取的宏观调控政策以稳健的财政政策和稳健的货币政策为主。为了防止经济出现大的起落，针对固定资产投资增长过快、货币信贷投放过多、外贸顺差过大等问题，政府也适时对财政政策和货币政策进行了微调，多次及时调整金融机构存款准备金率、存贷款基准利率，取消或降低了高耗能、高排放和资源性产品的出口退税，使国民经济总体上保持了平稳快速发展。

四、应对2008年全球金融危机冲击的宏观调控政策

始于美国而后蔓延世界的2008年金融危机导致全球范围内的经济衰退。随着中国经济日益融入世界经济体系，此次席卷全球的国际金融危机也严重冲击了中国经济，并对中国经济增长产生了较大的影响。2008年一季度中国经济增长率还高达10.6%，而2009年一季度增长率就急剧下滑到6.1%。国内经济本身就处于经济结构转型与周期性调整"双因素叠加"的不利时期，此次国际金融危机通过人民币汇率变化、国际市场价格波动、国外需求减少等渠道影响中国，使得中国出口、投资和消费三大需求均出现不同程度的下滑，"将加大我国经济调整的深度和长度"[②]。国际金融危机对中国出口的冲击尤为明显。随着世界经济形势的急转直下，2008年中国外贸增长也呈现出明显的前高后低走势，尽管全年对外贸易总体增长较快，但从当年11月开始由升转降，进出口额同比下降9%，其中出口下降2.2%，是2001年7月以来首次下降，进口下降17.9%。12月进出口降幅进一步扩大到11.1%，其中出口下降2.8%，进口下降21.3%。机电产品出口增速大幅回落，

---

① 刘伟、蔡志洲：《中国宏观调控方式面临挑战和改革》，《经济导刊》2006年第6期。
② 高辉清、熊亦智、胡少维：《世界金融危机及其对中国经济的影响》，《国际金融研究》2008年第11期。

加工贸易出口大幅滑坡①。当时中国的出口相对比较集中,我国对前十大出口对象国和地区的出口占我国出口总额的70%。全球金融危机对我国前十大出口对象国和地区的经济增长、金融市场和就业状况产生了严重冲击,实体经济的恶化使它们的进口需求急剧减少,进而导致我国的出口贸易持续下降②。国际金融危机对当时中国的就业尤其是农民工的就业产生了很大的冲击。一些学者估算,当时约有3481万的农民工面临着结构性失业的风险,中国面临着新世纪以来最为严峻的就业形势③。

面对突如其来的外部经济冲击,中国政府审时度势,及时调整了宏观调控政策的着力点,从2008年初的"双防"(防止经济增长由偏快转为过热和防止价格从结构性上涨演变为明显的通货膨胀)转向年中的"一保一控"(保持经济平稳较快发展,控制物价过快上涨),再到当年年底推出进一步扩大内需、促进经济增长的十项措施。为了防止经济增速过快下滑,中国实施了积极的财政政策和适度宽松的货币政策,"三次提高出口退税率,五次下调金融机构存贷款基准利率,四次下调存款准备金率","降低住房交易税费,加大对中小企业信贷支持"④。尤其是2008年11月出台的进一步扩大内需、促进经济增长的十项措施,提出将在随后的两年多时间内安排4万亿元资金,通过采取加快建设保障性安居工程,加快农村基础设施建设,加快铁路、公路和机场等重大基础设施建设,加快医疗卫生、文化教育事业发展,加强生态环境建设,加快自主创新和结构调整,加快地震灾区灾后重建各项工作,提高城乡居民收入,在全国所有地区、所有行业全面实施增值税转型改革以鼓励企业技术改造,加大金融对经济增长的支持力度,抵御国际金融危机、加快国家建设、提高国民收入、促进经济平稳快速增长。

---

① 中华人民共和国商务部综合司、国际贸易经济合作研究院:《中国对外贸易形势报告(2009年春季)》,http://zhs.mofcom.gov.cn/article/cbw/200905/20090506218805.shtml。

② 裴平、张倩、胡志峰:《国际金融危机对我国出口贸易的影响——基于2007~2008年月度数据的实证研究》,《金融研究》2009年第8期。

③ 张车伟、王智勇:《全球金融危机对农民工就业的冲击——影响分析及对策思考》,《中国人口科学》2009年第2期。

④ 《温家宝在十一届人大二次会议所作的政府工作报告》,http://www.gov.cn/2009lh/content_1259471.htm。

中国实施的反危机宏观调控政策在短期内取得了明显的效果。中国的GDP增长率在2008年曾经逐季大幅下滑，但在4万亿元资金计划的刺激下，从2009年开始，季度GDP开始探底回升，并于2010年第一季度达到11.9%的近年高点。其他各项宏观经济指标也有不同程度的改善。在世界经济出现"二战"结束以来首次负增长、国际贸易大幅滑落的背景下，中国的经济增长可谓一枝独秀。2009—2011年，中国对世界经济增长的贡献率在50%以上[①]，中国成为带动全球经济复苏的重要引擎。中国的GDP总量在2010年超过日本，一跃成为世界第二大经济体。

[①] 《习近平对世界经济形势做出四点最新判断》，http://news.cnr.cn/native/gd/20151116/t20151116_520519551.shtml。

| 第三节 |

党的十八大以来宏观经济治理能力进一步提升

党的十八大以来，中国在推进宏观经济治理体系和治理能力现代化方面进行了更多的探索，宏观治理政策工具更加丰富，宏观治理政策日趋完善。党的十八届三中全会明确了宏观调控的主要任务，将其定位于保持经济总量平衡，促进重大经济结构协调和生产力布局优化，减缓经济周期波动影响，防范区域性、系统性风险，稳定市场预期，实现经济持续健康发展的重要手段。要想更好地实现宏观调控的目标，就应当加强财政政策、货币政策与产业、价格等政策手段的协调配合。在党的十九大报告中，继续强调"创新和完善宏观调控，发挥国家发展规划的战略导向作用，健全财政、货币、产业、区域等经济政策协调机制"。从措辞来看，作为宏观调控政策手段的价格政策已经被区域政策所替代。因为随着中国市场化改革的不断深化，绝大部分商品和服务价格已经由市场形成，只有天然气、电力等极少数特殊商品和服务仍然实行政府指导价或政府定价，价格政策可以发挥作用的空间较为有限。而中国领土面积广阔，不同地区之间仍然存在着经济发展水平的差距，区域政策能够在推动不同地区协调发展方面发挥积极的作用。

近年来，中国的经济结构出现深刻调整，人口结构也在发生变化，导致劳动力供求规模和供求结构都出现了较大变化，不仅城镇就业压力依然较大，结构性就业问题也比较突出。针对中国经济的新变化，2020年5月发布的《中共中央 国务院关于新时代加快完善社会主义市场经济体制的意见》首次将就业政策纳入宏观治理政策体系中，将财政政策、货币政策和就业优先政策作为宏观调控政策体系的主要手段。党的十九届五中全会通过的《中共中央关于制定国民经济和社会发展第十四个五年规划和二〇三五年远景目标的建议》,要求在"十四五"期间进一步完善宏观经济治理,"健全以国家发展规划为战略导向,以财政政策和货币政策为主要手段,就业、产业、投资、消费、环保、区域等政策紧密配合,目标优化、分工合理、高效协同的宏观经济治理体系"。该文件将就业政策置于宏观政策的优先位置,体现了党和政府对就业这个最大民生问题的高度关注,充分践行了以人民为中心的发展思想。

在党的二十大报告中,在继续强调健全宏观经济治理体系、发挥国家发展规划的战略导向作用、加强财政政策和货币政策协调配合的同时,还提出了应当着力扩大内需、增强消费对经济发展的基础性作用和投资对优化供给结构的关键作用。面对严峻复杂的国内外经济环境和经济下行的压力,创造有效需求是完善宏观经济治理的重要问题。只有实施好扩大内需战略,建立完整内需体系,提升有效供给能力,着力畅通国内经济大循环,推动内需规模实现新突破,形成强大的国内市场,才能更好地增强经济发展的内生动力,促进中国经济长远发展。

随着宏观经济治理体系的不断完善和宏观治理能力的不断提升,中国对宏观经济运行的认识更加深刻,宏观经济治理的成效也更加显著。在成功应对2008年全球金融危机的冲击之后,中国的经济结构和增长动力开始出现新变化,积极财政政策和宽松货币政策对经济增长的推动作用逐渐弱化,中国经济进入增长速度换档期、结构调整阵痛期和前期刺激政策消化期"三期叠加"的新阶段,长期高速增长所掩盖的结构性问题开始显现,经济运行面临着新挑战。在经济增速逐渐放缓的同时,工资上升、土地稀缺、能源短缺、环境恶化等约束因素日益凸显,以高要素投入换取高增长速度的粗放式增长模式难以为继。面对这种情况,以习近平同志为核心的党中央对经济发展的阶段性特征作出了"中国经济正在进入新常态"的重要判断。习近平总书记在2014年亚太经合组织(APEC)工商领导人峰会的主旨演讲中,对经济新常态的内涵作了系统阐述,总结经济新常态具有以下特点:"一是从高速增长转为中高速增长。二是经济结构不断优化升级,第三产业、消费需求逐步成为主体,城乡区域差距逐步缩小,居民收入占比上升,发展成果惠及更广大民众。三是从要素驱动、投资驱动转向创新驱动。"①新常态孕育着发展新机遇：中国经济增速虽然放缓，实际增量依然可观；中国经济增长更趋平稳，增长动力更为多元；中国经济结构优化升级，发展前景更加稳定；中国政府大力简政放权，市场活力进一步释放。认识新常态，适应新常态，引领新常态，是当前和今后一个时期我国经济发展的大逻辑。与之相适应，中国政府不断创新宏观经济管理思路和方式②，提出完善宏观调控政策框架，保持经济运行处于合理区间，守住稳增长、保就业的下限和防通胀的上限；强调宏观政策要稳、微观政策要活，要有定力，避免了经济稍有波动就实施大力度刺激的做法。这些新的理念和新的举措对保持宏观经济的基本稳定起到了积极作用。

在应对全球金融危机的早期阶段，中国的宏观经济政策偏重于需求管理，通过财政政策和货币政策的合理搭配来拉动社会总需求的增长。以需求管理为重心的宏观调控政策曾经确实发挥过积极的作用，但不可否认的是，政策效力随着时间的推移也出现了明显减弱的趋势，即便继续采取加大投资力度、多次降准降息等刺激政策，在解决经济中的突出问题方面依然显得力不从心。2010—2015年，中国的季度经济增长率持续回落，消费者价格指数（CPI）在低位徘徊，工业生产者价格指数（PPI）出现了连续54个月的下降。经济增长放缓也使得结构性产能过剩问题日益凸显，降价销售成为企业维持生存不得不采取的竞争策略，导致实体经济部门尤其是制造业部门的销售收入和利润水平大幅回落。这些问题表明，中国经济中不仅存在总量问题，也存在结构问题，宏观调控政策仅仅着眼于需求侧还远远不够，也应当同时在供给侧发力。但总量调控不足以"包打天下"，由于中国经济存在十分突出的结构问题，客观上需要特别注重结构性对策，宏观调控必须特别注重"供给管理"③。宏观调控应以供给管理为主，需求管理为辅。需求管理用于保增长和就业，而供给管理既被用于保增长和就业，又被用于调结构。通过供给结构的调

---

① 习近平：《谋求持久发展 共筑亚太梦想——在亚太经合组织工商领导人峰会开幕式上的演讲》，http://politics.people.com.cn/n/2014/1110/c1024-26000531.html。

② 马建堂、慕海平、王小广：《新常态下我国宏观调控思路和方式的重大创新》，《国家行政学院学报》2015年第5期。

③ 贾康：《中国特色的宏观调控：必须注重理性的"供给管理"》，《当代财经》2010年第1期；刘伟、苏剑：《"新常态"下的中国宏观调控》，《经济科学》2014年第4期。

整，既要刺激有效供给，又要减少无效供给。

2015年11月，习近平总书记在中央财经领导小组第十一次会议上提出，要着力加强供给侧结构性改革，这意味着高层在宏观调控思路上发生了重大变化。2015年底召开的中央经济工作会议强调，从2016年开始，今后一段时期要在适度扩大总需求的同时，着力加强供给侧结构性改革，通过"三去一降一补"（去产能、去库存、去杠杆、降成本、补短板），积极稳妥化解产能过剩，化解房地产库存、防范化解金融风险、帮助企业降低成本，补齐软硬基础设施短板，提高供给体系质量和效率，提高投资有效性，加快培育新的发展动能，改造提升传统比较优势，增强持续增长动力。推进供给侧结构性改革，是适应和引领经济发展新常态的重大创新，是适应国际金融危机发生后综合国力竞争新形势的主动选择，是适应我国经济发展新常态的必然要求。供给侧结构性改革取得了明显的成效。我国经济增长率持续下滑的趋势基本得到遏制，2016年和2017年国内生产总值分别增长6.7%和6.9%；工业增速明显回升，2016年工业企业利润由上年下降2.3%转为增长8.5%，2017年更是大幅增长21%；从2016年9月开始，全国工业生产者价格指数结束了连续54个月下降的局面；2017年财政收入增长7.4%，扭转了增速放缓态势；居民收入和城镇新增就业持续增长[①]。经济发展呈现出增长与质量、结构、效益相得益彰的良好局面。

2017年以来，中国经济先后经历了中美贸易摩擦、新冠疫情等严峻复杂情形的挑战，党和政府审时度势，根据经济形势的变化，统筹协调、灵活运用财政政策、货币政策等宏观治理政策工具，对宏观经济实行精准调控，使经济运行始终保持在合理空间。2020年以来，突如其来的新冠疫情重创了世界经济，对中国经济也造成了严重冲击。2020年一季度中国经济出现负增长，增长率为−6.9%。党中央和国务院统筹推进疫情防控和经济社会发展，在"六稳"（稳就业、稳金融、稳外贸、稳外资、稳投资、稳预期）工作的基础上，明确提出"六保"（保居民就业、保基本民生、保市场主体、保粮食能源安全、保产业链供应链稳定、保基层运转）任务，推出8个方面90项政策措施。实施了积极的财政政策、稳健的货币政策和就业优先政策，将赤字率提高到3.6%，财政赤字规模较上年增加1万亿元；

---

① 参见2017年和2018年的《政府工作报告》。

同时发行1万亿元抗疫特别国债，新增的2万亿元全部交由地方使用，主要用于保就业、保基本民生、保市场主体；广义货币供应量和社会融资规模增速较上年有了明显增加；采取各种措施稳定现有就业，增加新的就业，促进失业人员再就业[1]。经过艰苦努力，2020年中国经济增长率达到了2.3%，成为全球唯一实现经济正增长的主要经济体，脱贫攻坚战取得全面胜利，决胜全面建成小康社会取得决定性成就。即便在疫情反复、全球供应链不畅等不利情况下，2021年和2022年中国经济增长率仍然分别达到了8.1%和3%，就业状况和物价水平等宏观经济指标也都实现了合意目标。这些成就不仅是中国经济强大韧性的充分体现，也是中国宏观经济治理能力的成功展现。

---

[1] 李克强：《政府工作报告——2020年5月22日在第十三届全国人民代表大会第三次会议上》，http://www.qstheory.cn/yaowen/2020-05/31/c_1126054928.htm。

第四节

进一步完善宏观经济治理体系

我国经济已由高速增长阶段转向高质量发展阶段，正处在转变发展方式、优化经济结构、转换增长动力的攻关期。党的十九大报告指出，为了更好地建设现代化经济体系，应当坚持解放和发展社会生产力，坚持社会主义市场经济改革方向，推动经济持续健康发展。要着力构建市场机制有效、微观主体有活力、宏观调控有度的经济体制，不断增强我国经济创新力和竞争力。党的十九届五中全会规划了到2035年基本实现社会主义现代化的远景目标，并对"十四五"时期构建高水平社会主义市场经济体制进行了部署，提出健全以国家发展规划为战略导向，以财政政策和货币政策为主要手段，就业、产业、投资、消费、环保、区域等政策紧密配合，目标优化、分工合理、高效协同的宏观经济治理体系。党的二十大报告进一步指出，要健全宏观经济治理体系，发挥国家发展规划的战略导向作用，加强财政政策和货币政策协调配合，着力扩大内需，增强消费对经济发展的基础性作用和投资对优化供给结构的关键作用，从而明确了完善宏观经济治理体系的方向。

经济运行过程中经常会出现总供给与总需求的失衡，从而导致宏观经济的波动，这在客观上要求政府实施宏观调控政策，以促进供求结构的再平衡，熨平经济波动。在改革开放前的计划经济时期，政府通过指令性计划来实现国民经济的综合平衡，这种宏观经济管理方式存在着很大的弊端。由于政府可以通过计划管理的方式直接干预微观经济的运行，政府调控管得太具体会抑制企业活力，而一旦政府放松管制，预算软约束又会催生企业的"投资饥渴症"，极易形成固定资产投资过热，加剧供求失衡的矛盾。自20世纪90年代以来，随着社会主义市场经济体制目标模式的确立，中国逐渐建立起与市场经济相适应的宏观调控体系。指令性计划为指导性计划所替代，计划工作的重点转变为制定和实施中长期计划，以综合协调宏观经济政策和经济杠杆的运用。对以"分灶吃饭"和"财政大包干"为特征的财政体制进行了全面改革，地方财政承包制让位于分税制，在合理划分中央与地方事权的基础上，初步建立起中央税收和地方税收体系。按照统一税法、公平税负、简化税制和合理分权的原则，改革和完善税收制度；实行了中央财政对地方的返还和转移支付的制度；中央财政赤字不再向银行透支，而是靠发行长短期国债来解决，对财政赤字的控制更加严格。中国人民银行在国务院的领导下依法独立执行货币政策，通过调控货币供应量来保持币值稳定。货币政策工具也从过去主要依靠信贷规模管理，转变为运用存款准备金率、中央银行贷款利率和公开市场业务等手段；货币市场、外汇市场、债券市场、股票市场、保险市场、期货市场相继建立，为利率市场化和外汇体制改革提供了体制机制保障。自20世纪90年代末以来，受国内外某些因素的冲击，中国经济出现过几次大的波动。由于政府对宏观经济运行规律的认识越来越深入，宏观调控体系也在不断完善，这些波动基本上都得到了有效控制。经过40多年的改革，中国的宏观经济治理体系日益健全，宏观调控经验更加丰富，宏观经济治理现代化水平不断提升，保障了国民经济的持续稳定发展。

在社会主义市场经济体制中，既要强调市场对资源配置的决定性作用，通过价格杠杆和竞争机制推动资源的优化配置和企业的优胜劣汰，并促进生产和需求的相互协调，也必须更好地发挥政府的作用，尤其是在宏观经济治理中的重要作用，以克服市场自身的弱点并化解消极因素。随着经济体制改革的不断深化，中国经济的市场化程度也越来越高。国内产品和服务的市场化已经基本实现，自2017年以来，97%以上的商品和服务价格已经由市场形成，实行政府指导价、政府定价的商品和服务已经缩减为天然气、电力、水利工程供水、重要邮政业务等7个种类，具体定价项目也只有20项[1]。要素市场化改革取得了很大进展。银行间拆借市场和外汇市场相继建立，证券和期货市场日趋活跃；劳动力市场的发展促进了劳动者自主择业，妨碍城乡间劳动力转移的体制障碍被逐渐革除，跨区域的劳动力自由流动已

---

[1]《国务院：中央定价目录压减为7种20项》，https://china.caixin.com/2015-09-23/100855681.html。

经具有相当规模；技术市场和土地市场交易量不断扩大。为了进一步深化土地、劳动力、资本等要素的市场化改革，《中共中央 国务院关于构建更加完善的要素市场化配置体制机制的意见》于2020年发布，这是党中央和国务院第一次对推进要素市场化配置改革进行总体部署。文件提出，要建立城乡统一的建设用地市场，深化户籍制度改革，畅通劳动力和人才社会性流动渠道，完善股票市场基础制度并加快发展债券市场，加快发展技术要素市场，完善科技创新资源配置方式。随着信息通信技术的不断发展，数字技术已经渗透到企业生产和居民生活的许多领域。这个文件顺应了互联网大数据时代的新变化，第一次将数据资源作为一种新的生产要素单独列出，并提出了加快培育数据要素市场的政策安排，如推进政府数据开放共享，培育数字经济新产业、新业态和新模式，完善数据的产权性质，制定数据隐私保护制度和安全审查制度等。数字经济将成为推动中国经济高质量发展的新动能。

中国经济正在从要素投入推动的高速增长阶段转向创新驱动的高质量发展阶段，随着经济发展阶段的转换，宏观经济治理体系也要进行适应性的调整，以更好地维护宏观经济的稳定。应当通过完善现代税收制度，健全货币政策和宏观审慎政策双支柱调控框架，加快构建现代财税金融体制，为新的宏观经济治理体系奠定良好基础。在宏观经济政策的制定和执行中，不仅要实现财政政策与货币政策的合理组合，还要将其与就业优先政策、产业政策、区域政策等相关政策进行灵活搭配，并加强与主要经济体在宏观经济政策方面的国际协调，从而进一步增强宏观治理政策的效果。还要顺应数字经济时代的新变化，运用现代信息技术开展经济数据的挖掘、采集、统计和分析，充分发挥大数据对于宏观经济管理的支持作用，实现宏观调控与治理的科学化。在应对历次宏观经济波动的过程中，政府在通过逆周期调节的方式来熨平经济波动方面取得了显著的成就。在经济发展的新阶段，由于经济规模更大，经济运行更复杂，潜在经济增长速度也在放缓，这就决定了宏观经济治理的任务更艰巨，不仅要根据相机抉择的原则实施短期逆周期政策，通过调节总需求来减缓宏观经济的波动，还要设计中长期的跨周期政策，使国民经济能以合意的速度实现可持续增长。

PART 08

第八章

完善现代财政制度

财政是国家治理的基础和重要支柱,科学的财税体制是优化资源配置、维护市场统一、促进社会公平、实现国家长治久安的制度保障。改革开放以来,我国在深化财税体制改革方面进行了长期、深入的探索,预算管理体制日益健全,税收体系不断完善,中央与地方财政关系得到优化,已经建立起与社会主义市场经济体制相适应的现代财政制度。随着社会主义现代化建设迈入新征程,我国的财税体制还将得到进一步的发展和完善。

| 第一节 |

改革开放初期财税体制改革的探索

自20世纪70年代末期实行改革开放以来,财税体制改革一直在探索中前进。20世纪80年代,在"放权让利"改革思路的影响下,财税体制实行了"财政大包干"的改革尝试。20世纪90年代,随着社会主义市场经济体制总体改革目标的确定,在财税体制改革方面也实行了分税制的重大改革。

一、改革开放之初从"统收统支"到"财政大包干"的探索

新中国成立逐渐建立了高度集中的计划经济体制,与之相适应,在财政上也实行了统收统支的建设型财政管理体制,财政收入大部分集中于中央,支出主要也由中央拨付。统收统支的财政体制能够将当时有限的财力集中到中央,使中央政府能够集中力量办大事,为中国初步建立起工业化的产业体系、维护国民经济的基本稳定运行提供坚实的保障,但在这套体制下,财权过多集中于中央政府,抑制了地方政府发展经济的积极性,也不利于发挥国有企业的主动性。尽管财政体制也曾多次进行分权和放权的调整,尝试对中央和地方财政的财权进行合理划分,但并没有改变高度集中的财政管理体制。党的十一届三中全会召开后,全党全国的工作重点转向以经济建设为中心,经济体制改革开始启动,各级政府和各类企业发展经济的热情空前高涨,商品经济的大潮开始席卷全国,与计划经济体制相伴而生的统收统支的财政管理体制已经难以适应改革的需要,亟须进行重大调整。

为了更好地调动地方政府发展经济的积极性,从1980年开始,通过实施"划

分收支、分级包干",实行了中央与地方"分灶吃饭"的财政管理体制。为了稳定中央与地方的财政关系,进一步调动地方的积极性,1988年国务院出台了《关于地方实行财政包干办法的决定》,对全国39个省、自治区、直辖市和计划单列市(广州和西安两市财政关系仍分别与广东、陕西两省联系)中的37个地区分别实行不同形式的财政包干,具体形式包括"收入递增包干""总额分成""总额分成加增长分成""上解额递增包干""定额上解""定额补助"等办法。在实行财政大包干的同时,对传统体制下较为单一的税收制度也进行了改革,涉外税制、内资企业所得税制、个人所得税制等开始建立,工商税制、关税、农业税等也得到调整完善,税收体系建设取得了较大进展。在经济体制改革不断深化、各地经济快速发展、企业经营日趋活跃的大背景下,随着财政大包干体制在全国的推广,地方政府的财政收入也有了明显增长。财政大包干体制固然激发了地方政府促进发展经济的热情,但也带来了财政收入占GDP的比重持续下降、中央财力不足导致宏观调控能力下降、预算外资金膨胀、国内统一市场割裂、各地重复建设带来产业结构严重趋同等问题[1]。这表明,建立在"放权让利"基础上的财政大包干体制尽管显效于一时,但并不具有可持续性,财税体制应当寻找新的改革方向。

二、确立社会主义市场经济体制改革目标后的分税制改革

改革开放的伟大实践和理论探讨的不断深入,使我党对经济体制改革的方向和目标有了越来越清晰的认识。1992年,党的十四大报告明确提出,"我国经济体制改革的目标是建立社会主义市场经济体制"。社会主义市场经济必须具备健全的宏观调控体系。作为一种重要的宏观经济政策工具,财政政策着重调节经济结构和社会分配,并与货币政策一起,发挥调节社会总需求与总供给基本平衡的重要作用。要想使财政政策更好地发挥作用,就必须建立起与社会主义市场经济体制相适应的财税体制。1993年,党的十四届三中全会通过的《中共中央关于建立社会主义市场经济体制若干问题的决定》明确提出,要积极推进财税体制改革,并将当时财税体制改革的重点确定为三个方面:一是把现行地方财政包干

---

[1] 楼继伟:《40年重大财税改革的回顾》,《财政研究》2019年第2期。

制改为在合理划分中央与地方事权基础上的分税制，建立中央税收和地方税收体系；二是按照统一税法、公平税负、简化税制和合理分权的原则，改革和完善税收制度；三是改进和规范复式预算制度。

1994年推行的分税制改革对以"财政大包干"为特征的财政体制进行了全面改革，在合理划分中央与地方事权的基础上，初步建立起中央税收和地方税收体系。将维护国家权益和实施宏观调控所必需的税种列为中央税，同经济发展直接相关的主要税种列为共享税。增值税是最大的税种，中央与地方分别按照75%和25%的比例进行分成，消费税则全部归中央。增值税和消费税比上年增长的部分，按照1∶0.3的比例返还地方。为了更好地调节分配结构和地区结构，开始建立中央财政对地方的税收返还和转移支付的制度，重点扶持经济不发达地区的发展和老工业基地的改造。分税制改革促进了经济发展，提高了经济效益，扩大了财源，使财政收入在国民生产总值中的占比逐步增加。分税制改革通过合理确定中央财政收入和地方财政收入的比例，使中央财政收入占全国财政收入的比重明显上升，1993年这一比重为22.02%，1994年就提升到55.7%，从那时直到2011年一直维持在50%左右，2022年仍然保持在46.58%[①]。中央财政收入的提升增强了中央政府调控宏观经济的能力，为中国成功应对多次宏观经济波动奠定了坚实的财政基础。

在推行分税制的同时，还按照统一税法、公平税负、简化税制和合理分权的原则，对税收制度进行了改革和完善。推行以增值税为主体、消费税和营业税为补充的流转税制度，对少数商品征收消费税，对大部分非商品经营继续征收营业税。统一了内资企业所得税和个人所得税，开征了土地增值税，扩大了资源税的征收范围。对税收管理体制也进行了规范，对形形色色的税收减免进行了清理，强化了税收征管，有效堵塞了税收流失的漏洞。对复式预算制度进行了改进和规范。对财政赤字的控制更加严格，要求中央财政赤字不再向银行透支，而是通过发行长期和短期国债的方式予以弥补，并对政府的国内外债务进行了统一管理。

分税制改革发生在社会主义市场经济体制被确定为改革总体目标的大背景之下，它没有囿于"放权让利"这个早期改革思路的约束，突破了局限于中央政府

---

① 数据来源：Wind数据库。

与地方政府之间利益格局调整的财税体制改革路径,通过建立在合理划分中央与地方事权基础上的分税制,改革和完善了税收制度,改进和规范了预算制度,"初步搭建起了适应社会主义市场经济体制的财税体制及其运行机制的基本框架"[①]。

[①] 高培勇:《从"放权让利"到"公共财政"——中国财税改革30年》,《光明日报》2008年10月14日第10版。

| 第二节 |

从构建公共财政框架到建立现代财政制度

随着社会主义市场经济体制的基本建立,建立与之相适应的公共财政框架成为财税改革的方向。经过多年努力,公共财政体制基本建立并不断完善。随着中国特色社会主义建设进入新时代,为了更好地适应新时代对财政职能新的要求,必须进一步深化财税体制改革,现代财政制度被确定为新时代中国财政制度建设的目标定位。

一、建立健全适应社会主义市场经济要求的公共财政体制

在新世纪之交,随着各项改革的不断推进,社会主义市场经济体制的基本框架逐步建立,政府在经济中的地位和作用发生了深刻的变化。政府不再直接干预企业的生产经营活动,而是更多地运用经济手段、法律手段和必要的行政手段来管理国民经济,尤其是通过财政政策和货币政策的调控来维护宏观经济的稳定运行,并通过产业政策来调整经济结构。按照当时的提法,在社会主义市场经济体制下,市场机制在资源配置中发挥着基础性的作用,政府管理经济的职能主要是制定和执行宏观调控政策,搞好基础设施建设,创造良好的经济发展环境。与此同时,政府还要担负起培育市场体系、监督市场运行和维护平等竞争,调节社会分配和组织社会保障,控制人口增长,保护自然资源和生态环境,管理国有资产和监督国有资产经营,实现国家经济社会发展目标等重任。

在市场经济中,政府要想发挥应有的作用,离不开财政的支持和保障。为了使

财税体制更好地与社会主义市场经济体制相匹配，就必须明确财税体制改革的方向与目标。1998年召开的全国财政工作会议首次提出要建立公共财政框架。2000年召开的党的十五届五中全会将建立适应社会主义市场经济要求的公共财政框架确定为财税体制改革的目标。党的十六届三中全会要求，要推进财政管理体制改革，健全公共财政体制。党的十七大则进一步提出，围绕推进基本公共服务均等化和主体功能区建设，完善公共财政体系。

在建设和完善公共财政框架的过程中，按照简税制、宽税基、低税率、严征管的原则，稳步推进税收改革。一是增值税改革。它的改革方向是由生产型改为消费型，并将设备投资纳入增值税抵扣范围。从2004年7月起，增值税转型改革先在东北地区"三省一市"的8个行业开始试点。此后，试点范围被进一步扩大，中部地区6省份26个城市的8个行业、内蒙古东部5个市（盟）和四川地震受灾严重地区先后被纳入试点。在对试点经验总结和完善的基础上，增值税改革从2009年1月1日起在全国范围内实行。二是对消费税税目和税率进行了调整，并修订了《中华人民共和国消费税暂行条例》。在对消费税的调整中，新增了高尔夫球及球具、高档手表、游艇、木制一次性筷子、实木地板等税目，增列成品油税目，原汽油、柴油税目作为该税目的两个子目，同时新增了石脑油、溶剂油、润滑油、燃料油、航空煤油5个子目，取消了"护肤护发品"税目，对白酒、小汽车、摩托车、汽车轮胎等税目的税率进行了调整。三是改革了出口退税制度，建立了中央和地方财政共同承担出口退税的机制，并根据宏观经济形势和外贸增长态势，对出口退税率进行了比较灵活的调整，以促进外贸的平稳发展。四是随着《中华人民共和国企业所得税法》的通过，统一各类企业税收制度的改革取得重大突破，企业所得税实现了内外资企业并轨，促进了企业公平竞争。五是在个人所得税方面，开始推行年所得12万元以上个人自行纳税申报工作，为实行综合和分类相结合的个人所得税制创造了条件。六是农村税费改革也在不断深化，2005年12月29日，十届全国人大常委会第十九次会议决定，《中华人民共和国农业税条例》自2006年1月1日起被废止，延续千年的"皇粮国税"退出历史舞台。农业税的取消，减轻了农民负担，保护了农民利益，统一城乡税制的工作取得实质性进展。

财政管理体制和财政支出改革也取得了积极进展。一是进一步完善了转移支付制度，加大了对中西部地区和民族地区的财政支持力度。2011年，中央对地方主要是中西部地区的转移支付金额为34881.33亿元，是2002年的8.7倍，年均增长27.1%。如果以东部地区为100，2011年中西部地区人均财政收入分别为39和48；享受中央转移支付后，中西部地区人均财政支出分别达到72和97。通过中央财政的转移支付缩小了区域间的财力差距，有力推动区域经济协调发展[①]。二是深入实施了部门预算、国库集中收付、政府采购等多项重大预算管理制度改革。部门预算管理制度改革得到深化。健全了国库单一账户体系，规范了财政性资金账户管理。财政收入直接缴入国库或财政专户，财政支出通过国库单一账户体系支付到商品或劳务供应者或用款单位，减少了中间环节，保障了财政资金安全、规范、有效运行。完善了政府采购制度，提高了财政资金使用效益。三是对行政事业性收费和政府性基金等政府非税收入进行了清理和规范，逐步将预算外的行政事业性收费等政府非税收入纳入预算管理。规范了行政事业性收费、政府性基金的征收行为，建立健全了行政事业性收费、政府性基金审批的听证、公示、评价和监管制度。

随着社会主义市场经济体制的基本建立，与之相适应的公共财政框架逐步确立，财政收支结构实现优化调整，公共财政体制日益健全。财政收入规模持续增长，国家财政实力不断壮大，全国公共财政收入由2002年的1.89万亿元增加到2011年的10.37万亿元，年均增长20.82%，为经济建设、宏观调控、社会发展等方面提供了有力的财力保障。在财政收入持续增长的同时，财政支出也在相应增加。全国公共财政支出由2002年的2.21万亿元增加到2011年的10.89万亿元，年均增长19.39%[②]。尤其是从财政支出结构来看，财政资金由过去主要集中在生产建设领域，逐步更多投向公共服务领域。随着对"三农"问题的日益重视，各级财政对农业和农村的投入力度在不断加大，农村义务教育、医疗卫生、养老、文化、道路建设、饮水、能源等也逐步纳入公共财政支持范围。建立健全了国家对科学、教育、卫生、文化、体育、就业再就业服务、社会保障、生态环境、公共基础设施、社会

[①] 谢旭人：《为国理财为民服务——党的十六大以来财政发展改革成就》，https://www.gov.cn/gzdt/2012-11/08/content_2259838.htm。

[②] 谢旭人：《为国理财为民服务——党的十六大以来财政发展改革成就》，https://www.gov.cn/gzdt/2012-11/08/content_2259838.htm。

治安等方面的财政投入机制，推动了社会事业发展，促进了社会保障体系的完善。

二、现代财政制度成为新时代中国财政制度建设的目标定位

随着改革开放的不断深化，中国发展进入了新的历史时期。我国综合国力日益雄厚，经济结构不断优化，技术能力持续进步，重要领域和关键环节的改革取得突破性进展，城乡居民收入增速超过经济增速，覆盖城乡居民的社会保障体系基本建立，人民生活水平不断得到改善。生产力的巨大发展使人民群众基本的物质文化需求得到很好的满足，社会需求发生了很大的变化，不仅在物质文化需求方面形成了更高的要求，而且在民主、法治、公平、正义、安全、环境等方面的新的需求也在不断增加。随着经济发展水平的不断提高，整体推进政治、文化等其他领域建设的重要性日益凸显。基于对国内经济社会等发展态势的全面深入分析，党的十八大报告对推进中国特色社会主义建设作出了"五位一体"的总体布局："中国特色社会主义道路，就是在中国共产党领导下，立足基本国情，以经济建设为中心，坚持四项基本原则，坚持改革开放，解放和发展社会生产力，建设社会主义市场经济、社会主义民主政治、社会主义先进文化、社会主义和谐社会、社会主义生态文明。"这就要求进一步全面深化改革，加快完善社会主义市场经济体制，不断提升国家治理能力，推动经济社会高质量发展。

2013年，党的十八届三中全会通过了《中共中央关于全面深化改革若干重大问题的决定》，将完善和发展中国特色社会主义制度，推进国家治理体系和治理能力现代化作为全面深化改革的总目标。财政是国家治理的基础和重要支柱，要想使财政体制更好地为提升国家治理能力提供制度保障，就应当通过完善立法、明确事权、改革税制、稳定税负、透明预算、提高效率，建立现代财政制度。2014年6月，中央政治局会议审议通过了《深化财税体制改革总体方案》。现代财政制度被确定为新时代中国财政制度建设的目标定位。现代财政制度可以被视为公共财政建设的升级版[1]，它是在初步实现构建公共财政体制基础上的目标升级，体现了

---

[1] 贾康、苏京春、郭金：《现代财政制度与现代中央银行制度的理论综述与实践脉络》，《经济研究参考》2020年第17期。

新发展阶段中国财税体制建设的阶段性特征[1]。在中国特色社会主义建设新的历史方位下，财政被赋予了更加丰富的内涵，作为国家治理体系和治理能力现代化的基础性和支撑性要素，财政职能不再局限于经济领域，而是延伸至包含经济、政治、文化、社会、生态文明等方面的国家治理领域。从经济角度看，财政承担着资源配置、收入分配、经济稳定发展的职能；从政治角度看，财政是以国家为主体、体现国家意志、服务国家战略的资源汲取和分配方式；从社会角度看，财政发挥着维护社会秩序、提供公共产品、促进公平正义的重要作用[2]。科学的财税体制将在国家治理体系的整体格局中担负起更加重要的使命，现代财政制度也从经济体制的基本构件，上升为国家治理体系的一个组成部分[3]。

自现代财政制度被确定为中国财政制度的建设目标以来，党中央对现代财政制度的建设和完善进行了高屋建瓴的顶层设计和与时俱进的系统部署。党的十九大报告发出了加快建立现代财政制度的号召，要求建立权责清晰、财力协调、区域均衡的中央和地方财政关系。党的十九届四中全会要求，要完善标准科学、规范透明、约束有力的预算制度。优化政府间事权和财权划分，建立权责清晰、财力协调、区域均衡的中央和地方财政关系，形成稳定的各级政府事权、支出责任和财力相适应的制度。党的十九届五中全会要求加强财政资源统筹，加强中期财政规划管理，增强国家重大战略任务财力保障。深化预算管理制度改革，明确中央和地方政府事权与支出责任，完善现代税收制度，健全政府债务管理制度。党的二十大报告进一步强调，要健全现代预算制度，优化税制结构，完善财政转移支付体系。随着现代财政制度的建立和完善，它在优化资源配置、维护市场统一、促进社会公平、实现国家长治久安方面将发挥更加重要的作用，将为国家治理体系和治理能力现代化提供更加坚实的支撑。

---

[1] 高培勇：《现代财税体制：概念界说与基本特征》，《经济研究》2023年第1期。
[2] 史耀斌：《新时代中国财政的回顾与前瞻——在中国财政学会2022年年会暨第23次全国财政理论研讨会上的演讲》，http://www.npc.gov.cn/npc/c30834/202211/f2dbe6d7e1964930a5723a090e16932c.shtml。
[3] 高培勇：《"基础和支柱说"：演化脉络与前行态势——兼论现代财税体制的理论源流》，《财贸经济》2021年第4期。

第三节

党的十八大以来现代财税体制的建立与完善

2012年党的十八大胜利召开,标志着中国特色社会主义建设进入了新时代。党的十八大以来,财税体制改革不断深化,现代财政制度建设成效斐然,预算管理制度改革持续推进,税收制度体系不断完善,中央和地方财力格局进一步优化,现代财政制度框架已经基本确立,为推进经济社会高质量发展、促进国家治理体系和治理能力现代化提供了坚实的制度保障。

第一,财政体制改革继续深化。中央与地方财政事权和支出责任划分改革取得了新的进展,健全了省以下财政体制,政府间财政关系不断完善。党的十八届三中全会提出,要适度加强中央事权和支出责任,将国防、外交、国家安全、关系全国统一市场规则和管理等作为中央事权;部分社会保障、跨区域重大项目建设维护等作为中央和地方共同事权,逐步理顺事权关系;区域性公共服务作为地方事权。中央和地方按照事权划分相应承担和分担支出责任。中央可通过安排转移支付将部分事权支出责任委托地方承担。对于跨区域且对其他地区影响较大的公共服务,中央通过转移支付承担一部分地方事权支出责任。党的十九届四中全会对中央与地方财政事权和支出责任划分又作了进一步的完善,提出适当加强中央在知识产权保护、养老保险、跨区域生态环境保护等方面事权,减少并规范中央和地方共同事权。

在保持现有中央和地方财力格局总体稳定的同时,持续深化了财政转移支付制度改革。完善了一般性转移支付增长机制,重点增加对革命老区、民族地区、边疆地区、贫困地区的转移支付。党的十八大以来的10年时间里,中央财政持续加大转移支付力度,并向中西部地区和基层倾斜,转移支付规模从4万亿元增长到9.8万亿元，年均增长9.4%[1]，为各级政府公共服务提供了有力的财力支持，基层公共服务保障能力得到了增强，有效促进了基本公共服务均等化。针对一些专项转移项目脱离实际，专项支付名目繁多，资金多头下达、使用分散、层层结存，导致资金效益降低、财政资源浪费等问题，对专项转移支付项目进行了清理、整合、规范，财政部还制定了《中央对地方专项转移支付管理办法》，逐步取消竞争性领域专项，严格控制引导类、救济类、应急类专项，建立健全了专项转移支付定期评估机制和全过程预算绩效管理机制，进一步提高了财政资金使用效率。

党的二十大报告从健全现代预算制度、优化税制结构、完善财政转移支付体系这几个方面，指明了进一步深化财税体制改革的关键领域。未来在推进财税体制改革时，将合理安排共同财政事权转移支付，确保地区间基本公共服务水平的均衡；据实安排专项转移支付，保障党中央重大决策部署落实；一般性转移支付向中西部财力薄弱地区和革命老区、民族地区、边疆地区、欠发达地区以及担负国家国防安全、粮食安全、能源安全、生态安全等职责的功能区域倾斜[2]。随着政府间财政关系的改革深化，各级政府事权、支出责任和财力相适应的制度将日益健全，权责清晰、财力协调、区域均衡的中央与地方财政关系将不断完善。

第二，税收制度改革取得重大进展。一是持续深化增值税改革，全面实施了营业税改征增值税。经过多年的试点，自2016年5月1日起，营业税改征增值税试点在全国范围内全面推开，建筑业、房地产业、金融业、生活服务业等全部营业税纳税人都纳入试点范围，由缴纳营业税改为缴纳增值税。2017年10月，国务院常务会议通过了《国务院关于废止〈中华人民共和国营业税暂行条例〉和修改〈中华人民共和国增值税暂行条例〉的决定》，这标志着实施了60多年的营业税正式退出历史舞台。增值税一直是我国最大的税种，在税收收入中的占比超过1/3。自2012年以来，按照适当简化税率的原则对增值税进行了多次调整，目前按照13%、9%

---

[1] 史耀斌：《新时代中国财政的回顾与前瞻——在中国财政学会2022年年会暨第23次全国财政理论研讨会上的演讲》，http://www.npc.gov.cn/npc/c2/c30834/202211/t20221115_320422.html。

[2] 刘昆：《健全现代预算制度》，载《党的二十大报告辅导读本》，人民出版社，2022。

和6%三档征收，同时扩大进项税抵扣范围，建立期末留抵退税制度。增值税改革的持续推进使得各行业税负都大幅降低。二是不断优化企业所得税制度，实施了覆盖创业投资、创新主体、研发活动等创新全链条的税收优惠政策，尤其研发费用加计扣除政策的力度不断加大，对于企业加大技术创新投入起到了积极的推动作用。三是大力推进综合与分类相结合的个人所得税改革，将原先分别计税的工资、薪金所得，劳务报酬所得、稿酬所得和特许权使用费所得进行综合征税，对股息红利、财产转让所得、财产租赁所得等其他税目依然采用分类计征的方式，将个税基本减除费用标准由3500元提高到5000元并适用新税率表，增加了住房、教育、医疗、赡养老人等6项专项附加扣除。个人所得税改革提高了税收负担分配的公平性，减轻了纳税人的税收负担。持续推进的增值税、所得税等税制改革，不仅完善了现代税收制度，而且起到了减轻社会主体负担的积极效应，2013—2021年，全国共新增减税降费累计8.8万亿元[1]，提振了经济主体的发展信心，增强了发展后劲。四是通过征收环境保护税和改革资源税，开始建立生态友好型的绿色税制。《中华人民共和国环境保护税法》于2018年1月1日起施行，在全国范围对大气污染物、水污染物、固体废物和噪声等4大类污染物、共计117种主要污染因子进行征税，以更好地保护环境，实现人与自然的和谐共生。《中华人民共和国资源税法》于2020年9月1日起施行。《中华人民共和国资源税法》对税目进行了统一规范，资源税税目涵盖了所有已经发现的矿种和盐。开征资源税有利于促进资源节约集约利用、加强生态环境保护。五是在深入实施税制改革的同时，还对税收征管体系进行了改革。将省级和省级以下国税和地税机构合并，降低了行政成本，提高了征管效率。

党的二十大报告将优化税制结构作为下一步财税体制改革的重要目标。要实现这个目标，就要在保持宏观税负总体稳定的情况下，进一步优化税负结构。经过多年的税制改革，我国的直接税比重逐步提高，从2011年的28.4%上升到2020年的34.9%[2]。应当继续适当提高以所得税和财产税为主体的直接税比重，适当扩大个

---

[1] 《中央宣传部举行财税改革与发展情况发布会》，http://www.qstheory.cn/yaowen/2022-05/18/c_1128661201.htm。

[2] 《"十四五"现代财税体制如何加快建立？——来自财政部的权威解读》，https://www.gov.cn/xinwen/2021-04/08/content_5598274.htm。

人所得税综合所得征税范围，并对专项附加扣除项目继续完善。继续深化增值税制度改革，使增值税抵扣链条保持顺畅，留抵退税制度得到优化。要健全地方税体系，加快培育地方税源。进一步深化税收征管制度改革[1]。

第三，预算管理制度改革取得积极成就。预算是财政的核心，预算管理制度是现代财政制度的基础，是国家治理体系的重要内容。建立现代财政制度必然要求建立与之相适应的现代预算制度。党的十八届三中全会明确要求改进预算管理制度，实施全面规范、公开透明的预算制度。党的十九大报告提出，要建立全面规范透明、标准科学、约束有力的预算制度，全面实施绩效管理。党的十九届五中全会再次强调，要深化预算管理制度改革，强化对预算编制的宏观指导，推进财政支出标准化，强化预算约束和绩效管理。

随着我国社会主义市场经济体制和公共财政体制的逐步建立，1994年制定的《中华人民共和国预算法》已经不能完全适应形势发展的要求，因此，全国人大常委会于2014年8月31日审议通过了《全国人民代表大会常务委员会关于修改〈中华人民共和国预算法〉的决定》，新预算法从2015年1月1日开始施行。2018年12月29日，第十三届全国人民代表大会常务委员会第七次会议对预算法又进行了第二次修正。随着预算法的修订，国务院也对《中华人民共和国预算法实施条例》进行了修订。预算法是财政领域的基本法律制度，新预算法为加快建立全面规范、公开透明的现代预算制度提供了法律保障。2014年和2021年，国务院先后印发了《国务院关于深化预算管理制度改革的决定》和《国务院关于进一步深化预算管理制度改革的意见》两个重要文件，对深化预算管理制度改革进行了全面部署。

近年来，通过规范政府收入预算管理、加强政府性资源统筹管理、强化部门和单位收入统筹管理以及盘活各类存量资源，预算收入统筹力度明显加大，财政保障能力得到增强。通过加强重大决策部署财力保障、合理安排支出预算规模、优化财政支出结构、完善财政资金直达机制等方式，支出预算管理得到不断规范。建立了跨年度预算平衡机制，各级一般公共预算按照国务院的规定可以设置预算稳定调节基金，用于弥补以后年度预算资金的不足。实行了中期财政规划管理，进一步增强

---

[1] 刘昆：《健全现代预算制度》，载《党的二十大报告辅导读本》，人民出版社，2022。

了与国家发展规划的衔接，强化了中期财政规划对年度预算的约束。强化了预算对执行的控制，全面实施预算绩效管理，优化了国库集中收付管理，完善了政府采购体系，增强了预算的约束力。信息技术在预算管理中得到更加广泛的应用，促进了政府间财政系统信息贯通，预算管理一体化系统建设成效明显。各级政府不断加大预决算公开力度，人民代表大会对政府预决算的监督审查作用也得到强化，财政透明度有了明显提升。

党的二十大报告提出，要健全现代预算制度。下一步应当健全财政资源统筹机制，完善预算管理制度，防范化解政府债务风险，优化财会监督体系[1]。通过不断完善现代预算制度，使财政在实现中国式现代化的历史征程中发挥更加重要的作用。

---

[1] 刘昆：《健全现代预算制度》，载《党的二十大报告辅导读本》，人民出版社，2022。

第九章

深化金融体制改革

改革开放促进了我国金融业的迅速发展，使金融市场日益活跃，金融产品更加丰富，利率汇率市场化稳步推进，金融调控和监管体系不断健全，金融风险防控能力显著提升，金融服务实体经济的功能更加突出。随着中国特色社会主义建设进入新时代，金融业也面临新的机遇和挑战，这就要求进一步深化金融体制改革，建设现代金融体制。党的二十大报告提出，"建设现代中央银行制度，加强和完善现代金融监管，强化金融稳定保障体系，依法将各类金融活动全部纳入监管，守住不发生系统性风险底线。健全资本市场功能，提高直接融资比重"，从而为深化金融体制改革指明了方向。

第一节

建设现代中央银行制度

中央银行是金融体系的核心。现代中央银行制度，是中央银行为实现币值稳定、充分就业、金融稳定、国际收支平衡等任务而设计和实施的现代货币政策框架、金融基础设施服务体系、系统性金融风险防控体系和国际金融协调合作治理机制的总和[①]。党的十九届四中全会、党的十九届五中全会和党的二十大都明确提出了建设现代中央银行制度的要求。

一、改革开放以来我国中央银行制度不断完善

新中国成立以来，在建设社会主义和努力实现工业化的探索中，我国建立了高度集中的计划经济体制，以便集中力量办大事，将有限的经济资源集中投向重大建设工程和重点项目。与之相适应，在财政金融领域建立起了统收统支的财政管理体制和"大一统"的银行体系。中国人民银行既面向企业和个人办理信贷业务，又承担金融管理职能。

改革开放激发了市场主体的活力，企业生产迅速增长，市场流通日益繁荣。经济的快速发展需要金融服务的强力支持。自20世纪70年代末以来，金融体制改革不断推进，一些专业银行得以恢复和设立，金融市场也开始初步建立，银行集中社会资金，支持经济建设的重要作用得到明显体现。但当时银行系统也出现了资金管

---

① 本书编写组编《党的二十大报告学习辅导百问》，党建读物出版社、学习出版社，2022，第66页。

理多头、使用分散的问题，要想更好地发挥银行系统的作用，就必须改变中国人民银行一身兼二职的状态，强化它的中央银行职能。1983年9月，《国务院关于中国人民银行专门行使中央银行职能的决定》发布，将中国人民银行定位为国务院领导和管理全国金融事业的国家机关，专门行使中央银行职能，以加强信贷资金的集中管理和综合平衡，更好地为宏观经济决策服务。中国人民银行不对企业和个人办理信贷业务，原来由中国人民银行办理的工商信贷和储蓄业务由新成立的中国工商银行承担。中国人民银行从此不再经营具体的银行业务，而是集中力量研究和做好全国金融的宏观决策，加强信贷资金管理，保持货币稳定。这项改革标志着我国中央银行制度的建立。

随着经济体制改革的不断深化，1992年党的十四大报告明确提出，"我国经济体制改革的目标是建立社会主义市场经济体制"。这就要求进一步深化金融体制改革，建立起与社会主义市场经济体制相适应的金融体制。1993年党的十四届三中全会审议并通过的《中共中央关于建立社会主义市场经济体制若干问题的决定》提出，要加快金融体制改革。该决议进一步明确了中国人民银行制定并实施货币政策和开展金融监管的职能定位："中国人民银行作为中央银行，在国务院领导下独立执行货币政策，从主要依靠信贷规模管理，转变为运用存款准备金率、中央银行贷款利率和公开市场业务等手段，调控货币供应量，保持币值稳定；监管各类金融机构，维护金融秩序，不再对非金融机构办理业务。"1995年3月，《中华人民共和国中国人民银行法》在第八届全国人民代表大会第三次会议上获得通过。它确定了中国人民银行作为我国中央银行的法律地位，明确了中国人民银行的职能是制定和实施货币政策，对金融业实施监督管理，并将货币政策目标确定为保持货币币值的稳定，并以此促进经济增长。《中华人民共和国中国人民银行法》为中国人民银行履行中央银行职能提供了坚实的法律保障。

为了更好地加强金融监管，从1998年起，中国人民银行对按行政区划设立分支机构的管理体制进行了改革，撤销了省级分行，实行了分支机构跨行政区设置，设立了天津分行、沈阳分行、上海分行、南京分行、济南分行、武汉分行、广州分行、成都分行和西安分行9个大区分行。这项改革增强了中央银行执行货币政策的权威性、金融监管的独立性以及金融监管的统一和效能。

随着中国证监会、保监会和银监会的相继成立，原属中国人民银行的金融监管领域发生了一些变动。为了更好地反映金融监管体制的新变化，2003年12月召开的第十届全国人民代表大会常务委员会第六次会议通过了《全国人民代表大会常务委员会关于修改〈中华人民共和国中国人民银行法〉的决定》，对《中华人民共和国中国人民银行法》的部分内容进行了修改。其中，将中国人民银行的职能确定为：制定和执行货币政策，防范和化解金融风险，维护金融稳定。这体现了中国人民银行在宏观经济调控和维护金融稳定中的重要地位。

党的十八大以来，中国特色社会主义建设进入新时代。尽管与社会主义市场经济体制相适应的金融体制已经基本建立，但金融体制机制仍然存在一些不够健全的地方，金融领域还面临着一些新的风险和挑战，这就要求从推进国家治理体系和治理能力现代化出发，建立现代金融体制，尤其是现代中央银行制度。近年来，在党的一些重要会议上，多次提出要建设现代中央银行制度。党的十九大报告提出，要深化金融体制改革，健全货币政策和宏观审慎政策双支柱调控框架；健全金融监管体系，守住不发生系统性金融风险的底线。党的十九届四中全会进一步明确，要建设现代中央银行制度，完善基础货币投放机制，健全基准利率和市场化利率体系。党的十九届五中全会再次强调要建设现代中央银行制度，完善货币供应调控机制，稳妥推进数字货币研发，健全市场化利率形成和传导机制。党的二十大报告对深化金融体制改革作出了战略部署，将建设现代中央银行制度作为金融改革的重点领域之一。

二、推进央行的现代化改革

尽管我国的中央银行制度建设已经取得巨大成就，但仍然存在一些和国民经济高质量发展不相适应的问题，应当加快现代中央银行制度建设，使之更好地与高水平社会主义市场经济体制相匹配。

第一，进一步完善货币供应调控机制。维护币值稳定是中央银行的首要职能。随着金融体制改革的不断深化，中国人民银行在实施货币政策方面积累了更加丰富的经验。通过完善基础货币投放机制，有效调控货币发行和流通量；通过灵活运用公开市场操作和利率工具来调控货币市场利率,并逐步推进利率市场化改革,构建利率走廊机制,不断深化LPR(贷款市场报价利率)改革,提升了利率传导机制的顺畅性,推动货币政策从数量型调控为主向价格型调控为主转型。即使在全球金融危机和新冠疫情冲击的背景下,中国人民银行也坚持实施稳健的货币政策,保持了物价、利率、汇率的相对稳定,从而为经济发展营造了良好的宏观金融环境。尽管如此,央行的货币调控仍然存在货币政策易松难紧,政策传导效率存在体制机制性梗阻[1]等问题。应不断完善货币供应调控机制,根据宏观经济形势的变化,保持流动性合理充裕,保持广义货币供应量和社会融资规模增速同名义经济增速基本匹配。继续完善央行政策利率体系,健全利率走廊机制,畅通利率传导机制,进一步健全市场化利率形成和传导机制。

第二,健全金融有效支持实体经济的机制。当前,我国经济正在从高速增长阶段转向高质量发展阶段,正处在转变发展方式、优化经济结构、转换增长动力的攻关期。实体经济的成功转型离不开金融体系的有力支持,这就要求中央银行精准有力实施好稳健的货币政策,推动金融有效支持实体经济。近年来,央行推出了支农再贷款、支小再贷款、再贴现等结构性货币政策工具,重点支持小微企业。截至2022年末,普惠小微贷款余额接近24万亿元,授信户数超过5600万户,利率由2018年初的6.3%降至4.9%,还推出了碳减排支持工具、支持煤炭清洁高效利用专项再贷款等结构性货币政策工具,支持绿色经济和能源转型[2]。未来应发挥好货币政策工具总量和结构的双重功能,适时推出规模适度、针对性强的结构性货币政策工具,在保持货币币值稳定的同时,促进经济增长和充分就业。

第三,防范系统性金融风险。防范金融风险是中央银行的重要职能。全球金融危机以来,主要经济体中央银行总结金融危机的教训,在保持央行最后贷款人功能的同时,更加重视宏观审慎政策,普遍采用货币政策与宏观审慎政策双支柱调控框

---

[1] 易纲:《建设现代中央银行制度(深入学习贯彻党的十九届五中全会精神)》,《人民日报》2020年12月24日第9版。

[2] 《建设现代中央银行制度 更好服务中国式现代化——易纲行长在2023中国金融学会学术年会暨中国金融论坛年会上的讲话》,http://www.pbc.gov.cn/goutongjiaoliu/113456/113469/4841847/index.html。

架,以防范系统性金融风险。党中央、国务院高度重视系统性金融风险的防范化解工作,第五次全国金融工作会议要求中国人民银行牵头建立宏观审慎政策框架。党的十九大报告明确提出,要健全货币政策和宏观审慎政策双支柱调控框架。中国人民银行对建立宏观审慎政策框架进行了探索,并于2022年初发布了《宏观审慎政策指引(试行)》,阐述了宏观审慎政策目标、系统性金融风险评估、宏观审慎政策工具、传导机制和治理机制等宏观审慎政策框架的主要内容。应不断健全宏观审慎管理体系,并随着经济环境的变化,对宏观审慎政策框架进行相应的优化调整,以促进金融体系的整体健康与稳定。

第四,促进形成公平合理的国际金融治理格局。全球金融危机的爆发和蔓延表明,基于布雷顿森林体系的传统国际经济治理架构已经不能适应世界经济格局的新变化。为了更好地应对和防范全球金融危机并推动世界经济的中长期增长,就必须改革国际货币体系和金融监管体制,以确保全球金融稳定。中国是世界第二大经济体和最大的发展中国家,人民币已经被纳入国际货币基金组织的特别提款权(SDR)货币篮子,成为第一个加入SDR且成为国际储备货币的新兴经济体货币。2022年5月,国际货币基金组织执董会完成了5年一次的特别提款权定值审查,决定SDR篮子由美元、欧元、人民币、日元和英镑构成的现有货币构成不变,并将人民币权重由10.92%上调至12.28%。随着人民币国际地位的提升和人民币国际化的稳步推进,长期以来以发达经济体货币作为储备货币的国际货币体系发生了变化,国际货币体系的稳定性得到了增强。中国在对内对外有序开放金融业的过程中,也要积极参与全球金融合作与治理,并在全球金融治理体系改革中发挥建设性作用,不仅要倡导国际金融合作的新理念,更应当提升在国际金融规则制定和全球金融治理改革中的制度性话语权。

第二节

加强和完善现代金融监管

改革开放之初,由于金融业发展刚刚起步,金融机构数量不多,经营业务也不复杂,因此,各类金融机构和金融业务的监管都由中国人民银行来实施。在1983年9月发布的《国务院关于中国人民银行专门行使中央银行职能的决定》中,确定中国人民银行专门行使中央银行职能,其主要职责是:研究和拟订金融工作的方针、政策、法令、基本制度,经批准后组织执行;掌管货币发行,调节市场货币流通;统一管理人民币存贷利率和汇价;编制国家信贷计划,集中管理信贷资金;管理国家外汇、金银和国家外汇储备、黄金储备;代理国家财政金库;审批金融机构的设置或撤并;协调和稽核各金融机构的业务工作;管理金融市场;代表我国政府从事有关的国际金融活动。可见,在当时的中国人民银行的职责中,既包括掌管货币发行、调节市场货币流通等货币政策业务,也包括审批金融机构的设置或撤并、管理金融市场等金融监管业务,中国人民银行对金融领域实施统一管理。

20世纪90年代,随着社会主义市场经济体制被确定为中国经济体制改革的目标模式,中国经济的活力得到进一步释放,金融业也获得了长足的发展。随着金融机构的大量出现,金融市场快速发展,金融活动日益复杂,由中国人民银行来对金融领域实施统一监管的模式难以适应金融市场的变化,金融监管开始转向分业管理。上海证券交易所和深圳证券交易所的成立,推动了资本市场的发展,证券公司、期货公司等新的金融机构纷纷设立,资本市场交易日益活跃。为了更好地管理证券市场,1992年10月,国务院证券委员会和中国证监会宣告成立,对全国证券期货市场进行统一监督管理,以维护证券期货市场秩序。中国证券市场的统一监管体制开始形成。与此相适应，中国人民银行与证券相关的部分职能被剥离。1997年11月，原来由中国人民银行监管的证券经营机构划归中国证监会统一监管[①]。随着保险行业的迅速发展，1998年11月，中国保险业监督管理委员会成立，它负责统一监督管理全国保险市场，维护保险业的合法、稳健运行。2003年4月，又成立了中国银行业监督管理委员会，对银行、金融资产管理公司、信托投资公司等金融机构实施统一监管。"一行三会"分业监管的金融监管体制基本形成。

由于中国证监会、保监会和银监会承接了原先由中国人民银行负责的相关行业监管职能，2003年《中华人民共和国中国人民银行法》的修订反映了金融监管体制的这个变化。1995年版的《中华人民共和国中国人民银行法》第二条规定，"中国人民银行在国务院领导下，制定和实施货币政策，对金融业实施监督管理"，但在2003年的修订版中，第二条的表述则改为"中国人民银行在国务院领导下，制定和执行货币政策，防范和化解金融风险，维护金融稳定"。这一方面反映出金融监管体制的调整已经以法律的方式确立了下来，另一方面也表明中国人民银行依然肩负着维护金融稳定的重要职责。

2008年爆发的全球金融危机推动了各国监管当局对金融监管模式的反思。作为保障金融体系实现稳定的最后一道关口，金融监管部门在金融危机的爆发和传染过程中没有发挥应有的作用，因而招致了广泛批评。作为全球金融服务业最发达的国家，美国长期实行的是以美联储为核心、以各专业金融监管机构开展行业监管的伞形监管模式，这实际上是一种分业监管的格局。这种模式曾经对金融业的平稳有序运行发挥过积极的作用，但全球金融危机爆发在很大程度上反映出原有金融监管体系的缺陷，主要表现在：尽管美国存在着证券交易委员会和全国保险监管者协会等行业监管机构，但它们在各自的行业监管领域也存在着一些监管空白，对影子银行系统、衍生金融产品、场外市场交易的监管缺失，对那些"规模足够大、关联足够深、杠杆率足够高、对金融市场影响足够显著"的系统重要性机构重视不够，对这类机构的破产将会产生的巨大震荡认识不足，并且监管机构之间也缺乏必要的协调机制，从而导致监管不力。因此，全球金融危机以来，主要经济体金融监管当局

---

① 《中国金融改革:改革开放30年的历程与发展趋势》，http://www.reformdata.org/2007/0929/4855.shtml。

总结了金融危机的教训,在重视微观审慎政策的同时,也更加重视制定并实施宏观审慎政策,以防范系统性金融风险。

中国政府对系统性金融风险的防范化解工作给予了高度重视。2017年11月,国务院金融稳定发展委员会成立,它是国务院统筹协调金融稳定和改革发展重大问题的议事协调机构。其主要职责是:落实党中央、国务院关于金融工作的决策部署;审议金融业改革发展重大规划;统筹金融改革发展与监管,协调货币政策与金融监管相关事项,统筹协调金融监管重大事项,协调金融政策与相关财政政策、产业政策等;分析研判国际国内金融形势,做好国际金融风险应对,研究系统性金融风险防范处置和维护金融稳定重大政策;指导地方金融改革发展与监管,对金融管理部门和地方政府进行业务监督和履职问责等[①]。随着国务院金融稳定发展委员会的成立,中国的金融监管体制也开始发生新的变化。

中国金融创新的日益活跃促进了金融市场的繁荣,金融业的混业经营因此获得了很大的发展,但金融风险的隐患也在潜滋暗长。当时一些保险机构在证券市场大肆高调举牌收购,而证监会对相关保险机构的情况缺乏足够了解,难以开展有效监管。商业银行的表外业务最初游离于金融监管的视野之外,一些商业银行因而将大量业务移到表外,使得影子银行大行其道。为了更好地解决现行金融监管体制存在的监管职责不清晰、交叉监管和监管空白等问题,金融监管部门扩大了监管领域,中国银监会对商业银行的影子银行业务进行了大力整顿。有的监管部门还进行了合并。2018年3月,银监会与保监会改组为中国银行保险监督管理委员会(简称"银保监会")。银保监会统一监督管理银行业和保险业,以维护银行业和保险业合法、稳健运行,防范和化解金融风险,保护金融消费者合法权益,维护金融稳定。我国金融监管框架由"一行三会"转变为"一委一行两会"。

2023年2月底,党的二十届二中全会通过了《党和国家机构改革方案》。在机构改革的大框架下,中国的金融监管体制又进行了一次重大调整,主要内容包括:一是组建中央金融委员会。设立中央金融委员会办公室,作为中央金融委员会的办事机构。不再保留国务院金融稳定发展委员会及其办事机构。将国务院金融稳定发

---

① 《国务院金融稳定发展委员会成立并召开第一次会议》,https://www.gov.cn/guowuyuan/ 2017-11/08/content_5238161.htm。

展委员会办公室职责划入中央金融委员会办公室[①]。这项调整体现了党中央对金融工作集中统一领导的加强。二是在中国银行保险监督管理委员会基础上组建国家金融监督管理总局，统一负责除证券业之外的金融业监管[②]。中国人民银行对金融控股公司等金融集团的日常监管职责、有关金融消费者保护职责，以及中国证监会的投资者保护职责也被划入国家金融监督管理总局。国家金融监督管理总局的成立，有利于促进实现金融监管全覆盖，有利于加强和完善现代金融监管。三是将中国证券监督管理委员会由国务院直属事业单位调整为国务院直属机构。将国家发展和改革委员会的企业债券发行审核职责划入证监会，由中国证监会统一负责公司（企业）债券的发行审核工作。企业债券审核业务的调整，简化了公司债、企业债等债券发行的业务流程，提升了发行效率，进一步扩大了直接融资的空间。四是深化地方金融监管体制改革。建立以中央金融管理部门地方派出机构为主的地方金融监管体制，地方政府设立的金融监管机构专司监管职责，不再加挂金融工作局、金融办公室等牌子。这项改革有利于解决在地方金融风险监管中普遍存在的监管空白问题。五是统筹推进中国人民银行分支机构改革。撤销中国人民银行大区分行及分行营业管理部、总行直属营业管理部和省会城市中心支行，在31个省（自治区、直辖市）设立省级分行，在深圳、大连、宁波、青岛、厦门设立计划单列市分行。不再保留中国人民银行县（市）支行。这项改革有助于提升政策传导效率，增加货币政策的精准性和时效性，从而推动现代中央银行制度的建立。

通过这次机构改革，中国金融监管体制正在迎来"一行一局一会"的新格局。随着金融监管体制改革的深化，现代金融监管正在得到加强和完善，能够更好地防范和化解金融风险，有助于金融在服务推动高质量发展中发挥更大的作用。

---

① 《中共中央 国务院印发〈党和国家机构改革方案〉》，https://china.huanqiu.com/article/4C6P9KT0GdN。

② 国家金融监管总局：《新机构具体"管"什么？》，http://news.youth.cn/gn/202303/t20230308_14370183.htm。

第三节

健全资本市场功能

资本市场是现代金融体系的重要组成部分。中国资本市场自20世纪90年代初建立以来，在扩大企业融资、优化资源配置等方面发挥了重要的作用。党的二十大报告指出，要"健全资本市场功能，提高直接融资比重"，为资本市场的改革发展指明了方向。新时代资本市场将在服务实体经济发展、推动科技创新方面承担更加重要的使命。

一、中国资本市场发展的主要成就

1990年底，上海证券交易所和深圳证券交易所相继开业，标志着新中国资本市场的诞生。30多年来，中国资本市场经历了从无到有、从小到大的跨越式发展，已成为全球第二大资本市场，对推动中国的经济发展发挥了积极的作用。

第一，多层次资本市场体系基本建立。上海证券交易所和深圳证券交易所自成立以来，吸引了大批经营规模较大、经营业绩较好的大型骨干企业在交易所主板挂牌上市。中国经济中的企业数量众多，不同企业在经营规模、发展阶段、持续经营时间、财务状况等方面存在着差异。为了更好地满足不同类型企业的差异化融资需求，中国资本市场不断地进行创新，先后在两家交易所推出了中小企业板块、创业板、科创板等，在北京设立了新三板，为大批中小企业和科技型企业提供了上市融资的机遇。为了更好地实施国家创新驱动发展战略、持续培育发展新动能的战略，2021年9月成立了北京证券交易所，为创新型中小企业提供上市交易服务。目前，我国已形成了由场内市场、全国性场外市场及区域性场外市场构成的多层次资本市场体系。

第二，资本市场规模不断扩大。上海证券交易所和深圳证券交易所成立伊始，首批上市交易的股票分别只有8只和5只，这些股票被称为沪市"老八股"（飞乐音响、延中实业、爱使电子、真空电子、申华电工、飞乐股份、豫园商城、浙江凤凰)和深市"老五股"（深发展、深万科、深金田、深安达、深原野）。经过30多年的发展，上海证券交易所已经成为全球第三大证券交易所和全球最活跃的证券交易所之一，截至2022年末，A股上市公司家数达5079家，总市值79.01万亿元[①]。其中，沪市上市公司家数达2174家，总市值46.4万亿元；2022年全年股票累计成交金额96.3万亿元，股票市场筹资总额8477亿元；债券市场挂牌2.68万只，托管量15.9万亿元；基金市场上市只数达614只，累计成交18.8万亿元；股票期权市场全年累计成交6475亿元；基础设施公募REITs产品共16个，全年新增9个项目，募集资金342亿元。截至2022年底，上交所股票总市值、IPO筹资额分别位居全球第三名和第一名[②]。2022年，深圳证券交易所的股票成交金额、融资金额、IPO公司家数和股票市价总值分别位列世界第三、第三、第四和第六位[③]。目前，我国股票、债券市场规模均居全球第二，商品期货交易额连续多年位居世界前列，已成为全球重要的资本市场。

第三，金融服务实体经济功能日益提升。自党的十八大以来，资本市场在促进企业融资方面发挥了更为积极的作用。2012—2021年，股债融资累计达到55万亿元，促进了上市公司经营效益的提升，实体上市公司利润占规模以上工业企业利润的比重由2012年的23%增长到2021年的接近50%[④]。优化资源配置的功能得到进一

[①] 数据来源：Wind资讯。

[②] 《上海证券交易所介绍》，http://www.sse.com.cn/aboutus/sseintroduction/introduction/。

[③] 《深圳证券交易所简介》，http://www.szse.cn/aboutus/sse/introduction/index.html。

[④] 黄盛：《资本市场十年"成绩单"：股债两市规模大增 投资者结构优化》，http://finance.people.com.cn/n1/2022/0624/c1004-32455759.html。

步发挥。2022年，上市公司共披露并购重组2972单，累计交易金额1.74万亿元[①]。资本市场在支持国家创新驱动发展方面的作用日益显现。截至2022年6月末，A股战略性新兴行业上市公司超过2200家，新一代信息技术、生物医药等高科技行业市值占比由2017年初的约20%增长至约37%，上市公司研发投入占全国企业研发支出的一半以上[②]。资本市场加速了创新要素向科技企业的聚集。

二、健全资本市场功能，提高直接融资比重

尽管中国资本市场在融资规模、交易规模等方面已跻身世界前列，但仍然存在着直接融资特别是股权融资的占比偏低、上市公司质量良莠不齐、投资者保护力度较为薄弱等问题，需要通过进一步深化资本市场改革，健全资本市场功能。

第一，继续完善股票发行注册制。发展直接融资是资本市场的重要职能。长期以来，间接融资是我国企业的主要融资方式，信贷资产在金融总资产中的比重一直在70%以上。随着中国资本市场的迅速发展，企业直接融资的规模有了明显提升。截至2020年9月末，直接融资存量达到79.8万亿元，约占社会融资规模存量的29%。其中，"十三五"时期，新增直接融资38.9万亿元，占同期社会融资规模增量的32%[③]。通过资本市场发行股票和债券，已成为企业重要的直接融资来源。我国的企业上市审核制度经历了从审批制到核准制再到注册制的变化，随着审核制度的演变，行政干预越来越少，市场化程度越来越高。2023年2月，全面实行股票发行注册制正式实施。注册制坚持以信息披露为核心，对发行上市条件进行了精简优化，各市场板块的上市条件都更加多元包容。注册制放宽了上市条件，减少了企业上市过程的中间环节，有利于解决小微企业、新兴产业企业融资难等问题，是提高直接融资比重的核心举措。

---

① 中国上市公司协会并购融资委员会编著《中上协发布|〈上市公司并购重组年度报告（2023）〉》，https://www.capco.org.cn/xhdt/xhyw/202304/20230411/j_202304111123260001 6811835264779483.html。

② 易会满：《努力建设中国特色现代资本市场》，《求是》2022年第15期。

③ 易会满：《提高直接融资比重》，https://www.tjbh.gov.cn/ZT/contents/11993/461581.html。

第二,不断提高上市公司质量。上市公司是资本市场的基石,提高上市公司质量是推动资本市场健康发展的内在要求。要支持优质企业上市,促进市场化并购重组,完善上市公司融资制度,规范上市公司治理和内部控制,提升信息披露质量,健全股权激励和员工持股制度等激励约束机制。对欺诈发行、信息披露违法、操纵市场、内幕交易等违法违规行为绝不姑息,依法追究上市企业、中介机构及相关责任人的法律责任。在推进注册制以吸引更多优势企业上市的同时,也要加大落实退市制度的力度,将经营不善、效益不佳的企业淘汰出去,实现资本市场的优胜劣汰,更好地保持资本市场的活力,为企业直接融资营造更好的市场环境。

第三,加大对投资者利益的保护力度。资本市场的繁荣,离不开投资者的参与。广大投资者尤其是个人投资者,是中国资本市场的重要参与者,也是企业融资的资金供给者。中国证券登记结算有限责任公司提供的数据显示,我国证券市场投资者数量已经超过了2亿,其中95%以上为中小投资者[1]。高度重视和坚决保护中小投资者合法权益,不仅是维护社会公平正义的需要,也是坚持以人民为中心的我国资本市场发展思想的体现。要引导上市公司尊重并主动维护广大股东尤其是中小股东的分红权、知情权、决策参与权、监督权等各项权利,鼓励上市公司通过现金分红、股份回购等方式,使投资者获得应有的投资回报。进一步完善与投资者权益保护相关的法律法规,依法严厉打击虚假信息披露、违规减持等严重损害投资者利益的行为,建立健全证券纠纷代表人诉讼常态化机制,加大民事赔偿救济工作力度。在大力推进资本市场基础制度建设、扩大融资规模、活跃市场交易的同时,只有更好地保护投资者的利益,不断激发投资者的投资积极性,才能更好地发挥资本市场的枢纽作用,从而进一步提升直接融资比重。

---

[1] 赵展慧:《加强投资者保护 夯实资本市场根基》,《人民日报》2022年6月20日第18版。

第十章

推进高水平对外开放

对外开放是中国的基本国策。党的十一届三中全会以来，中国不断扩大开放规模，实行积极主动的开放战略，将"引进来"和"走出去"有机结合起来，优化对外开放区域布局，推进实施"一带一路"建设，积极参与全球经济治理，已经形成了更大范围、更宽领域、更深层次的对外开放新格局。当今世界处于百年未有之大变局，正在经历新一轮大发展、大变革、大调整。为了更好地应对国际政治经济环境的新变化，中国积极构建以国内大循环为主体、国内国际双循环相互促进的新发展格局，在畅通国内大循环的同时，继续实行高水平对外开放，提升国际循环的质量和水平，增强国内大循环的内生动力和可靠性。党的二十大报告指出，要"依托我国超大规模市场优势，以国内大循环吸引全球资源要素，增强国内国际两个市场两种资源联动效应，提升贸易投资合作质量和水平"。中国将通过实施更加主动的开放战略，以高水平开放促进深层次市场化改革，建立与市场化、国际化相适应的新机制、新模式和新优势，推动实现中国经济在新时期的高质量发展。

第一节

构建双循环经济发展新格局

中国之所以要实行对外开放政策，既是对历史经验教训的总结，也是顺应世界经济变化的需要。作为一个地域广阔、人口众多的大国，中国的对外开放应该遵循怎样的原则和路径呢？作为中国社会主义改革开放和现代化建设的总设计师，邓小平曾就中国对外开放的总体思路进行过透彻的阐述。他指出，"像中国这样大的国家搞建设，不靠自己不行，主要靠自己，这叫做自力更生。但是，在坚持自力更生的基础上，还需要对外开放，吸收外国的资金和技术来帮助我们发展"[1]。"我们开放了十四个沿海城市，都是大中城市。我们欢迎外资，也欢迎国外先进技术，管理也是一种技术"[2]。在对外开放的领域上，他认为中国应当面向更多的国家开放。"要扩大对外开放，现在开放得不够。要抓住西欧国家经济困难的时机，同他们搞技术合作，使我们的技术改造能够快一些搞上去。同东欧国家合作，也有文章可做，他们有一些技术比我们好，我们的一些东西他们也需要。中国是一个大的市场，许多国家都想同我们搞点合作，做点买卖，我们要很好利用。这是一个战略问题"[3]。他特别强调，对外开放不是权宜之计，而是长期国策。"对内经济搞活，对外经济开放，这不是短期的政策，是个长期的政策，最少五十年到七十年不会变。为什么呢？因为我们第一步是实现翻两番，需要二十年，还有第二步，需要三十年到五十年，恐怕是要五十年，接近发达国家的水平。两步加起来，正好五十

---

[1] 邓小平：《邓小平文选》第3卷，人民出版社，1993，第78—79页。
[2] 邓小平：《邓小平文选》第3卷，人民出版社，1993，第65页。
[3] 邓小平：《邓小平文选》第3卷，人民出版社，1993，第32页。

年至七十年。到那时，更不会改变了。即使是变，也只能变得更加开放。否则，我们自己的人民也不会同意"[1]。他极富前瞻性地预见到，随着中国经济融入世界经济体系，中国将对世界经济发展作出积极的贡献。"现在中国对外贸易额占世界贸易额的比例很小。如果我们能够实现翻两番，对外贸易额就会增加许多，中国同外国的经济关系就发展起来了，市场也发展了。所以，从世界的角度来看，中国的发展对世界和平和世界经济的发展有利"[2]。邓小平对外开放思想已经成为中国特色社会主义理论的重要组成部分，对中国的对外开放起到了指引作用。

在20世纪80年代，以外国直接投资为载体的经济全球化处于快速发展阶段。经济全球化使国际分工体系发生了巨大的变化，跨国公司遵循效率优先的原则推动产业链的全球布局，将大量的非核心制造和组装业务环节向生产成本较低、市场潜力巨大的国家和地区转移，推动了资本、商品、技术、人员及管理技能等生产要素的跨国界流动。产业链的全球布局也带动了国际贸易的繁荣。国内一些有识之士注意到了世界经济的这个新变化，从学术界到决策层都在深入思考如何更好地抓住这个难得的发展契机，充分利用中国劳动力充裕的优势，积极利用外资，发展劳动密集型产品的出口。原国家计委经济研究所副研究员王建提出了国际经济大循环发展战略[3]，主张充分利用我国农村劳动力资源丰富的资源禀赋，大力发展劳动密集型产业。具体而言，就是鼓励沿海地区大力发展加工贸易，进口原材料并加工增值后再返销国际市场，形成原材料和销售市场两头在外、大进大出的外向型经济。在大力发展劳动密集型加工工业的同时，按照同样的模式再发展创汇农业。通过这种模式使农村劳动力参与国际经济大循环，并通过劳动密集型产业的出口创汇，支持农业和基础产业发展。尽管从现在的视角来看，这种发展战略存在着很大的局限性，它将小国经济发展模式照搬到大国经济发展之中[4]，只适用于发展劳动密集型的低

---

[1] 邓小平：《邓小平文选》第3卷，人民出版社，1993，第79页。
[2] 邓小平：《邓小平文选》第3卷，人民出版社，1993，第79页。
[3] 王建：《选择正确的长期发展战略——关于"国际大循环"经济发展战略的构想》，《经济日报》1988年1月5日。
[4] 梁桂全：《不合国情的"国际大循环"构想——兼论开放的多元优势次阶跃推进战略》，《学术研究》1988年第4期。

端产品市场[1]，容易导致中国在国际分工中被锁定于产业低端的依附地位[2]，但这种观点具有鲜明的时代特征，既反映了经济增长对开放战略的现实需求，也体现了理论界对深化对外开放的不懈探索和追求。

积极参与国际经济大循环的战略构想当时得到了中央领导的肯定，也在一定程度上推动了中国向出口导向型经济发展模式的转变。在王建所提出建议的基础上，中央有关部门结合沿海地区经济发展的实际情况，形成了《沿海地区经济发展的战略问题》的报告。1988年1月，邓小平对此作出批示："完全赞成。特别是放胆地干，加速步伐，千万别贻误时机。"1988年2月6日，中共中央政治局会议通过了实施中国区域发展战略的决定。在1988年3月召开的党的十三届二中全会上，讨论了关于加强沿海地区经济发展的有关问题[3]。在改革开放之初，中国的经济建设既缺乏资金也缺乏先进设备，只有积极促进出口创汇，才能为工业化和技术引进积累资金。沿海经济发展战略在很大程度上顺应了当时的现实需要。在这个战略的推动下，中国逐步形成了出口导向的外向型经济模式，中国经济成为世界经济体系不可或缺的重要组成部分。

从20世纪90年代直到全球金融危机之前，世界经济总体上处于较快增长阶段，全球经济增长也带动了国际贸易的繁荣。总体而言，当时国际市场环境对中国经济发展较为有利。中国充分利用了这个难得的战略机遇期，大力发展外向型的经济，通过实施沿海发展战略，将国内产业部门聚积起来的生产能力在世界市场上释放了出来。在主动融入世界经济体系的同时，中国以对外开放促对内改革，大力推进市场化取向的经济体制改革，建立起社会主义市场经济体制，市场机制在大多数经济领域起着决定性作用。市场化改革和对外开放使中国的要素配置状况明显改善，产业部门效率显著提升，推动了中国的产业成长和经济发展。

全球金融危机和新冠疫情深刻改变着世界经济发展格局。全球金融危机爆发以

---

[1] 闵建蜀：《国际大循环理论之我见——香港中文大学工商管理学院院长闵建蜀教授谈国际大循环》，《经济管理》1988年第7期。

[2] 贾根良：《国际大循环经济发展战略的致命弊端》，《马克思主义研究》2010年第12期。

[3] 徐奇渊：《如何理解"双循环"？》，《财经》2020年第8期。

来，世界经济一直欲振乏力，一些国家奉行本国利益至上和经济单边主义，导致多边贸易体制受到严重破坏，经济全球化遭遇逆流。而突如其来的新冠疫情更使得全球经济复苏雪上加霜，各国经济普遍陷入负增长的窘境，国际金融市场出现大幅波动，国际贸易和跨国直接投资严重萎缩。各国的疫情防控措施也导致国家之间的商品、要素和人员流动明显受限，经济全球化受到新的冲击。不少跨国企业开始重新审视产业链的稳定性和安全性，试图在效率优先原则和安全稳定原则之间寻求新的平衡。一些发达国家也开始重新评估本土产业链的安全性，区域化和近岸化可能成为国际投资和全球产业布局的新趋势，这将导致已经处于低潮的经济全球化进一步减速。

尽管国际环境的不确定性、不稳定性明显增加，但中国经济依然表现出潜力足、韧性强、回旋空间大的特点。虽然中国也遭受了新冠疫情的严重冲击，但中国不仅迅速控制了国内疫情的蔓延，还充分发挥了产业链、供应链齐全的优势，在全球经济基本停摆的情况下，为世界各国源源不断地提供了大量的抗疫物资和生产生活必需品。面对错综复杂的国际环境带来的新矛盾、新挑战，中国正在构建一个能够更好地统筹国内、国外两种资源和两个市场的经济发展新格局，在继续参与国际市场竞争的同时，使日益扩大的国内市场成为经济增长的主要推动力量。2020年10月29日，中共十九届五中全会审议通过了《中共中央关于制定国民经济和社会发展第十四个五年规划和二〇三五年远景目标的建议》，"加快构建以国内大循环为主体、国内国际双循环相互促进的新发展格局"成为"十四五"时期经济社会发展指导思想的重要内容。正如习近平总书记所指出的，"构建新发展格局，要坚持扩大内需这个战略基点，使生产、分配、流通、消费更多依托国内市场，形成国民经济良性循环。要坚持供给侧结构性改革的战略方向，提升供给体系对国内需求的适配性，打通经济循环堵点，提升产业链、供应链的完整性，使国内市场成为最终需求的主要来源，形成需求牵引供给、供给创造需求的更高水平动态平衡。新发展格局决不是封闭的国内循环，而是开放的国内国际双循环。推动形成宏大顺畅的国内经济循环，就能更好吸引全球资源要素，既满足国内需求，又提升我国产业技术发展水平，形成参与国际经济合作和竞争新优势"[①]。党的二十大进一步强调，要加快构建新发展格局，着力推动高质量发展，"要坚持以推动高质量发展为主题，把实施扩大内需战略同深化供给侧结构性改革有机结合起来，增强国内大循环内生动力和可靠性，提升国际循环质量和水平，加快建设现代化经济体系，着力提高全要素生产率，着力提升产业链供应链韧性和安全水平，着力推进城乡融合和区域协调发展，推动经济实现质的有效提升和量的合理增长"[②]。

[①] 习近平：《关于〈中共中央关于制定国民经济和社会发展第十四个五年规划和二〇三五年远景目标的建议〉的说明》，《人民日报》2020年11月4日。

[②] 习近平：《高举中国特色社会主义伟大旗帜　为全面建设社会主义现代化国家而团结奋斗——在中国共产党第二十次全国代表大会上的报告》，http://www.qstheory.cn/yaowen/2022-10/25/c_1129079926.htm。

第二节

加快建设贸易强国

改革开放以来，尤其是加入WTO之后，中国的对外贸易获得了巨大的发展。1978年中国货物进出口总额仅为206亿美元，居世界第32位。2004年中国对外贸易总额突破1万亿美元大关，仅仅3年后就又翻了一番，2007年突破2万亿美元，在全球金融危机的阴影尚未散去的2011年，中国的进出口总额超过3万亿美元，2013年进出口总额达到了4.16万亿美元，一举超越美国而成为世界最大的货物贸易国。尽管新冠疫情重创了全球生产和国际贸易，但中国得益于国内完善的产业链优势，对外贸易屡创新高。2020年、2021年和2022年中国的货物贸易进出口总值分别高达32.16万亿元人民币、39.1万亿元人民币和42.1万亿元人民币，同比分别增长了1.9%、21.4%和7.7%[①]，成为推动中国经济增长的重要力量。目前，我国已成为140多个国家和地区的主要贸易伙伴，货物贸易稳居全球第一位，服务贸易稳居全球第二位，是名副其实的贸易大国。但也要看到，我国的对外贸易仍然大而不强，随着国内外经济环境的变化，外贸发展也面临着严峻考验。应当加快培育外贸竞争新优势，推进贸易高质量发展。

新中国成立后很长一段时期里，国内对于外贸在社会主义经济建设中的地位

---

① 《2020年我国外贸规模与份额双创新高》，http://www.gov.cn/xinwen/2021-01/15/content_5580073.htm；《国新办举行2021年商务运行情况新闻发布会》，http://www.scio.gov.cn/xwfb/fbhyg_13737/wqfbhyg/202307/t20230725_742994.html；《国新办举行2022年商务工作及运行情况新闻发布会》，http://www.scio.gov.cn/xwfb/fbhyg_13737/wqfbhyg/202307/t20230725_743132.html。

和功能的认识存在着很大的局限性,认为外贸的作用仅仅是"互通有无,调剂余缺",只是在局部范围内调节经济结构,弥补物资短缺。在计划经济时期,国营外贸企业是开展对外贸易的主体,外贸企业不能自行决定进出口规模和商品结构,而是完全按照国家计划来执行,盈亏也是由国家统负而不是企业承担。随着对外开放的不断扩大,外贸对于经济发展的积极意义逐渐显示出来。但传统外贸管理体制中政企不分、吃"大锅饭"、产销脱节等问题日益突出,越来越不能适应外贸快速发展的需要。原对外贸易部部长郑拓彬曾经系统分析过传统外贸体制的弊端[1]:一是外贸部门的独家垄断经营体制不利于调动各方面的积极性;二是工业企业的产品生产与国际市场需求脱节,工业企业缺乏自主经营权,难以及时响应国际市场的需求;三是政企不分,解决经济问题时不是遵循经济规律而是偏好行政干预,管得过多过死;四是外贸活动所需的各种手续烦琐,导致效率低下,不能适应对外开放、对内搞活的需要。

党的十一届三中全会之后,对高度集中的国家垄断外贸体制的改革取得了很大进展[2]:从外贸经营主体来看,外贸企业逐渐拥有经营自主权,进出口代理制的推行进一步激发了外贸企业的经营活力;从外贸活动的管理体制来看,国家对外贸规模和商品结构的直接管理大大削弱,相对灵活的指导性计划与生产调节逐渐代替了僵化的指令性计划;从对外贸易的激励机制来看,开始通过外汇留成、部分出口商品退税等与出口绩效挂钩的措施来推动出口增长。到20世纪90年代末,与社会主义市场经济体制相适应的对外贸易体制基本建立,极大地推动了对外贸易的迅速发展。

2001年11月10日,世界贸易组织(WTO)第四届部长级会议审议并通过了中国加入世界贸易组织的决定。加入WTO既是中国深入参与经济全球化进程的自身需求,也是WTO体现多边贸易体制普遍性和公正性的内在需要。从1986年7月中国提出恢复在关税与贸易总协定(GATT)缔约方地位的申请开始,中国在经历了16年的艰难谈判之后,才最终成为WTO第143个成员。加入WTO对中国经济产生了极

---

[1] 郑拓彬:《我国对外贸易体制改革问题》,《经济研究》1984年第11期。
[2] 薛荣久:《50年的探索——对建国以来中国外贸理论的回顾与思考》,《国际贸易》1999年第10期。

为深远的影响，"中国扩大了在工业、农业、服务业等领域的对外开放，加快推进贸易自由化和贸易投资便利化。在履行承诺过程中，中国深化外贸体制改革，完善外贸法律法规体系，减少贸易壁垒和行政干预，理顺政府在外贸管理中的职责，促进政府行为更加公开、公正和透明，推动开放型经济进入一个新的发展阶段"[1]。加入WTO是中国改革开放进程中一个具有历史意义的事件，它显著改善了我国的外部经济环境，使中国更好地融入世界经济和国际社会，极大地推动了中国对外开放的总体进程。

改革开放以来，特别是加入WTO以来，中国的对外贸易获得了长足发展，进出口规模不断扩大，外贸商品结构明显改善，贸易伙伴更趋多元化。一是在外贸规模不断扩大的同时，出口商品结构有了很大改善。与中国的产业结构升级同步，出口商品结构也实现了持续升级。在改革开放之初，出口商品以资源性产品和农产品等初级产品为主，20世纪八九十年代轻纺产品等劳动密集型产品成为出口主要品种，21世纪以来，机电产品及高新技术产品成为出口主导产品。工业制成品在出口产品中所占比重不断上升，从20世纪70年代末期的不到50%上升到2022年的95.3%，工业制成品已经占据了中国出口商品的绝对主导地位。二是进口结构的变化与经济结构变化相适应。在中国出口规模迅速扩张的同时，中国的进口规模也增长很快。1978年中国的进口额只有108.9亿美元，2022年就增长到2.71万亿美元，40余年时间里增长了249倍。21世纪以来，中国重化工业发展较快，能源资源类初级产品的进口一直增长很快。中国经济的转型升级必然要求进口更多技术密集的资本品，高新技术产品的进口增速明显加快，2022年生物技术、材料技术等方面的产品进口较上年分别增加了2.5%、9.7%。先进设备进口的持续增加，能够为中国制造业向价值链高端攀升提供良好的技术支撑。三是服务贸易发展迅速。在20世纪80年代初期，中国的服务贸易规模不大。自加入WTO之后，服务贸易发展步伐明显加快，2022年服务贸易总额达到了5.98万亿元人民币，中国已成为世界重要的服务贸易国。

尽管取得了巨大的成就，但中国的对外贸易仍面临着一些挑战。对外贸易大而

---

[1] 国务院新闻办公室：《〈中国的对外贸易〉白皮书》，http://www.scio.gov.cn/ztk/dtzt/66/2/Document/1061092/1061092.htm。

不强，仍然未能摆脱粗放式增长方式的束缚。因此，转变外贸发展方式、培育外贸新优势的要求更加迫切。

一是要加快推动外贸发展方式的转变。中国出口主导产品正在实现从劳动密集型产品为主向资本和技术密集型产品为主的升级，但中国外贸竞争力长期建立在要素禀赋所决定的综合成本优势之上，国际竞争力较强的优势产业仍然主要集中在劳动密集型产业，以及资金技术密集型产业的劳动密集型、低附加值的环节，总体上处于全球产业链和价值链的中低端。在世界经济低位徘徊、国际贸易欲振乏力的背景下，这种以大规模生产、低成本扩张为特点的外贸增长方式不仅会增加国内的资源环境压力，也容易加剧与其他出口国之间的贸易摩擦。外贸结构不平衡还会导致贸易顺差扩大和国际收支失衡，给宏观调控造成很大压力。在新的发展阶段，要想实现外贸的高质量发展，就应当在保持外贸规模稳定增长的同时，积极优化贸易结构。从全球价值链的角度来看，加工贸易能够增加进出口额，但它对于提升附加值的作用不如一般贸易。要提升一般贸易出口产品附加值，推动加工贸易产业链升级，实现对外贸易从数量扩张型向效益提升型的转变。鼓励外贸企业以创新为主导，通过技术创新和商业模式创新，增加产品的技术含量、提升产品的用户体验、提高产品的质量、丰富产品的销售渠道，打造行业知名品牌，形成以"技术、品牌、质量、服务"为核心的外贸竞争新优势。

二是要积极发展服务贸易。现代服务业已经成为许多国家国民经济的重要产业和经济发展的新增长点。与之相适应，服务贸易在国际贸易中的占比也在提升。近年来，中国的服务贸易发展很快，2021年服务进出口总额8212.5亿美元，其中，服务出口额3942.5亿美元，进口额4270.0亿美元，服务贸易逆差327.5亿美元，服务进出口规模连续8年保持全球第二位[1]。由于国内旺盛的需求拉动，中国服务贸易的进口规模明显大于出口，这导致中国长期存在着服务贸易逆差。尽管2021年服务贸易逆差额仅为327.5亿美元，较上年大幅减少677.1亿美元，为2011年以来的最低值，但服务贸易逆差的长期存在，仍反映出中国服务业供给能力不足，不能有效地满足国内对于各类服务日益增长的需求，这就要求进一步放开服务业的市场准

---

[1] 中华人民共和国商务部：《中国服务贸易发展报告2021》，http://images.mofcom.gov.cn/fms/202301/20230113140829275.pdf。

入，扩大服务业的市场竞争，提升服务业的竞争力。

三是探索发展新型贸易业态。随着现代信息技术的不断发展，数字要素与生产消费的结合日趋成熟，不仅将重塑全球要素组合和生产方式，而且对各国的社会生活也会产生越来越大的影响。作为数字经济中最具活力的组成部分，跨境电子商务等一些新型贸易业态应运而生，并获得了快速发展。商务部发布的《中国电子商务报告（2022）》显示，2019年中国海关验放的跨境电子商务进出口商品总额为1.29万亿元，2022年就大幅增加到2.11万亿元。2022年跨境电子商务出口商品总额为1.55万亿元，同比增长11.7%；同年跨境电子商务进口商品总额为0.56万亿元，同比增长4.9%[①]。尤其值得一提的是，数字经济与"一带一路"建设的结合，催生了"数字丝绸之路"，"丝路电商"已成为"一带一路"经贸合作新亮点。自2016年中国与智利签署首个双边电子商务合作的谅解备忘录以来，目前中国已与17个国家签署了"数字丝绸之路"合作谅解备忘录，建立"丝路电商"双边合作机制的国家已达29个，中国-中东欧国家、中国-中亚五国等区域性电子商务合作对话机制已经开始运作。在2022年6月底举行的金砖国家领导人第十四次会晤中，五国领导人同意推进落实《金砖国家电子商务消费者保护框架》，促进电子商务消费者保护，从而为金砖国家电子商务有序发展提供了有力保障。2022年第六届全球跨境电子商务大会"丝路电商"国际合作（郑州）高峰论坛、中国-东盟丝路电商论坛相继成功举办，吸引了"一带一路"国家越来越多的贸易商尝试开展跨境电子商务，进一步促进了"丝路电商"的蓬勃发展。"丝路电商"正在成为推动"一带一路"贸易发展的重要力量。

在世界经济和国际贸易增长面临不确定性的情况下，应当重视并发挥跨境电子商务在推动出口方面的积极作用。作为一个新生事物，跨境电子商务在海关监管、检验检疫、金融支付等方面与传统贸易业态存在一定差异，应当积极解决跨境电子商务中的技术和政策等问题，加强税收、物流等方面的国际协调，使之能更好地嵌入国际贸易体系，成为中国商品走向世界的新渠道。

---

① 中华人民共和国商务部：《中国电子商务报告（2022）》，http://images.mofcom.gov.cn/dzsws/202306/20230609104929992.pdf。

第三节

完善外商投资管理体制

改革开放以来，中国经济的迅速发展和消费市场的巨大潜力吸引了越来越多的外商直接投资。20世纪80年代，中国吸收的境外投资主要来源于中国香港和中国台湾等地。随着中国开始向社会主义市场经济体制转型，政府对外商直接投资的限制逐步放松，国内投资和贸易环境得到进一步改善，来自发达国家跨国公司的投资迅速增加。全球金融危机以来，世界经济一直呈现低速增长的态势，国际直接投资也在底部徘徊，而新冠疫情的暴发更是重创了国际投资。尽管面临着严峻的外部环境，但中国引进外资的规模总体上仍然呈现稳中有升的态势，年度外国直接投资流入量始终在1000亿美元以上，据商务部发布的《中国外资统计公报2022》[①]，2021年新设外商投资企业47647家，实际使用外资1809.6亿美元，再创历史新高。中国吸收的外资金额在当年全球FDI总量中所占比重为11.4%，仅次于美国，居全球第二位。截至2021年12月，中国累计设立外商投资企业达108.79万家，累计实际使用外资金额达2.62万亿美元。即便在新冠疫情肆虐全球的情况下，我国实际使用外资金额依然逆势上扬。截至2021年末，中国已连续30年成为引进外资最多的发展中国家。

外国直接投资弥补了国内资金的不足，引入了先进的管理理念，培养了管理和技术人才，扩大了出口创汇，推动了产业升级。制造业是中国对外资开放较早、开放领域较宽的产业，也是吸收外商直接投资最多的产业部门之一，2006年以前，

[①] 中华人民共和国商务部：《中国外资统计公报2022》，http://images.mofcom.gov.cn/wzs/202211/20221102151438905.pdf。

中国吸引的外商直接投资中有一半左右投向制造业。经过国际竞争的洗礼，中国工业部门已经成功地融入国际分工体系中，成了名副其实的世界工厂。外商投资企业助推了中国出口的大幅增长，外商投资企业的出口额从1991年的120亿美元上升到2021年的1.15万亿美元，占全国出口总额的比重从1991年的16.75%上升到2021年的34.3%[①]。21世纪以来，来自发达国家的跨国公司大量投资于资本密集型和技术密集型产业，带动了机电产品和高新技术产品的出口，促进了中国的产业结构升级和出口商品结构的优化。

改革开放之初，我国在积极推动商品和要素流动型开放的同时，就已经开始借鉴国际通行规则，着手构建与中国国情相适应的外商投资管理制度体系和监管模式。在改革开放之初的1979年，为了更好地扩大国际经济合作和技术交流，中国颁布并实施了第一部规范外商投资的法律——《中华人民共和国中外合资经营企业法》。此后，中国又相继在1986年和1988年制定了《中华人民共和国外资企业法》和《中华人民共和国中外合作经营企业法》。中国后来对这3部法律进行过多次修订，逐渐建立起以"外资三法"为指导、以分级管理和逐案审批为特点的外商投资管理体制。这套体制在改善外商投资法律环境、规范外商投资企业行为、保护外国投资者的合法权益、促进外商投资方面发挥了积极的作用。但随着国内外经济形势的变化，这套体制固有的审批环节复杂、审批程序烦琐、政策稳定性和透明度不足等问题日益突出，大大增加了外资企业的运营成本，影响了外商投资的积极性。

近年来，中国积极稳妥地拓展制度型开放，不断完善有利于开放发展的制度建设，以更好地适应国际投资规则的新变化，营造市场化、法治化、国际化一流营商环境。《中共中央关于全面深化改革若干重大问题的决定》提出，探索对外商投资实行准入前国民待遇加负面清单的管理模式。《中共中央 国务院关于构建开放型经济新体制的若干意见》指出，改革外商投资审批和产业指导的管理方式，向准入前国民待遇加负面清单的管理模式转变。《中共中央关于制定国民经济和社会发展第十四个五年规划和二〇三五年远景目标的建议》提出，要全面提高对外开放水

---

① 中华人民共和国商务部：《中国外资统计公报2022》，http://images.mofcom.gov.cn/wzs/202211/20221102151438905.pdf。

平，推动贸易和投资自由化便利化。党的二十大报告也强调，要稳步扩大规则、规制、管理、标准等制度型开放，依法保护外商投资权益，这为外商投资管理体制的进一步完善指明了方向。

一是制定实施新的外商投资基础性法律。尽管中国引进外资取得了举世瞩目的成绩，但随着劳动力成本提高、土地价格上升、能源支出增加以及融资成本居高不下，中国的低成本比较优势正在削弱，劳动密集型外资企业开始流向劳动力成本更低的东南亚、南亚、拉美等发展中国家和地区，一些发达国家实行的产业回流、友岸投资、近岸投资等政策也给中国的招商引资带来了很大压力。要想深度参与全球产业分工和合作，拉紧国际产业链对中国的依存关系，维护多元稳定的国际经济格局和经贸关系，就不能简单沿袭提供税收优惠、供给廉价要素等传统思路，而应该与时俱进，开拓思路，通过放宽市场准入，依法保护外商投资权益，营造更加公开、透明、可预期的良好营商环境。

为了更好地利用外商直接投资推动中国经济发展，1979—1988年，全国人大相继审议通过了《中华人民共和国中外合资经营企业法》《中华人民共和国外资企业法》和《中华人民共和国中外合作经营企业法》。经过30多年的不断完善，中国已经建立了以"外资三法"为核心，以《中华人民共和国企业所得税法》等部门法为配套、以国务院有关部门的行政法规和部门规章以及相关地方性法规为补充的外商投资法律法规体系。但随着社会主义市场经济体制的建立以及国内外经济环境的变化，"外资三法"在很多方面已经不能适应进一步扩大开放的新要求，这在对外商投资管理体制和外资企业制度的规定中表现得尤为明显。

从外商投资管理体制来看，"外资三法"制定于计划经济向市场经济转型初期，虽然历经多次修订，但政府过多干预的痕迹依稀可见。"外资三法"对项目审批非常重视，《中华人民共和国中外合资经营企业法》（2001年修正）在第三条中就规定："合营各方签订的合营协议、合同、章程，应报国家对外经济贸易主管部门（以下称审查批准机关）审查批准。审查批准机关应在三个月内决定批准或不批准。合营企业经批准后，向国家工商行政管理主管部门登记，领取营业执照，开始营业。"在"外资三法"规定的逐案审批体制之下，审批环节复杂、审批程序烦琐，大大增加了外资企业的运营成本。

从企业制度来看，"外资三法"将外资企业作为一种独立的企业组织形式加以规范。"外资三法"制定于20世纪七八十年代，当时国内企业改革刚刚起步，反映现代企业制度的《中华人民共和国公司法》（简称《公司法》）尚未问世。为了更好地保障外资企业的合法权益，以吸引更多的境外投资者来华投资，中国专门针对外资企业制定了"外资三法"，从而为规范外资企业的组织结构和企业经营行为提供了法律制度安排。从20世纪90年代开始，随着中国向社会主义市场经济体制的转型，建立现代企业制度成为国内企业的改革方向。第八届全国人民代表大会常务委员会第五次会议于1993年审议通过了《中华人民共和国公司法》，以规范公司的组织结构和经营行为，保护公司、股东和债权人的合法权益，维护社会经济秩序，促进社会主义市场经济的发展。由于"外资三法"的制定时间早于《公司法》，因而二者之间存在着不少相矛盾和抵触的方面。从企业组织形式看，外商投资企业大多采用股份有限公司或者有限责任公司等公司制，继续依照"外资三法"对外资企业的组织形式进行单独规范已无必要。事实上，2005年修订后的《公司法》第二百一十八条就已经明确指出："外商投资的有限责任公司和股份有限公司适用本法；有关外商投资的法律另有规定的，适用其规定。"随着投资自由化和高标准投资规则逐渐成为国际投资领域的主流，如果继续根据投资者身份的差别和投资来源的不同，对内外资企业分别按照《公司法》和"外资三法"进行规范，就会违反公司平等、股东平等的平等原则和国民待遇原则，这与营造内外资企业统一公正透明的法律制度的大趋势背道而驰。因此，按照内外资企业一致的原则推动内外资法律法规的统一势在必行。

为了更好地构建适应新形势的外商投资法律体系，逐步推动外商投资企业在设立、经营、财务、监管、清算等方面适用统一的法律规定，2013年10月底，全国人大在《第十二届全国人民代表大会常务委员会立法规划》中，将"外资三法"的修改列为"需要抓紧工作、条件成熟时提请审议的法律草案"，《国务院2014年立法工作计划》也将这项工作列为亟待研究的"有关深化经济体制改革、促进对外开放的立法项目"。商务部于2015年初推出了《中华人民共和国外国投资法（草案征求意见稿）》。经过几年的修改和完善，《中华人民共和国外商投资法》在2019年3月召开的十三届全国人大二次会议获得表决通过，自2020年1月1日起施行。《中华人民共和国外商投资法实施条例》也于2019年12月底公布。《中华人民共和国外商投资法》将原来管理和促进外商投资的三部法律合并为一部法律，将成为新时代我国外商投资领域新的基础性法律。《中华人民共和国外商投资法》及其实施条例的制定和实施，将有利于营造规范的制度环境，保持外资政策的稳定、透明和可预期。

二是建立健全外商投资准入前国民待遇加负面清单管理制度。中国在引进外资的过程中，在市场准入方面长期实行正面清单管理和较为严格的审批制度。1995年，中国政府颁布了《指导外商投资方向暂行规定》和《外商投资产业指导目录》，此后每隔若干年就会对《外商投资产业指导目录》进行一次更新。《外商投资产业指导目录》旨在引导外商投资方向，使之与我国国民经济和社会发展规划相适应。它将外商投资项目分为鼓励、允许、限制和禁止四类，是指导审批外商投资项目的依据。政府根据宏观经济结构调整的方向和产业政策的指向，在《外商投资产业指导目录》的框架内，对外商投资项目进行逐案审查，只有获得批准的项目才能进行企业注册登记。随着投资体制改革的深化，外商投资审批制度逐渐让位于核准制，但这项改革的实际执行情况并不令人满意，政府在外商投资项目核准方面仍然具有很大的权力。

近年来，国际投资领域正在发生深刻的变化，将投资自由化便利化条款纳入自由贸易协定，已成为区域经济一体化发展的基本趋势，对外商投资实行准入前国民待遇加负面清单管理的模式也被越来越多的国家所认可。所谓准入前国民待遇，就是外国投资者和外国投资在设立、并购和扩大阶段所得到的待遇不低于东道国投资者及其投资在相似情形下的待遇。在很长一段时间里，很多国家通常只承诺给予外国投资者以准入后国民待遇，也就是说，只有在外国投资企业获准设立或者进入运营阶段后，才能得到与东道国投资者相同的民事权利。当时很多国家尤其是发展中国家出于扶持民族产业等方面的考虑，担心过早实施准入前国民待遇，具有明显竞争优势的外国企业会对本国相关产业产生太大的冲击。由于美国企业在全球竞争中具有较强的竞争力，因此美国一直不遗余力推动以准入前国民待遇为核心的投资自由化，成为国际投资规则谈判中主张实行准入前国民待遇的主要推手，准入前国民待遇原则也是在美国所主导的北美自由贸易区（NAFTA）中最早得以实施。随着经济全球化的不断发展，准入前国民待遇原则已成为国际投资规则的发展方向。

实施准入前国民待遇有利于吸引更多的外国直接投资，但随着市场准入的放松，具有资金、技术和市场优势的外资企业也可能对东道国的弱势产业部门造成冲击。为了使某些竞争力不足的重要产业部门能够获得足够的发展空间，东道国往往会将与国家安全、国计民生关系密切的某些产业领域单独列出来，在一定时期内限制或者禁止外国投资者对这些领域进行投资。这种在实行准入前国民待遇的基础上，通过负面清单的方式，在特定领域对外商投资实施的准入特别管理措施，就是所谓的负面清单管理。负面清单可以被通俗理解为限制或者禁止外商投资的产业领域"黑名单"，外商投资准入负面清单禁止投资的领域，外国投资者不得投资。而在负面清单之外的产业领域，则实行"法无禁止即可为"，外国投资者可以像东道国投资者一样，在遵守法律法规的前提下，基于商业利益来开展各种投资活动。

中国对外资的市场准入一直控制得较为严格，对外国投资者在中国设立企业的过程安排得较为繁杂。外商投资企业在设立前通常需要进行前置审批，由商务部或者地方商务主管部门对外资企业的可行性报告进行审批，取得批文后方可到工商行政管理局开始企业登记注册程序。这在一定程度上增加了外商投资的时间和财务成本，但中国对外国投资者长期实施优惠的准入后国民待遇。为了更好地吸引外国直接投资，政府尤其是地方政府在企业税收、土地使用、外汇管理等方面给外商投资企业提供了不少优惠待遇，在某些方面甚至提供了超国民待遇。在新的《中华人民共和国企业所得税法》（简称《企业所得税法》）实施之前的很长一段时间里，外资企业所得税税率为25%，并且生产经营期在十年以上的外资企业还能享受到"两免三减半"的所得税优惠，自企业盈利年度开始的前两年，企业所得税可以免征，此后三年的企业所得税可以减半征收，而内资企业所得税税率则高达33%。直到2008年实施新的《企业所得税法》之后，内外资企业所得税税率才统一为25%。尽管中国对外国投资者的准入后国民待遇总体上落实得较好，但对市场准入环节的严格审批一直被外国投资者诟病。在国际产业链供应链加速调整、各国间引进外资竞争日趋激烈的背景下，实施准入前国民待遇加负面清单管理的外商投资管理体制，有利于进一步强化中国对于外国直接投资的吸引力。

从正面清单和审批管理向负面清单和备案制管理的转变，是外资投资管理体制的重大变化，也是深度对接高标准国际经贸规则、稳步拓展制度型开放的重要体现。2019年通过的《中华人民共和国外商投资法》在法律层面正式确立了准入前国民待遇加负面清单管理制度，《外商投资产业指导目录（2017年修订）》首次在形式上落实了在全国范围（自贸区除外）适用的外商投资准入负面清单制度。自2017年以来，外商投资准入限制仍在放松，全国范围适用的和自贸试验区的外商投资准入负面清单连续六年缩减，分别从2017年的93项和122项缩减至2021年的31项和27项，自贸试验区的外资准入负面清单中制造业条目已经归零，能源资源、基础设施、农业、金融等领域对外资开放程度大幅提升。按照《中共中央关于制定国民经济和社会发展第十四个五年规划和二〇三五年远景目标的建议》的要求，在"十四五"时期要"实施统一的市场准入负面清单制度。继续放宽准入限制"，"完善外商投资准入前国民待遇加负面清单管理制度，有序扩大服务业对外开放，依法保护外资企业合法权益"。党的二十大报告也提出，要"合理缩减外资准入负面清单，依法保护外商投资权益，营造市场化、法治化、国际化一流营商环境"。应当继续健全与国际投资新趋势相适应的市场准入体系，不断完善开放透明、有效监管的外国直接投资管理体制，进一步改善国内营商环境，将中国引进外资的规模和质量提升到新的高度。

| 第四节 |

推动共建"一带一路"高质量发展

"一带一路"是"丝绸之路经济带"和"21世纪海上丝绸之路"的简称。历史上的"丝绸之路"是中西文明交流融合的佳话,已成为欧亚地区共同的文化遗产和历史记忆。2013年9月,习近平总书记在哈萨克斯坦纳扎尔巴耶夫大学的演讲中提出:"为了使欧亚各国经济联系更加紧密、相互合作更加深入、发展空间更加广阔,我们可以用创新的合作模式,共同建设'丝绸之路经济带'。"[①]同年10月,他在印度尼西亚国会演讲时又提出,中国愿同东盟国家加强海上合作,发展海洋合作伙伴关系,共同建设"21世纪海上丝绸之路"[②]。中国政府提出的共建"一带一路"的国际合作新倡议,赋予历史概念以新的时代内涵,受到了国际上的广泛瞩目和沿线国家的普遍欢迎。

"一带一路"建设已经成为中国全方位开放新格局的重要组成部分。2013年11月,中共十八届三中全会通过的《中共中央关于全面深化改革若干重大问题的决定》提出,"加快同周边国家和区域基础设施互联互通建设,推进丝绸之路经济带、海上丝绸之路建设,形成全方位开放新格局"。为了更好地推动"一带一路"建设,国家发展改革委、外交部、商务部于2015年3月底联合发布了《推动共建丝

---

① 《习近平发表重要演讲 吁共建"丝绸之路经济带"》,https://finance.huanqiu.com/article/9CaKrnJS4mg。

② 《习近平在印尼国会发表演讲:携手建设中国–东盟命运共同体》,https://china.huanqiu.com/article/9CaKrnJCwsN。

绸之路经济带和21世纪海上丝绸之路的愿景与行动》[①]，首次系统阐释了"一带一路"建设的框架思路、合作重点和合作机制。党的十九大提出，要以"一带一路"建设为重点，坚持"引进来"和"走出去"并重，遵循共商共建共享原则，加强创新能力开放合作，形成陆海内外联动、东西双向互济的开放格局。党的二十大报告强调，"推动共建'一带一路'高质量发展"。这表明，"一带一路"建设仍将是扩大对外开放的关键领域。

根据《推动共建丝绸之路经济带和21世纪海上丝绸之路的愿景与行动》的总体思路，"丝绸之路经济带"沿着六大经济合作走廊重点推进，即中国经俄罗斯至欧洲的中蒙俄经济走廊，中国经中亚、俄罗斯至欧洲的新亚欧大陆桥经济走廊，中国经中亚、西亚至波斯湾、地中海的中国—中亚—西亚经济走廊，中国至东南亚、南亚、印度洋的中国—中南半岛经济走廊，中巴经济走廊以及孟中印缅经济走廊。"丝绸之路经济带"将依托国际大通道，以沿线中心城市为支撑，以重点经贸产业园区为合作平台，积极推进经济走廊的建设。而"21世纪海上丝绸之路"的重点方向有两个，分别是从中国沿海港口过南海到印度洋，延伸至欧洲，以及从中国沿海港口过南海到南太平洋。"21世纪海上丝绸之路"将以重点港口为节点，共同建设通畅安全高效的运输大通道。"一带一路"是一个开放包容的合作框架，沿线国家基于但不限于古代丝绸之路的范围，各国和国际、地区组织均可参与，未来仍有扩容的空间。

共建"一带一路"已成为深受欢迎的国际公共产品和国际合作平台。"一带一路"倡议自提出至今已历时10个年头，即便在新冠疫情冲击、局部地缘政治冲突加剧、全球通货膨胀居高不下、世界经济复苏乏力的背景下，"一带一路"的高质量建设仍在稳步推进。绿色发展成为"一带一路"建设的主基调，"丝路电商"等贸易新业态迅速发展，互联互通的基础设施为国际供应链安全稳定提供了重要支撑。尽管"一带一路"建设面临着国际环境更加错综复杂、大宗商品价格和国际金融市场大幅波动、项目投融资风险有所增加等新挑战，但"一带一路"建设展现出

[①] 国家发展改革委、外交部、商务部：《推动共建丝绸之路经济带和21世纪海上丝绸之路的愿景与行动》，http://gothenburg.mofcom.gov.cn/article/ztdy/201601/20160101243342.shtml。

巨大的活力，正成为助推世界经济复苏的新动能。"一带一路"建设以设施联通为优先领域，以贸易畅通为合作重点，以资金融通为金融支撑，以人文交流为纽带，努力实现民心相通，得到了沿线国家和地区的积极响应和参与。截至2022年底，已经有150个国家、32个国际组织与中国签署了200多份共建"一带一路"合作文件[①]。尽管受到新冠疫情反复和国际地缘政治变局的冲击，但"一带一路"国际合作依然显示出强大的韧性。"一带一路"建设给中国的对外贸易和对外投资带来新的历史机遇，中国与沿线国家间的贸易规模不断扩大、投资领域不断拓宽、重大项目扎实推进。根据商务部提供的数据，2022年中国与"一带一路"沿线国家货物贸易额达13.8万亿元[②]。中国在沿线国家开展的对外投资的规模也逐渐扩大。2022年我国对沿线国家非金融类直接投资1410.5亿元，同比增长7.7%；从投资结构来看，能源、交通运输以及金属行业是我国对沿线国家投资较为活跃的领域。"一带一路"沿线国家对基础设施建设的巨大需求为中国企业开拓工程承包业务提供了契机。2022年我国在沿线国家新签对外承包工程项目合同达5514份，新签承包工程合同额为8718.4亿元，承包工程完成营业额为5713.1亿元，分别占全国对外承包工程总额的51.2%和54.8%[③]。积极推进"一带一路"建设，不仅有利于形成全方位开放的新格局，也深化了中国与沿线国家之间多方面的合作，促进了利益共同体、命运共同体和责任共同体的构建。

中国正在加快构建以国内大循环为主体、国内国际双循环相互促进的新发展格局。新时期"一带一路"建设应当围绕新发展格局，继续聚焦"一带一路"经贸合作，推动共建"一带一路"高质量发展。

第一，继续推动基础设施互联互通。"一带一路"沿线国家大多是发展中国家和新兴经济体，基础设施水平较之于发达经济体存在着很大的差距，公路、桥梁、码头、通信设施等基础设施的不足，已经成为制约沿线国家经济进一步发展的障

---

① 《2023年将彰显"一带一路"全球化效应》，https://baijiahao.baidu.com/s?id=1754063154899613597&wfr=spider&for=pc。

② 商务部：《"一带一路"经贸合作迈出新步伐》，http://jhmch.jinhua.gov.cn/art/2023/2/3/art_1229096112_58895867.html。

③ 《2022年我对"一带一路"沿线国家投资合作情况》，http://www.mofcom.gov.cn/article/tongjiziliao/dgzz/202302/20230203384453.shtml。

碍。推进基础设施建设对"一带一路"沿线国家经济发展将产生深远的影响。从短期来看，沿线国家基建规模的扩大，能够增加这些国家的投资需求，并推动相邻国家实现跨境基础设施的互联互通，进而带动本地区的经济增长；从长期来看，基础设施水平的提升能够显著改善沿线国家的投资和贸易环境，极大地提升区域经济的发展潜力。

随着中国与"一带一路"沿线国家经贸往来日益密切，货物、人员、资金等要素的流动更加频繁。基础设施互联互通能大大提升沿线国家和地区之间的经济合作水平，因而成为"一带一路"建设的优先领域。尽管新冠疫情给中国企业的海外工程承包业务造成了不利影响，但2022年中国企业依然高质量完成了一批重大基础设施建设工程。在二十国集团领导人巴厘岛峰会举行期间，由中国企业承建的印度尼西亚首条高速铁路——雅万高铁——成功试运行；塞内加尔振兴计划重大项目方久尼大桥顺利通车，该国沿海地区南北行车时间因此大为缩短；孟加拉国帕德玛大桥顺利建成，该国南部21个地区与首都达卡之间得以通过公路紧密相连；从2021年12月开始，中老铁路货运站陆续全部启用，大大促进了老挝的对外贸易，截至2023年5月中旬，中老铁路累计运输货物突破2000万吨，其中跨境货运量超400万吨，货值达177亿元[①]。随着我国与沿线国家以及沿线国家之间基础设施联通水平的大幅提升，沿线地区经贸合作的空间有了明显扩展。近年来，中欧班列在开辟亚欧陆路运输新通道、助力沿线国家经贸往来、维护国际供应链安全稳定等方面的积极作用日益凸显。目前，中欧班列已开通78条运行线，通达欧洲23个国家的180个城市，2022年中欧班列累计开行1.6万列，发送货物160万标箱[②]。"一带一路"沿线"六廊六路多国多港"的基础设施互联互通架构目前已基本形成，显著改善了沿线国家的投资和贸易环境，推动了这些国家新冠疫情后的经济复苏，极大地提升了区域经济的发展潜力。

第二，深化国际产能合作。与沿线国家开展产能合作，既能充分利用当地生产

---

① 《中老铁路运输货物突破2000万吨》，https://www.gov.cn/yaowen/liebiao/202305/content_6874484.htm。

② 国铁集团：《2022年开行中欧班列1.6万列、发送160万标箱》，https://www.chinanews.com.cn/cj/2023/01-03/9926745.shtml。

成本低廉、能够快速响应市场的优势，提升企业的竞争力，又能满足沿线国家提升工业化水平的愿望，还有利于进一步扩大中国与沿线国家之间的投资贸易规模。中国与沿线国家之间以深化产能合作为推手，通过不断扩大对外投资规模，重构区域内的价值链，推动产业整合以及区域生产网络的建设，培育一批拥有自主品牌、自有核心技术、自主创新能力的中国跨国企业，在更高层次上参与国际产业分工和市场竞争。

在推进产能合作的过程中，在政府的支持和推动下，鼓励中国企业积极探索以境外产业园为载体、以集群式转移为特征的对外投资新模式。选择与中国经济发展互补性强并且政治稳定的国家设立境外经贸合作区，带动中国具有行业竞争优势的龙头企业及相关配套企业集体"走出去"，形成专业化的产业集群，开拓东道国市场乃至第三方市场，使海外产业园区成为深化"一带一路"经济合作的新平台。截至2022年底，我国企业在沿线国家建设的合作区已累计投资3979亿元，为当地创造了42.1万个就业岗位[1]。中国骨干企业正在与沿线国家的当地企业加强合作，逐步将符合条件的当地企业纳入中方企业的供应链体系，从而构筑互利共赢的产业链供应链合作体系。

在世界各国积极应对气候变化、维护全球生态安全的大背景下，绿色正在成为中外共建"一带一路"的底色，绿色发展正在奠定投资贸易新基调。中国企业在"一带一路"投资中积极践行绿色理念，绿色投资项目数量持续增加。从美国传统基金会的《中国全球投资追踪》数据来看，在2022年上半年中国企业对"一带一路"沿线国家的38项大型投资项目中，绿色项目共计19项，占全部投资项目数量的一半。中国自2021年以来已经全面停止新建境外煤电项目，2022年在"一带一路"沿线国家的9项能源投资项目中，有6项是绿色项目，主要是光伏太阳能发电项目。除了绿色投资，以新能源汽车为代表的"一带一路"绿色产品贸易也在蓬勃发展。据中国汽车工业协会披露的数据，2022年中国新能源汽车出口67.9万辆，同比增长1.2倍[2]，中国汽车企业不断扩大海外市场布局，比亚迪等本土品牌电动车已进

---

[1] 商务部：《"一带一路"经贸合作迈出新步伐》，http://jhmch.jinhua.gov.cn/art/2023/2/3/art_1229096112_58895867.html。

[2] 中国汽车工业协会：《2022年汽车出口情况简析》，https://accesspath.com/report/5815667/。

入全球70多个国家和地区，中东、非洲、欧洲和亚太市场正在成为新能源汽车企业开拓国际市场的重点区域。为更好地促进"一带一路"绿色发展，2022年3月，国家发展改革委等部门共同发布了《关于推进共建"一带一路"绿色发展的意见》，提出了一系列具体措施，鼓励"走出去"的企业增强绿色发展能力，在绿色基建、绿色能源、绿色交通、绿色金融等领域扎实推进务实合作，在推动"一带一路"沿线国家经济发展的过程中，为这些国家实现绿色转型贡献中国力量。

第三，健全多元化投融资体系。金融服务是提升"一带一路"贸易和投资水平的助推器。无论是基础设施互联互通所需的项目融资，还是中国企业海外投资需要的资金融通，都离不开金融部门的支持。沿线国家金融业整体发展水平不高，国内金融机构跨国金融服务能力也显不足，这些都增加了中国企业参与"一带一路"建设的难度。中国的国有大型银行和股份制商业银行正在积极顺应国内外经济环境和中国对外开放战略的新变化，到有条件的沿线国家设立分支机构，为"走出去"企业提供信贷、结算、项目融资、并购贷款、现金管理、咨询服务等全方位的金融服务，为中国企业参与沿线国家基础设施互联互通建设创造更加多样化的融资渠道。

由于沿线国家基础设施建设的资金需求巨大，因此仅靠各国财政或者现有的多边性开发机构远远满足不了资金缺口。2015年以来，亚洲基础设施投资银行、金砖国家新开发银行、丝路基金等一系列新的融资机制应运而生。亚洲基础设施投资银行是一个由多国出资组建的区域性多边开发机构，它以支持亚洲国家基础设施建设为己任，通过向基础设施项目提供长期稳定的资金支持和融资便利，促进亚洲经济的持续增长，推动区域经济的一体化。从亚投行的股东构成来看，英国、德国等发达国家纷纷加入由以中国为代表的亚洲新兴经济体所主导的新国际金融机制，这不仅凸显了亚洲基础设施建设的巨大商机，也在一定程度上体现了亚洲国家和地区在全球经济治理和国际金融体系中地位和作用的提升。目前亚投行的成员已经达到106个，亚投行已成为成员数量仅少于世界银行的全球第二大国际多边开发机构。金砖国家新开发银行（简称"新开发银行"）则是金砖国家间实质性经济合作的标志性成果，主要为金砖国家及其他新兴市场和发展中国家的基础设施建设、可持续发展项目筹措资金。随着国际影响力的不断提升，新开发银行也顺利完成首批扩员，阿联酋、乌拉圭、孟加拉国和埃及成为新的成员国。截至2022年底，新开发银行已批准96个项目，已批准的融资总额达328亿美元。丝路基金是由国家外汇管理局、中国投资有限责任公司、中国进出口银行和国家开发银行等中国大型金融机构共同出资，主要以类似于PE方式运作的金融机构，致力于为"一带一路"框架内的经贸合作和双边多边互联互通提供融资支持。截至2022年底，丝路基金已经在60多个国家和地区开展了投资，承诺投资金额超过200亿美元。

第四，拓展第三方市场合作。第三方市场合作是"一带一路"建设的国际合作新模式。第三方市场合作是中国首创的国际合作新模式，主要指中国企业与有关国家企业在优势互补的基础上，共同在第三方市场开展经济合作。近年来的商业实践表明，第三方市场合作能够通过多样化的合作模式，使中国的优势产能与发达国家的先进技术有机结合起来，整合双方在全球产业链中的独特优势，共同为第三国提供高质量、可持续的基础设施，促进这些国家的工业化发展和民生改善，最终实现"三方共赢"。

第三方市场合作不同于跨国企业之间单纯基于市场规则的国际合作模式，其在尊重国际商业规则的基础上，为中国企业和发达国家企业共同开拓第三国市场提供了政府层面的支持。自2015年6月中法两国政府在共同发表的《中法政府关于第三方市场合作的联合声明》中第一次提出"第三方市场合作"的概念以来，这种新型的国际合作模式就得到了越来越多国家的认可。目前，中国已经先后与法国、韩国、加拿大、葡萄牙、西班牙、澳大利亚、日本、意大利、荷兰、比利时、奥地利、瑞士、新加坡和英国等14个国家签署了第三方市场合作备忘录。在达成共识的基础上，中国与有关国家建立了第三方市场合作委员会或者合作工作组，逐步建立和完善了政府间的协调制度和合作机制，通过举办第三方市场合作论坛、开展战略经济对话、建立第三方合作基金等形式多样的方式，确定了合作的主要区域、重点行业，形成了重点合作的项目清单，搭建起企业间交流信息、增进了解、探讨合作的平台。政府的引导和支持为中国企业和有关国家企业共同开拓第三方市场营造了良好的制度环境，提供了必要的政策支持，极大地促进了企业间的跨国合作。继中法、中意等第三方市场合作论坛取得圆满成功，相继结出企业合作的硕果之后，在2018年10月召开的首届中日第三方市场合作论坛上，中日两国企业和金融机构签署了50余项合作协议，协议总金额超过180亿美元。第三方市场合作契合了各国开放合作的现实需要，具有广阔的发展前景。

第三方市场合作使发达国家企业能够更好地参与方兴未艾的"一带一路"建设，能够将中国制造业的产能和价格优势与发达国家企业的技术和管理优势有机结合起来，向发展中国家提供基建援助和"优质优价"的装备，加快了发展中国家和新兴经济体的工业化和城市化进程，使三方参与者最终实现互利多赢。从商业实践来看，第三方市场合作呈现出合作模式多元化、合作项目规模大等特点。国家发展改革委将这些在实践中行之有效的合作模式归纳为产品服务类、工程合作类、投资合作类、产融结合类和战略合作类五种类别[①]。中国、刚果和法国三方合作的刚果（布）国家1号公路特许经营项目、中国长江三峡集团有限公司与葡萄牙电力公司共同开拓拉美电信市场、中俄法企业共同实施的全球最大液化天然气项目——俄罗斯亚马尔液化天然气项目等就是其中的成功范例。

中国企业和发达国家跨国公司在共同实施第三方市场合作的过程中彼此都受益良多。发达国家跨国公司借助中国在"一带一路"沿线国家的影响力与前期合作基础，抓住了"一带一路"建设带来的商业机遇。中国企业通过学习合作伙伴的管理经验，更加注重合规经营、环境保护和履行社会责任，改善了公司治理结构，增强了跨文化沟通融合能力。作为一种新的国际合作模式，第三方市场合作契合了项目所在国的发展需求，拓展了发达国家跨国公司的业务空间，提高了中国企业的国际化运营水平，促进了"一带一路"的高质量建设。

---

① 国家发展改革委：《第三方市场合作指南和案例》，http://www.mofcom.gov.cn/article/i/jshz/rlzykf/201909/20190902898692.shtml。

第五节

优化区域开放布局

党的十一届三中全会以来，中国的区域开放取得了长足的进展，区域经济发展格局不断优化。区域开放起步于经济特区的建设。1979年7月15日，中共中央、国务院批转广东省委和福建省委关于对外经济活动实行特殊政策和灵活措施的两个报告，决定对广东、福建两省的对外经济活动给以更多的自主权，同时决定在深圳、珠海两市划出部分地区先试办出口特区，待取得经验后，再考虑在汕头、厦门设置特区。1980年8月底，全国人大审议通过了《广东省经济特区条例》。《广东省经济特区条例》第一章总则的第一条就宣布"在广东省深圳、珠海、汕头三市分别划出一定区域，设置经济特区"，这标志着经济特区建设开始启动。1984年初，邓小平视察了深圳等经济特区后，对经济特区所取得的成绩给予了充分肯定。随后，中共中央批转沿海部分城市座谈会会议纪要，决定进一步开放天津、上海、大连等14个沿海港口城市。1988年海南岛也被划定为经济特区。从20世纪90年代到21世纪之初，中国又相继建立了上海浦东新区，实施"开发大西北""振兴东北""中部崛起"等区域发展战略，对外开放的区域布局从沿海开放进一步扩展到沿江开放、沿边开放，开放范围从东部地区发展到中西部地区，中国经济呈现出全方位、多层次对外开放的新格局。为了在新形势下继续推进改革开放，从2013年开始，中国又在上海等地相继建立了21个自由贸易试验区，海南自由贸易港的建设也开始启动。党的二十大报告提出，优化区域开放布局，巩固东部沿海地区开放先导地位，提高中西部和东北地区开放水平，引导沿海内陆沿边开放优势互补、协同发展。随着空间布局的不断优化，中国正在形成全方位对外开放的新局面。

构建高水平社会主义市场经济体制

兴办经济特区是党和国家为推进改革开放和社会主义现代化建设作出的一项重大决策。作为一个承载特殊经济职能的行政区域，经济特区从诞生到现在已经走过了40多年的历程，在其发展成长的每一个阶段几乎都伴随着质疑和争论。作为改革开放初期出现的新生事物，经济特区获得了广泛的关注，但经济特区的性质问题也曾引起激烈争论。当时社会上有一种反对兴办经济特区的声音，认为经济特区是一块资本主义飞地，甚至认为经济特区与旧社会的租界在性质上相同。但更多的观点认为经济特区有利于社会主义建设。尽管在经济特区内国家资本主义的经济成分占有较大比重，因为经济特区利用外资的方式包括来料加工、补偿贸易、合作经营、中外合资、独资经营等，这使得经济特区存在着既包括社会主义成分，又包括私人资本成分的典型的国家资本主义方式，但它又是社会主义政权领导下的国家资本主义，是列宁所说的"能够加以限制、能够规定其活动范围"的国家资本主义。它有利于吸引外国资本，有利于引进新的技术和设备，有利于学习先进的经营管理方法，同时，其活动领域只能被限制在规定范围之内，是一种受制约的资本主义，是可以利用来为社会主义服务的资本主义[1]。有观点认为[2]，经济特区内的外资或侨资企业，基本上不是国家资本主义经济，而是资本主义企业。在经济特区内的中外合资企业或独资企业都存在着剥削。但之所以让它们取得利润，在某种意义上也是一种赎买政策，有利于特区引进新技术并吸引更多外资来建立新企业，使经济特区的外汇收入能够逐年增加。发展经济特区的实质，就是利用外资为我国的社会主义现代化建设服务。尽管对经济特区的性质和作用存在着较大的争议，但大家逐渐认识到，应该从两个方面来认识经济特区的性质，国家资本主义的存在只是问题的一个方面，这些国家资本主义经济形式中还包括我国社会主义的经济活动、社会主义劳动者的劳动和社会主义的资金，以及我国社会主义的组织力量等，这才是问题的主要方面。从这个方面来看，其性质不是国家资本主义的，而是社会主义的[3]。

20世纪80年代，内地经济总体还处在从中央集权的计划经济体制向有计划的

---

[1] 方卓芬：《论经济特区的性质》，《经济研究》1981年第8期。
[2] 许涤新：《积极、稳步地办好经济特区》，《福建论坛》1981年第4期。
[3] 于光远：《谈谈对深圳经济特区几个问题的认识》，《经济研究》1983年第2期。

商品经济体制转轨的阶段,而特区经济已经表现出经济结构多元化、经济运行市场化、以外向型经济为主导等新特征。如何认识经济特区在中国经济中的地位和作用?如何更好地协调特区经济与内地经济的关系?深圳等经济特区用改革开放的成就回答了这个问题:经济特区不仅应当发挥推动沿海外向型经济的发展,为全国现代化经济建设引进资金技术、提供信息、开辟出口渠道的"窗口"作用,它更重要的作用是成为经济运行市场化的"实验场"和经济体制改革的探索者、先行者[1]。经济特区建设在较短时间里取得了飞速发展,但也有人认为经济特区发展主要得益于特殊政策和灵活措施,它们的发展资金主要来自内地,因而挤占了内地发展的资金;同时,经济特区的高工资、高消费和高物价又会通过各种渠道传导到内地,对内地产生不利影响。对于前一个问题,曾任深圳市市长的郑良玉指出[2],在深圳经济特区前10年的总投资中,国家投资还不到2%,直接利用外资和内联投资也分别只占20.95%和11.23%,而深圳地方财政和企业用"滚雪球"的办法积累起来的投资则高达51.19%。因此,深圳的迅速发展既得益于对外来投资和外来资金的充分利用,更主要的是依靠自我积累和滚动发展。对于后一个问题,一些学者在调研后认为[3],由于特区经济和内地经济之间定位不同,在内地总体上实行进口替代工业化战略,而在经济特区实行出口导向经济发展战略,因此特区经济和内地经济在现实经济联系中既相互促进,又存在很多摩擦,同时,经济特区在对外经济关系上也在很多方面表现为体制不顺。为了更好地发挥特区的作用,就要让经济特区实现经济自由和自治,使经济特区能够真正建立既符合社会主义市场经济原则又符合国际经济规则的新的经济运行模式。

经过40多年的发展,深圳经济特区的建设取得了巨大成就。深圳地区生产总值从1980年的2.7亿元增至2022年的3.24万亿元,经济总量位居全国城市第三位,从一座边陲小镇成长为具有全球影响力的国际化大都市。经济特区的实践充分证

---

[1] 高伟梧:《"经济特区创办十周年理论研讨会"论点综述》,《经济研究》1991年第1期。

[2] 郑良玉:《深圳特区十年发展的回顾与展望》,《经济研究》1991年第1期。

[3] 朱铁臻、周天勇:《特区经济双向运行困境及其出路的剖析和思考》,《经济研究》1989年第8期。

构建高水平社会主义市场经济体制

明,经济特区"勇于突破传统经济体制束缚,率先进行市场取向的经济体制改革,在我国实现从高度集中的计划经济体制到充满活力的社会主义市场经济体制的历史进程中发挥了重要作用","探索和积累了实现快速发展、走向富裕的成功经验;坚持对外开放,有效实行'引进来'和'走出去',积极利用国际国内两个市场、两种资源,成功运用国外境外资金、技术、人才和管理经验,为我国实现从封闭半封闭到全方位开放进行了开拓性探索;坚持服务国家发展大局,全国支持经济特区发展,经济特区回馈全国,促进东中西部协调发展,对全国发展起到重要辐射和带动作用"[1]。在全面建设社会主义现代化国家的新征程中,深圳作为中国改革开放的排头兵,又开始了建设中国特色社会主义先行示范区的探索。在新发展阶段,深圳将"努力在重要领域推出一批重大改革措施,形成一批可复制可推广的重大制度创新成果","要在内外贸、投融资、财政税务、金融创新、出入境等方面,探索更加灵活的政策体系、更加科学的管理体制","加快推动城市治理体系和治理能力现代化,努力走出一条符合超大型城市特点和规律的治理新路子"[2]。

随着改革开放的不断深化,作为中国最大的工商业城市和金融、贸易中心,上海在中国对外开放总格局中的战略地位日益显现。中国改革开放的总设计师邓小平敏锐地认识到了这一点,他在20世纪90年代初视察上海时,曾经高瞻远瞩地指出:"浦东如果像深圳经济特区那样,早几年开发就好了。开发浦东,这个影响就大了,不只是浦东的问题,是关系上海发展的问题,是利用上海这个基地发展长江三角洲和长江流域的问题。"[3] 1990年4月18日,党中央、国务院宣布了开发开放浦东的重大决策,这是深化改革、扩大开放的又一个重大部署。浦东新区获得了比经济特区更加特殊的优惠政策,除了税收减免等政策之外,还在服务业开放上有所突破,允许外资企业在浦东设立金融机构和大型商场等。浦东开发开放也成为20世纪90年代中国深化改革、扩大开放的标志性事件。党的十四大报告要求,以上

---

[1] 胡锦涛:《在深圳经济特区建立30周年庆祝大会上讲话》,https://www.gov.cn/ldhd/2010-09/06/content_1696822.htm。

[2] 习近平:《在深圳经济特区建立40周年庆祝大会上的讲话》,https://www.gov.cn/xinwen/2020-10/14/content_5551299.htm?eqid=c3d7e0d5000073ec0000000664619dcf。

[3] 邓小平:《邓小平文选》第3卷,人民出版社,1993,第366页。

海浦东开发开放为龙头，进一步开放长江沿岸城市，尽快把上海建成国际经济、金融、贸易中心之一，带动长江三角洲和整个长江流域地区经济的新飞跃。在此后历次党的代表大会中，继续对浦东开发开放提出新的更高的要求。以浦东开发开放为标志，上海开始进入探索改革开放的快车道，成立了中国第一家保税区——外高桥保税区、第一个金融贸易区——陆家嘴金融贸易区、第一家证券交易所——上海证券交易所、第一个自由贸易区——中国（上海）自由贸易试验区（简称"上海自贸区"）等，充分发挥了改革开放的开路先锋和全面建设社会主义现代化国家排头兵的重要作用[1]。

为了更好地探索与高标准国际投资和贸易规则接轨，提升中国的对外开放水平，近年来中国实施了更加主动的对外开放政策。加快实施自由贸易区战略，是我国新一轮对外开放的重要内容。上海自贸区于2013年8月应运而生。在中国新一轮对外开放的整体布局中，上海自贸区不仅仅是区域经济增长的新引擎，更是中国深化改革开放的试验田。它承担着探索与高标准国际投资和贸易规则体系相适应的制度创新的重大使命，以制度创新为核心任务，以风险防控为重要底线，是我国进一步融入经济全球化的重要载体。与国外通行的自由贸易区不同，上海自贸区的功能定位不仅仅局限在促进区域经济发展方面，而是通过先行先试，主动对接国际投资贸易的高标准和新规则，为进一步改革开放积累经验，引领全国的开放创新。上海自贸区自成立以来，在建立以负面清单管理为核心的外商投资管理制度、以贸易便利化为重点的贸易监管制度、以资本项目可兑换和金融服务业开放为目标的金融创新制度、以政府职能转变为核心的事中事后监管制度等方面进行了大量的探索。在建立与国际通行的投资贸易规则相衔接的基本制度框架方面，上海自贸区已经形成了一批可复制、可推广的改革创新成果。

为了在全国更好地推动实施新一轮高水平对外开放，国务院决定在更大范围推广上海自贸区试点经验，于是相继在天津、福建、广东、辽宁、湖北等地新设了一批自由贸易试验区，总数达到21个，还增设了中国（上海）自由贸易试验区临港新片区，扩展了中国（浙江）自由贸易试验区的区域范围，地域覆盖东西南北中。

---

[1] 习近平.在浦东开发开放30周年庆祝大会上的讲话，http://www.qstheory.cn/yaowen/2020-11/13/c_1126733495.htm。

这些自由贸易试验区发挥各自的区位优势，在要素开放、国际投资贸易规则开放等方面进行了差异化的探索，形成了一批可复制的制度创新成果。截至2021年，自贸试验区探索形成并向全国复制推广的制度创新成果累计达到了278项[①]，自贸试验区不断提升开放层次、改善营商环境、增强辐射作用，已成为新时期我国推动制度创新和扩大开放的新高地。

党的十九大报告提出，不仅要"赋予自由贸易试验区更大改革自主权"，还要进一步"探索建设自由贸易港"。2020年6月，《海南自由贸易港建设总体方案》正式发布，海南将聚焦贸易投资自由化便利化，建立与高水平自由贸易港相适应的政策制度体系，建设具有国际竞争力和影响力的海关监管特殊区域，将海南自由贸易港打造成为引领我国新时代对外开放的鲜明旗帜和重要开放门户[②]。2021年，商务部发布了《海南自由贸易港跨境服务贸易特别管理措施（负面清单）（2021年版）》，这是我国在跨境服务贸易领域公布的第一张负面清单，表明我国的跨境服务贸易管理模式实现了重大突破，在扩大跨境服务贸易领域的开放方面迈出了坚实的步伐。全国人大常委会制定并颁布了《中华人民共和国海南自由贸易港法》，为海南自由贸易港的发展提供了法律保障。党的二十大报告提出，"加快建设海南自由贸易港，实施自由贸易试验区提升战略，扩大面向全球的高标准自由贸易区网络"。自由贸易试验区和自由贸易港建设将为全面深化改革和扩大开放探索新途径、积累新经验，对于中国新一轮对外开放将产生深远的影响。

由于中国幅员辽阔，东中西部地区的经济发展水平和对外开放水平存在着明显的梯度差异。东部地区凭借其沿海的区位优势而长期占据着发展和开放的先机，中西部地区则因深居内陆而错失很多发展机遇。尽管20世纪90年代末期以来，出于推动区域经济协调发展的考虑，中国也曾实施过"开发大西北"等区域经济发展战略，但因为对外开放的重心依然放在东部沿海地区，这些战略没有达到预期的效果。随着"一带一路"建设的高质量发展，西北、东北、西南和内陆地区正在充分

---

① 经济日报：《"奋进新征程 建功新时代·伟大变革"自贸试验区硕果累累》，https://baijiahao.baidu.com/s?id=1731661315038930859&wfr=spider&for=pc。

② 《中共中央 国务院〈印发海南自由贸易港建设总体方案〉》，https://www.gov.cn/gongbao/content/2020/content_5519942.htm。

发挥各自的区位优势，以扩大开放拉动经济发展。尤其是新疆将发挥独特的区位优势和向西开放重要窗口作用，深化与中亚、南亚、西亚等国家的交流合作，形成丝绸之路经济带上重要的交通枢纽、商贸物流和文化科教中心，打造丝绸之路经济带核心区。党的二十大报告提出，"优化区域开放布局，巩固东部沿海地区开放先导地位，提高中西部和东北地区开放水平。加快建设西部陆海新通道"。随着对外开放空间格局的不断优化，不仅东部沿海地区能够继续提升对外开放的水平，西部地区也不再是中国经济发展的腹地，而是新一轮对外开放的前沿。西部地区将通过承接东部地区先进生产力的梯度转移，实现与周边国家之间的基础设施互联互通，扩大与周边国家的经贸往来，成为中国经济增长的新引擎。这将有利于优化中国发展的空间布局，加快形成陆海内外联动、东西双向互济的开放格局，促进区域经济协调发展，形成全方位对外开放新局面。

第六节

积极参与全球经济治理

经济全球化使越来越多的国家融入世界经济体系中，要素、产品、资金的全球流动使国家之间的经济联系也越发密切。但全球金融危机的爆发和蔓延表明，全球化驱动的世界经济问题错综复杂，即便经济实力雄厚的发达国家也难以完全有效应对，必须推动各国政府对一系列重大政治经济问题达成共识，并在此基础上促进国家间的政策协调。因此，从各国的共同利益出发，完善全球经济治理体系和治理机制，维护一个公平、公正的国际经济新秩序就显得尤为重要。全球经济治理体系改革的方向，就是各经济体之间通过不断提升国际经济合作水平，改善现有治理结构的代表性和合法性，完善不同领域的治理机构、制度和规则，共同应对在世界经济和国际金融诸多领域所面临的挑战。

随着世界经济的发展变化，全球经济治理体系也在不断调整。第二次世界大战结束以来，国际货币基金组织、关税和贸易总协定（1994年后为世界贸易组织所替代）和世界银行等多边国际组织为全球经济治理提供了重要的支撑。20世纪70年代，为了更好地应对石油危机的冲击，美国、英国、德国、法国、日本、意大利和加拿大这7个主要工业化国家组成了七国集团（G7），这7个国家的首脑每年定期讨论世界政治经济中的重大问题并协调各国的经济政策。由于这些国家在当时的世界经济体系中具有领导地位，在国际经济事务中拥有很强的话语权，因此七国集团成为当时全球经济治理的主要平台。全球金融危机的爆发成为全球治理体系发生重大变化的转折点，二十国集团（G20）正式登上了全球治理的舞台。它由G7成员国以及中国、俄罗斯、巴西、印度等新兴经济体和欧盟组成，其中新兴经济体占了一半。在全球共同应对金融危机的紧急时期,二十国集团各方首脑通过峰会进行磋商和协调,并就各国协调行动、反对贸易保护主义、加强金融监管、推动国际金融机构改革等重要问题达成了共识。由于G20成员在世界经济新格局中具有举足轻重的地位,G20峰会正在成为全球经济治理最重要的机制。二十国集团已成为国际经济合作的主要平台,二十国集团峰会也形成机制化,各经济体首脑通过定期会晤,就推动结构性改革、全球经济可持续增长、全球治理体系改革等涉及各国共同利益的重要议题展开讨论。从完全由发达国家组成的G7指点天下,到由发达经济体和新兴经济体共同组成的G20协商议事,表明全球治理从"西方治理"开始转为"西方和非西方共同治理",这凸显了新兴经济体在国际经济事务方面地位的提升。

作为世界第二大经济体,中国与世界各国之间的互动日益频繁,在国际政治经济舞台上的地位和作用越来越重要。全球金融危机推动了世界经济格局和全球治理体系的重大变化,这为中国积极参与全球经济治理提供了难得的契机。《中共中央国务院关于构建开放型经济新体制的若干意见》明确指出:要"积极参与全球经济治理。推进全球经济治理体系改革,支持联合国、二十国集团等发挥全球经济治理主要平台作用,推动金砖国家合作机制发挥作用,共同提高新兴市场和发展中国家在全球经济治理领域的发言权和代表性。全面参与国际经济体系变革和规则制定,在全球性议题上,主动提出新主张、新倡议和新行动方案,增强我国在国际经贸规则和标准制定中的话语权。"按照《中共中央关于制定国民经济和社会发展第十四个五年规划和二〇三五年远景目标的建议》的要求,"十四五"期间中国将实行高水平对外开放,继续积极参与全球经济治理体系改革,不断增强在全球经济治理体系中的话语权和影响力。党的二十大报告指出:"中国积极参与全球治理体系改革和建设,践行共商共建共享的全球治理观,坚持真正的多边主义,推进国际关系民主化,推动全球治理朝着更加公正合理的方向发展。"

目前,在世界经济的各个领域中,已经形成了一些不同层次的治理机制,从功能定位和实际作用来看,G20无疑是目前全球经济治理中最重要的国际合作平台,其协调和引领着其他经济治理机制。G20是中国首次以创始国成员和核心国成员的身份参与的全球经济治理机制,为中国发挥全球领导力提供了重要的舞台。中国在推动G20机制不断完善的过程中始终发挥着积极的作用。中国是2016年G20峰会的主办国，在杭州召开的G20峰会以"构建创新、活力、联动、包容的世界经济"为主题，促成与会各方就全球经济增长的若干重要问题达成共识，并推动了相关行动纲领的制定，峰会发表了《二十国集团领导人杭州峰会公报》和28份具体成果文件。杭州峰会的成功主办，提升了中国在全球经济治理中的制度性话语权，凸显了中国在国际经济事务中的领导作用。

贸易是世界经济增长的发动机，基于WTO的多边贸易体制对推动全球贸易的繁荣贡献良多。但WTO的成员国既有发达国家也有发展中国家，二者的经济发展水平差距较大，利益诉求也大相径庭，导致WTO框架下的"多哈回合"谈判自2001年启动以来，长期没有取得实质性进展，在一定程度上影响了部分成员国对多边贸易体制的信心。在多边贸易体制停滞不前的同时，越来越多的国家积极开展双边和区域自由贸易安排，区域经济一体化正在成为经济全球化的新动力。中国坚持在多边贸易体制下推动国际贸易和投资的自由化和便利化，积极推进WTO框架下的多边贸易谈判，提升中国-东盟自贸区的开放水平，完成中国-东盟自贸区升级谈判并签署升级议定书。中国在全球最大的自贸协定——《区域全面经济伙伴关系协定》（RCEP）——谈判中一直发挥着积极的建设性作用，在各方的共同努力下，RCEP于2020年11月正式签署，并于2022年1月1日开始生效。这标志着全球人口最多、经贸规模最大、最具发展潜力的自由贸易区正式开始运作。中国正在积极参与世界贸易组织改革，推动完善更加公正合理的全球经济治理体系。

近年来，中国在推动全球金融治理体系改革方面也起到了重要作用。作为全世界最大的发展中国家，中国在世界银行的投票权和国际货币基金组织中的份额长期偏低，与中国对全球经济增长的贡献完全不符。通过推动两大国际金融机构的投票权改革和份额调整，中国在世界银行的投票权和在国际货币基金组织的份额分别上升到5.71%和6.39%，均仅次于美国和日本，这意味着发展中国家在两大国际金融组织中的代表性和发言权的提高。经过多年的努力，人民币最终在2016年10月被纳入国际货币基金组织的特别提款权（SDR）货币篮子，这是新兴经济体货币首次加入SDR并成为国际储备货币，不仅有利于推动人民币进一步国际化，也改变了长期以来一直以发达经济体货币作为储备货币的格局，增强了SDR作为国际储备资产的吸引力，提高了国际货币体系的稳定性。

全球气候变暖问题引起了国际社会的广泛关注。为了防范全球气候变化给生态环境和人类生存带来灾难性的影响，迫切需要各国政府共同采取措施。2015年底，在巴黎召开的联合国气候变化大会上，在中国、欧盟、美国等主要经济体的积极推动下，《联合国气候变化框架公约》的178个缔约方最终达成《巴黎协定》，确定了2020年后全球合作应对气候变化行动和进程的方向与目标。2020年9月，习近平总书记在第七十五届联合国大会一般性辩论上郑重宣布，中国将加大国家自主贡献力度，采取更加有力的政策和措施，二氧化碳排放力争于2030年前达到峰值，努力争取在2060年前实现碳中和。中国正在与国际社会共同应对全球气候变化的挑战，积极履行共同而有区别的责任，在构建绿色低碳的全球气候和能源治理格局方面发挥建设性作用。

当今世界正处于大调整大变革时期，国际政治、世界经济、气候变化等诸多方面的不稳定不确定都在明显增加，世界各国和人类社会都面临着许多共同挑战，这就要求国家之间强化沟通，形成共识，协调政策，共建有效的全球治理体系。党的二十大报告提出，要推动构建人类命运共同体。这彰显了在解决人类社会所面临的共同问题、在完善全球治理方面的中国智慧和中国方案。正如习近平总书记所指出的，要实现这一目标，就要坚持对话协商，建设一个持久和平的世界；坚持共建共享，建设一个普遍安全的世界；坚持合作共赢，建设一个共同繁荣的世界；坚持交流互鉴，建设一个开放包容的世界；坚持绿色低碳，建设一个清洁美丽的世界[1]。在中国的积极倡导下，"人类命运共同体"理念已经在国际社会获得了越来越多的共识。如果各国人民同心协力构建人类命运共同体，人类终将迎来持久和平、普遍安全、共同繁荣、开放包容、清洁美丽的世界。

---

[1] 习近平：《共同构建人类命运共同体》，http://www.qstheory.cn/dukan/qs/2021-01/01/c_1126935865.htm。

PART 11

第十一章

依法规范和引导资本健康发展

2020年12月中央政治局会议首次提出"防止资本无序扩张";2021年12月中央经济工作会议进一步指出"要正确认识和把握资本的特性和行为规律""要发挥资本作为生产要素的积极作用,同时有效控制其消极作用""要为资本设置'红绿灯'"[①];2022年4月29日,习近平总书记在中共中央政治局第三十八次集体学习时强调:"规范和引导资本发展,既是一个重大经济问题,也是一个重大政治问题,既是一个重大实践问题,也是一个重大理论问题,关系坚持社会主义基本经济制度,关系改革开放基本国策,关系高质量发展和共同富裕,关系国家安全和社会稳定。"[②] 2022年12月15日,习近平总书记在中央经济工作会议上再次强调:"切实落实'两个毫不动摇'。"[③] 这些重要论述标志着党对资本的认识,从而对社会主义市场经济的认识进入一个新的阶段,必将对构建高水平社会主义市场经济体制和中国式现代化建设产生深远影响。

---

① 《中央经济工作会议在北京举行》,《人民日报》2021年12月11日第1版。
② 《习近平在中共中央政治局第三十八次集体学习时强调依法规范和引导我国资本健康发展 发挥资本作为重要生产要素的积极作用》,《人民日报》2022年5月1日第1版。
③ 习近平:《当前经济工作的几个重大问题》,《求是》2023年第4期。
本章系国家社会科学基金项目《资本特性和行为规律研究》(22AJL013)的阶段性成果。

第一节

"资本的伟大的文明作用"及其历史局限性

资本是马克思主义政治经济学的核心范畴。马克思在《资本论》《1857—1858年经济学手稿》等经典著作中，对资本的特性、运动规律、作用和历史使命作了历史的、发展的、全面的、辩证的分析，形成了完整和科学的资本理论，为我们分析社会主义市场经济中的资本提供了基本理论思维。

以亚当·斯密为代表的古典经济学家已经抓住了"增殖"这一资本特性，而系统研究资本特性和运动规律的是马克思。马克思认为，资本的本质是在不断运动中无止境地攫取剩余价值或利润，资本的生产是剩余价值的生产；资本表现为一种物，但"资本不是一种物，而是一种以物为中介的人和人之间的社会关系"[1]。资本的本质特性内在地驱使资本成为一个既具有积极作用，又具有消极作用的矛盾混合体。

马克思对资本的双重作用作了深刻而系统的论述，既指出了"资本的伟大的文明作用"[2]，又剖析了资本所固有的一系列弊端和历史局限性。马克思对"资本的伟大的文明作用"的分析科学而深邃，指出："资本按照自己的这种趋势，既要克服把自然神化的现象，克服流传下来的、在一定界限内闭关自守地满足于现有需要和重复旧生活方式的状况，又要克服民族界限和民族偏见。资本破坏这一切并使之不断革命化，摧毁一切阻碍发展生产力、扩大需要、使生产多样化、利用和交换自

---

[1] 马克思、恩格斯：《马克思恩格斯全集》第44卷，人民出版社，2001，第877—878页。
[2] 马克思、恩格斯：《马克思恩格斯文集》第8卷，人民出版社，2009，第90页。

然力量和精神力量的限制。"①这段论述对于我们在全面建设社会主义现代化国家中充分发挥资本的力量具有重要意义和实践启迪。

"资本的伟大的文明作用"首先表现为资本促进了社会生产力突飞猛进的发展,从而奠定了社会文明进步的物质基础。从底层逻辑来看,资本重塑了人与自然的关系,把自然界从崇拜的、观念上的对象转化为现实的需要和利用的对象,它充分、有效地利用世界上已存在的各种生产性资源,唤醒了包括自然资源、社会资源和知识资源等各类资源,使它们发挥出现实的生产能力,创造出现实的物质财富。马克思指出,"资本量的每一次增加都不仅能按算术级数,而且还能按几何级数提高生产力"②。不仅如此,马克思还进一步指出资本可以促进知识和经验的积累,并加以有效利用:"知识和经验的这种不断进步,是我们的伟大的力量……这种进步,这种社会的进步属于资本,并为资本所利用……只有资本才掌握历史的进步来为财富服务。"③

资本促进生产力发展有一系列内在的机制。第一,资本有一种内在的节约趋势。成本的降低就意味着利润的增加。出于对利润的孜孜以求,资本总是"力图用尽可能少的花费——节约人力和费用——来生产一定的产品,也就是说,资本有一种节约的趋势,这种趋势教人类节约地花费自己的力量,用最少的资金来达到生产的目的"④。无论哪一种社会形态,节约都意味着资源耗费和必要劳动时间的相对减少,也就意味着经济的发展和社会的进步。第二,资本能够激励创新。资本的生产主要表现为相对剩余价值的生产,而相对剩余价值的生产是建立在整个社会技术进步基础上的。基于剩余价值的追逐,资本既扮演"破坏者"的角色,又扮演"创新者"的角色,不断激励科学发现和技术进步,并把它们并入现实生产过程之中,转化为资本自身的力量。马克思指出:"随着资本主义生产的扩展,科学因素第一次被有意识地和广泛地加以发展、应用并体现在生活中,其规模是以往的时代根本

---

① 马克思、恩格斯:《马克思恩格斯文集》第8卷,人民出版社,2009,第91页。
② 马克思、恩格斯:《马克思恩格斯全集》第46卷(上),人民出版社,1979,第314页。
③ 马克思、恩格斯:《马克思恩格斯全集》第46卷(下),人民出版社,1980,第88页。
④ 马克思、恩格斯:《马克思恩格斯全集》第26卷第2册,人民出版社,1973,第625页。

想象不到的。"①第三，资本会驱使各类生产要素不断流动，使资源配置处于动态优化状态。"资本按其本性来说，力求超越一切空间界限"②，也力求超越时间界限。在逐利本性的驱使下，资本会对各类市场信号（不仅仅是价格信号，还包括消费者潜在的偏好等信息）作出灵敏的反应，不断打破地域、产业、时间和国界等的限制，从低效利用领域和使用者手中转向高效利用领域和使用者手中。资本在不断流动中形成了聚集和扩散效应，深化了社会分工，形成了生产网络，获得了规模经济和范围经济的好处。

"资本的伟大的文明作用"不仅表现为通过促进社会生产力的发展为人类文明奠定物质基础，而且构成人类文明发展本身。第一，资本促进了社会消费的增长，不断发现新需求、满足新需要。出于对利润的追逐，资本总是寻求一切办法去探寻潜在需求，刺激社会消费，不断生产出新的产品和服务、不断挖掘物的满足人类需要的属性、不断赋予使用价值的新形态，从而不断满足人的新需要。人的内在需要的发现和满足，就是人类文明发展的基本形式和原动力。马克思指出：资本"发现、创造和满足由社会本身产生的新的需要。培养社会的人的一切属性，并且把他作为具有尽可能丰富的属性和联系的人，因而具有尽可能广泛需要的人生产出来"③。第二，促进社会交往，使社会交往日趋多元化而变得丰富多彩。交往是马克思主义经典文献中的一个重要概念，马克思说："人的本质不是单个人所固有的抽象物，在其现实性上，它是一切社会关系的总和。"④交往是确认和实现人的"类"本质和社会性的基本方式，因而是社会文明程度的重要体现。交往范围的扩大、交往频率的提高、交往形式的多样化、交往层次的加深，都意味着人类文明的进步。在《德意志意识形态》中，马克思指出了交往的两种形态：物质交往和精神交往。物质交往是人们在物质生产领域活动和能力的交换，精神交往则是人们的精神生活，是人们之间思想、观念、理论、风俗、习惯、感受和信息的交流。资本推动交往手段和形式的革命性变化，也促进交往发生革命性的变化，物质产品、劳

---

① 马克思、恩格斯：《马克思恩格斯文集》第8卷，人民出版社，2009，第359页。
② 马克思、恩格斯：《马克思恩格斯全集》第30卷，人民出版社，1995，第521页。
③ 马克思、恩格斯：《马克思恩格斯全集》第30卷，人民出版社，1995，第389页。
④ 马克思、恩格斯：《马克思恩格斯文集》第1卷，人民出版社，2009，第501页。

动力、思想、知识、信息、数据的流动冲破地域、民族、国界的限制，交往的广度和深度随之发生革命性变化。"某一个地方创造出来的生产力，特别是发明，在往后的发展中是否会失传，取决于交往扩展的情况……只有在交往具有世界性质，并以大工业为基础的时候，只有在一切民族都卷入竞争的时候，保存住已创造出来的生产力才有了保障。"[1]迄今为止，人类历史上发生了三次大的交往手段革命，第一次发生在农业社会，主要标志是文字和印刷术的发明和应用；第二次发生在工业社会，主要标志是以铁路和电报、电话的发明和应用为核心的交通和通信革命；第三次发生在当代正在成型的信息社会，主要标志是计算机和互联网等数字技术的广泛应用，人们的交往范围极大扩大，交往程度日益加深，信息流动越来越快[2]。在后两次交往手段的革命性变革中，资本扮演着重要的角色，它在促进相关技术发明的同时，把它变成了现实的、可以简单灵活运用的交往手段和工具。第三，资本为人的自由全面发展创造了物质条件。人的自由全面发展是马克思设想的未来社会的一个标志，而资本为实现人的自由全面发展提供了物质条件。"资本作为孜孜不倦地追求财富的一般形式的欲望，驱使劳动超过自己自然需要的界限，来为发展丰富的个性创造出物质要素，这种个性无论在生产上和消费上都是全面的。"[3]"自由时间"是马克思在论述人的自由而全面发展时所提出的一个重要范畴，他指出：有"'可以自由支配的时间'，也就是有真正的财富，这种时间不被直接生产劳动所吸收，而是用于娱乐和休息，从而为自由活动和发展开辟广阔天地。时间是发展才能等等的广阔天地"[4]。而资本"成了为社会可以自由支配的时间创造条件的工具，使整个社会的劳动时间缩减到不断下降的最低限度，从而为全体（社会成员）本身的发展腾出时间"[5]。人的自由而全面发展需要主要体现在精神生活和政治生活领域，人们已经摆脱了物质需要和肉体需要方面的羁绊，能够自由地从事娱乐性、创造性、探索性甚至冒险性的活动，以寻求身心的愉悦；能够自由追求高质量

---

[1] 马克思、恩格斯：《马克思恩格斯全集》第3卷，人民出版社，1960，第61—62页。
[2] 李素霞：《交往手段革命与交往方式变迁》，人民出版社，2005，第8页。
[3] 马克思、恩格斯：《马克思恩格斯文集》第8卷，人民出版社，2009，第69页。
[4] 马克思、恩格斯：《马克思恩格斯全集》第26卷第3册，人民出版社，1974，第281页。
[5] 马克思、恩格斯：《马克思恩格斯文集》第8卷，人民出版社，2009，第199页。

的生态环境,在优美的环境中陶冶生活,实现自身与自然在更高层次上的融合统一;能够自由追求人的价值实现,把自由、交往、尊严、公平、正义、政治权利作为自身内在的、现实的需要。

在清晰认识到"资本的伟大的文明作用"的同时,还要清晰认识到资本本性所内在生成的消极作用,对资本秉持一种客观的、全面的、辩证的态度,这对于完善社会主义市场经济体制和中国式现代化建设同样是至关重要的。

资本的本性是在永不停歇的运动中不断追求价值增殖。价值增殖是资本的目的,其他一切实际上只是作为手段而存在。马克思指出:资本"运动的决定目的本身,是交换价值,而不是使用价值……资本主义生产的动机就是赚钱,生产过程只是为了赚钱而不可缺少的中间环节,只是为了赚钱而必须干的倒霉事。(因此,一切资本主义生产方式的国家,都周期地患一种狂想病,企图不用生产过程作中介而赚到钱。)"[①]。但是,支撑人类生活的基础却是使用价值,是现实的物质财富和精神财富。这样,资本运动的目的和社会生产的最终目的就有可能发生冲突。这种冲突在资本作为社会生产和资源配置主要组织方式的经济体制或社会形态中都是存在的。因此,从根本意义上讲,资本的局限在于它追求价值增殖的过程本身就构造了人与物、劳动者与资本所有者的深刻矛盾,从而阻滞甚至破坏了社会再生产循环,限制了人的全面发展。

资本以价值增殖为目的的行为规律是现代经济社会诸多弊病的重要根源。第一,一旦存在可能性,资本总是会力图摆脱现实生产过程、越过"使用价值生产"而直奔价值增殖(G—G′),这就不可避免造成经济的金融化、虚拟化和泡沫化,形成经济波动周期,造成资源的浪费。第二,资本利用自己在各类生产要素中的优势地位,特别是相对于劳动者的优势地位,攫取其他要素所有者,特别是劳动者创造的价值,实现资本的迅速积累,造成收入和财富差距的扩大,导致社会需求不足,进而破坏宏观经济循环。托马斯·皮凯蒂分析了资本主义发展过程中收入和财富分配差距扩大的内在趋势,认为其根本力量在于,由于资本的强势作用,资本收益率(包括利润、股利、利息、租金和其他资本收入)从长期看显著高于经济增

[①] 马克思、恩格斯:《马克思恩格斯全集》第45卷,人民出版社,2003,第67—68页。

长率，即r>g，导致社会持续分化①。第三，侵害消费者和中小投资者的利益，将他们的一部分收入直接装进自己的腰包。纵观资本主义发展史，商业和投资欺诈连绵不绝，花样翻新，资本掠夺消费者、大资本攫取小资本和普通投资人的现象层出不穷。爱德华·J.巴莱森（Edward J.Balleisen）的著作《骗局：美国商业欺诈简史》比较细致地描述和分析了美国历史上的商业欺诈手段，以及欺诈所引发的收入和财富再分配。他指出，19世纪以来，从一家试图出售几块位于俄亥俄州乡下或密西西比河谷亚祖河地区地皮的地产公司的股份，到镀金时代经营某些热门领域生意的企业的股票，欺诈者先是激起公众对新的赚钱方式的渴望，再把他们的注意力转向一家充当欺骗载体的特定企业，一旦喧嚣吸引了足够的投资来抬高土地价格或目标公司的股票的价值，他们就抛售自己的资产②。第四，通过垄断获取利润。一旦取得垄断地位，资本就可以轻松获取超额利润。为了取得垄断地位，资本会不断地扩大规模，使自己长成"资本大鳄"，而资本积累和信用是资本扩张的两个基本杠杆。当然，生产集中和规模扩大可以利用规模经济和范围经济的好处，还能促进创新，但一旦资本利用垄断地位和市场势力来排除竞争和攫取利润，它就走向了社会生产良性发展的反面。

随着资本规模的扩大，资本的权力和影响力随之扩大，并超出经济领域，向政治、社会、意识形态和社会舆论等领域延伸，目的依然是绕过使用价值或财富的生产环节，而通过非经济领域的运作和操纵来参与社会再分配，轻松获得利润和超额利润。资本影响乃至腐蚀政治是资本权力扩张的一种重要表现。约翰·约瑟夫·沃得斯（John Joseph Wallis）提出经济腐败（venal corruption）的概念，意即资本通过腐蚀政治程序来追求资本利益。"当经济腐蚀政治时，就会发生经济腐败"③，因此，需要设计一种有效的政府形式来抵制资本本性所滋生的经济腐败。贿赂和政治献金是经济腐败的典型形式，通过贿赂和政治献金，资本可以换取政府控制的多

---

① 托马斯·皮凯蒂：《21世纪资本论》，巴曙松、陈剑、余江、周大昕、李清彬、汤铎铎译，中信出版社，2014，第26—27页。

② 爱德华·J.巴莱森：《骗局：美国商业欺诈简史》，陈代云译，格致出版社、上海人民出版社，2020，第14页。

③ 爱德华·L.格莱泽、克劳迪娅·戈尔丁主编《腐败与改革——美国历史上的经验教训》，胡家勇、王兆斌译，商务印书馆，2012，第37—38页。

种资源和机会，包括公共资源（如公共自然资源、公共服务、公共财产），由政府权力派生的垄断经营权，或者免于或逃避政府规制的约束和法律的制裁，甚至影响政策制定和执法司法，借以通过非生产的途径获取利润和超额利润。经济腐败在美国经济发展史上一直存在，"直到20世纪50年代，在美国参议院大厅这个神圣的场所，也不时会有装着现金的信封游荡其间"[①]。"资本大鳄"通过操纵政治，以及意识形态、社会舆论和公众生活而获取利润的内在倾向尤为强烈。以美国科氏工业集团为例，该集团横跨原油开采、炼化、贸易、管道运输、农业和畜牧业、金融服务、道路沥青、婴儿纸尿裤、纸质餐具、树脂包装材料、建筑材料、电子元件和医疗器械等广泛领域，在其成长和壮大的过程中，不断资助政客和舆论，并利用各种基金会、媒体节目、智库、科研机构去影响大众，借助资本腐蚀政治、官僚和社会舆论，对21世纪以来美国的税收、节能减排、医疗改革等一系列重大政策产生了重要影响，成为一个能够左右美国经济和政治的隐秘商业帝国。值得关注的是，美国科氏工业集团对教育和科研机构进行了大量资助，造成了美国社会严重分裂的价值观和政治生态。在资本与政治互动过程中，美国科氏工业集团获得了持久的政治和舆论影响力，并借助这种影响力收割了惊人的商业利益[②]。

资本向政治、意识形态、舆论和公众生活渗透，并发挥巨大的影响力和支配力，表明现代社会资本事实上是作为一种"总体性权力"而存在的。因此，在市场经济中，仅仅理解资本的增殖逻辑是远远不够的，还要理解资本的权力逻辑，以及资本增殖逻辑和资本权力逻辑之间的互动关系，只有这样才能勾画出清晰的资本运行全景图。从权力的角度看待资本，马克思已有深刻的论述，指出，"工业上的最高权力成了资本的属性"[③]；随着资本积累的增长，"资本的权力在增长……资本越来越表现为社会权力，这种权力的执行者是资本家"[④]；"资本是资产阶级社会

[①] 爱德华·L.格莱泽、克劳迪娅·戈尔丁主编《腐败与改革——美国历史上的经验教训》，胡家勇、王兆斌译，商务印书馆，2012，第4页。

[②] 克里斯托弗·伦纳德：《隐秘帝国：美国工业经济和企业权力的兴衰》，程正译，中信出版社，2021。

[③] 马克思、恩格斯：《马克思恩格斯全集》第44卷，人民出版社，2001，第386页。

[④] 马克思、恩格斯：《马克思恩格斯全集》第46卷，人民出版社，2003，第293页。

支配一切的经济权力"①。资本之所以能演化为一种"总体性权力",在于资本最初和最基本的形态是货币,而货币具有跨越或穿透一切障碍的神奇魔力,是"一切纽带的纽带""发动整个过程的第一推动力"②和"发达的生产要素"③。马克思指出:"如果货币是把我同人的生活,同社会,同自然界和人们联结起来的纽带,那么货币难道不是一切纽带的纽带吗?它难道不能够把一切纽带解开和联结在一起吗?……它既是地地道道的辅币,也是地地道道的黏合剂;它是社会的化合力。"④从这个角度看,在社会主义市场经济条件下,需要有效约束资本在经济领域以外的权力,防止资本跨越界限的权力,而使其在发展社会生产力和改善人民生活的轨道上充分发挥作用。

---

① 马克思、恩格斯:《马克思恩格斯文集》第8卷,人民出版社,2009,第31—32页。
② 马克思、恩格斯:《马克思恩格斯全集》第45卷,人民出版社,2003,第393页。
③ 马克思、恩格斯:《马克思恩格斯全集》第46卷(上),人民出版社,1979,第173页。
④ 马克思、恩格斯:《马克思恩格斯文集》第1卷,人民出版社,2009,第245页。

第二节

技术和产业变革中的资本新形态

工业革命以来,资本总是力图追逐先进技术和先进生产要素,它们迅速融合,开拓出新产品、新产业、新业态和新的组织方式。资本具有高度灵敏的触角和嗅觉,能够率先发现新知识、新技术和新生产要素的潜在价值和应用前景,并把它们与现有的生产要素有机组合起来,并入现有生产体系之中,将产业结构、社会生产力水平和社会生活水平提高到一个全新的阶段。对于资本吸收和利用新知识、新技术,马克思指出:"知识和技能的积累,社会智力的一般生产力的积累……被吸收在资本当中,从而表现为资本的属性。"[1] "资本的趋势是赋予生产以科学的性质……在资本的进一步发展中,我们看到,一方面,资本是以生产力的一定的现有的历史发展为前提的——在这些生产力中也包括科学——另一方面,资本又推动和促进生产力向前发展。"[2] 迄今为止发生的四次工业革命就是资本吸收和利用新知识、新技术,推动产业变革的生动例证。蒸汽机的发明和应用是第一次工业革命的标志,而在从水力和畜力向蒸汽动力演化的过程中,在资本、技术、劳动、自然的四角关系中,资本起到了"指挥棒"的引领作用[3]。由资本推动的蒸汽机的广泛应用又带来了铁路等行业的大发展,"可以说,铁路是随着蒸汽机的诞生而出现的一

---

[1] 马克思、恩格斯:《马克思恩格斯文集》第8卷,人民出版社,2009,第186—187页。
[2] 马克思、恩格斯:《马克思恩格斯文集》第8卷,人民出版社,2009,第188页。
[3] 蔡华杰:《技术选择的逻辑:以蒸汽机崛起为例》,《经济思想史学刊》2022年第2期。

种运输方式"①，从而推动人流和物流的加速和空间的拓展，使人类生产和生活发生质的飞跃。

不仅如此，随着新技术的发展、生产规模的扩大和经济的复杂化，资本的形态和组织方式也在迭代和进化，不断出现新形态的资本。股份资本②就是资本适应社会化大生产发展而诞生的一种资本形态和组织方式，它在一定程度上克服了资本的私人性质，使资本潜在的适应生产社会化的性质显露出来，从而释放出资本聚合资源、突破规模限制和容纳新生产要素的巨大能量。马克思充分肯定了股份资本对于社会化大生产的重要意义，他以铁路的修建为例指出："假如必须等待积累使某些单个资本增长到能够修建铁路的程度，那么恐怕直到今天世界还没有铁路。但是，集中通过股份公司转瞬之间就把这件事完成了。"③股份资本一经产生，在随后的技术和产业革命中发挥着越来越重要的作用，被马克思称为资本的"最完善的形式"④。

风险资本是资本适应第三次工业革命的一次重要蝶变⑤。第三次工业革命又称为"信息革命"，诞生了晶体管、半导体、计算机、控制器、生物技术等颠覆性技术，催生了计算机、软件、通信以及生物技术和新材料等新兴产业，这些技术和产业具有高风险和高收益。资本出于内在本性，竭力追逐、吸收和利用这些新技术，衍生出风险资本这一新形态。风险资本勇于承担风险，能够宽容失败，这些对于创新和创新者都是至关重要的，非常符合高科技初创企业的成长规律，推动技术

---

① 傅志寰：《铁路的演化及其动力》，《工程研究——跨学科视野中的工程》2010年第3期。

② 股份这一经济现象可以追溯到古希腊和古罗马社会，而股票最早是在1602年出现的，由荷兰东印度公司发行。第一次工业革命时期，股份经济有了较快发展，到19世纪初，金融业、交通运输业和公用事业部门已较多地采用现代股份公司的组织形式。以英国为例，1800年银行和保险业的股份公司有67家，桥梁和运河的股份公司有219家，制造行业的股份公司有6家。

③ 马克思、恩格斯：《马克思恩格斯全集》第44卷，人民出版社，2001，第724页。

④ 马克思、恩格斯：《马克思恩格斯文集》第10卷，人民出版社，2009，第157页。

⑤ 1946年，世界上第一家风险投资公司美国研究与发展公司（ARD）成立，这是风险投资发展史上的一个里程碑。ARD以7万美元投资DEC（数字设备公司），且伴随DEC直到它成功上市（1966年）。其间，ARD不仅为DEC提供了巨额资本支持，而且积极参与DEC的日常运营管理，当时DEC的大多数董事都是由ARD的成员担任。

和发明迈向新的前沿。而且，风险资本吸引了大批专业人才，利用人力资本优势，能够探查和筛选出优质的投资项目。计算机技术、半导体技术、网络技术及生物技术等在形成新兴产业过程中，都得到过风险资本的大力支持。风险资本不仅提供难得的初创资本，还是技术的孵化器，为科技成果、创业企业家和金融资本三者有机结合提供了纽带。从仙童公司到英特尔公司、数字设备公司（DEC），再到雅虎、eBay、微软、苹果、谷歌、亚马逊等高科技公司，它们创业和成长过程中都伴随着风险资本。生物技术产业也是如此，圣迭戈生物技术公司的初创资本的28.1%来源于风险投资机构和其他机构性的私募投资。

值得强调的是，政府资本也是第三次工业革命的一种重要资本形态。除了信息技术上的突破外，第三次工业革命还实现了航天技术、原子能技术以及人工合成材料、分子生物学和遗传工程等的突破，政府资本在其中扮演着非常重要的角色。政府资本的作用主要体现在对重大技术创新和基础设施的支持和组织，这在美国较为典型。一是，政府资本资助军用技术和高校科研，推动了信息技术和计算机、互联网等产业的发展，第一台电子计算机ENIAC就是美国军方与宾夕法尼亚大学合作项目的成果，生物技术及其产业的发展也依赖于政府资本对生物医学基础研究的巨额投入。二是，政府资本在构建新型基础设施网络方面发挥重要作用。美国国家科学基金会（NSF）直接资助建立了一系列因特网交换点和网络接入点，推动区域性计算机网络的形成。政府资本还大力资助高校的科研工作，实现了基础理论和核心技术的积累，使技术进步获得持续动力。三是，政府资本组建研发基金，如美国国家科学基金和生物技术基金，通过基金的形式扶持新技术的研发、商业化及新兴产业的发展。在生物技术领域，美国通过基金代理机构对基础科学研究与临床研究进行资助，推动原创技术和核心技术取得突破，形成先发优势[①]。

目前，人类已经迈入第四次工业革命时代，颠覆性技术、新生产要素和新生产组织形态已经出现并加速演进，基于信息与通信技术（ICT）的数字经济迅速发展，数字产业化和产业数字化方兴未艾。数字经济时代的核心技术包括数据、算法和算力。数据正在成为新的关键性生产要素，数据驱动正成为新的增长和发展"范

---

① 杜传忠、曹艳乔：《金融资本与新兴产业发展》，《南开学报（哲学社会科学版）》2017年第1期。

式"。但是，少量、分散、无序、没有定价和无法交易的数据价值密度低，实际或应用价值也很低，只有经过算法的抓取、加工和处理后形成的结构化数据集合，才具有高市场价值，才能转化为宝贵的经济资源和生产要素。因此，在原始数据的收集和加工处理过程中，算法（algorithm）就成为数据价值转化和实现的关键与核心，进而成为决策的依据[1]。不仅如此，在第四次工业革命背景下，"算法实现过程已不再依赖于人类知识的表述。基于大量数据或案例，算法可以通过自我学习自动抽取特定规则"，这就凸现出算法作为人类社会数字环境新规则的重要性[2]。而算力则是与数据、算法相协同的数字经济的基本元素，是类似于水、电、气一样的基础设施。云计算、大数据、物联网、人工智能等技术的高速发展和经济社会复杂性的快速提升，推动了数据的爆炸式增长和算法复杂程度的不断提高，对数据存储、计算、传输、应用的需求急剧上升，对算力规模、算力能力等需求随之快速上升。与历次产业革命一样，一旦有新技术、新要素出现，资本就会迅速感知、发现、追逐和融合它们，开拓出新产品、新产业和新生产组织形式。资本追逐数据技术并与之融合，形成了囊括大数据、算法和算力的数据资本。数据资本是数字经济时代出现的一种全新资本形态。

数据资本对大数据、算法和算力的整合带来了经济社会的深刻变化。第一，数据资本驱动各类信息，进而驱动人口和各类生产要素快速而广泛地流动，使经济社会更富灵活性、弹性和适应性，使之联结成一个更加紧密的有机体。第二，数据资本深刻改变了市场结构和消费者决策模式。在传统市场上，受制于信息搜集、处理能力和信息成本约束，复杂的信息往往被压缩成简单的价格信息，以方便市场主体的选择，但这个过程过滤掉了个人偏好、产品质量和供应商信誉等许多重要信息，许多有价值的细节被消除掉了。因此，依据价格信息作出的决策或选择往往是片面的，甚至是糟糕的。在数据资本驱动的市场上，"参与者不再被围绕着价格信息的涓涓细流限制，他们的目标是全面传达关于个人偏好的所有信息，并据此采取行

---

[1] 李丹：《算法歧视消费者：行为机制、损益界定与协同规制》，《上海财经大学学报》2021年第2期。

[2] 贾开、薛澜：《第四次工业革命与算法治理的新挑战》，《清华管理评论》2021年第4期。

动"[1]。也就是说，在数据资本支撑和驱动的市场上，消费者选择参数的完备程度发生了质的提升，这从网络购物行为中就可以清晰地看到。消费者网上购物，价格仅仅是若干选择参数之一，除此之外，还要看过往的评价、商家信誉、产品花色和样式、送货时间和售后服务等诸多重要细节，基于比较完整信息所作出的决策会更符合个人偏好，也改善了市场主体的选择自由度和市场交易效率。因此，在数据资本支撑和驱动的市场上，"数据是市场车轮的新型润滑剂，可以帮助市场参与者找到更好的匹配选项"[2]。第三，数据资本赋予金融资本以更大的影响力和控制力。与其他传统资本形态相比，金融资本对经济社会生活本来就具有更大的渗透力和影响力，是高能量资本。当数据资本与金融资本相结合，金融资本便借助数据资本的网络效应和智能化，施展出更为强大的资源聚集、配置和控制能力，影响力呈几何级数增长。

数据资本作为一种新的资本形态几乎同时催生出新的经济组织形式，典型例子就是平台经济的出现和快速成长。平台经济依托云、网、端等网络基础设施，利用人工智能、大数据分析和区块链等数字技术，将众多的生产者、供应商和消费者聚集在一起交易，借助高密度信息的高速流动，扩大参与者的搜寻范围和提高其效率，降低搜寻成本，拓展选择空间和提高匹配效率，进一步挖掘出规模经济、范围经济、多边市场的潜力和好处。数据是数字经济的"石油"，没有数据就不会有平台经济，大数据分析是平台经济的关键性元素[3]，因此，数据资本就成为平台经济的关键生产要素和基本驱动力。

从上面的分析可以看出，资本在技术和产业变革中能够持续焕发出巨大的力量，并不断衍生出新的资本形态。新形态资本吸收和容纳技术及经济组织形式的新发展，充分显示出资本的历史进步作用。但无论哪一种新形态资本，由于资本的本性，都不可避免地同时具有积极和消极两方面的作用，造成积极和消极两方面的经

---

[1] 维克托·迈尔-舍恩伯格、托马斯·拉姆什：《数据资本时代》，李晓霞、周涛译，中信出版社，2018，第62页。

[2] 维克托·迈尔-舍恩伯格、托马斯·拉姆什：《数据资本时代》，李晓霞、周涛译，中信出版社，2018，第62页。

[3] 黄益平主编《平台经济：创新、治理与繁荣》，中信出版社，2022，第13页。

济社会后果。前面提到，股份资本适应和促进了生产规模的扩大和生产社会化程度的提高，这一功能至今仍具有强大的生命力。但是，包括股份资本在内的金融资本也为资本跳过使用价值和财富生产环节而直接攫取价值提供了便捷手段，打开了方便之门。金融资本在实际运行过程中不断催生出各种衍生工具，借助于自我扩张和自我循环机制，直接占有生产领域创造的价值和劳动者的收入，导致经济的虚拟化和资本循环脱离实体经济运转。风险资本也一样。一方面，它吸收、容纳和分散了创新过程的风险，刺激了前沿技术的发明和商业化，构成国家创新体系的重要一环；另一方面，也累积和隐藏了大量风险，甚至演化出"黑天鹅"和"灰犀牛"，如果没能及时有效地加以释放，就会导致经济泡沫和经济动荡，甚至诱发经济走向萧条通道。20世纪后10年美国互联网泡沫破裂就是一个例子。20世纪90年代，网络科技迅速发展，风险资本趋之若鹜，许多网络公司并没有创造出真实的业绩，甚至大量消耗资本金来维持运营，互联网泡沫越吹越大。1995—1999年，代表新兴科技股的纳斯达克指数翻了5倍多。2000年，科技和互联网泡沫开始破裂，纳斯达克指数一路下跌，酿成美国证券史上最严重的股灾之一。

数字经济时代，数据资本借助信息通信技术、网络效应（消费网络、生产网络、创新网络等）和人工智能，信息流动速度、范围和精准性都大幅度提高，与传统形态的资本相比，数据资本的影响力和控制力呈现几何级数增长，这既成倍放大了资本的积极作用，又大大助长了资本的消极作用。数据资本的积极作用前面已有所论述，从消极作用来看，第一，数据资本强化了资本对劳动过程的控制。随着数字技术的发展，劳动过程和生产过程相对于资本的"清晰度"显著提高了，越来越多的劳动者被"去技能化"（de-skilling），而工程师、科学家、管理者、设计师等人的技能却成了垄断性的技能，且"被完全吸收为资本的权力"，从而使"资本获得了对劳动过程越来越彻底、越来越完整的控制权"[1]。马克思曾分析了机器大工业时代劳资关系的演变，用劳动对资本的"形式上的从属"转变为"实际上的从属"来描述这种关系的演变，数字经济时代，劳动对资本、小资本对大资本的"实际上的从属"事实上被大大强化了。第二，数据资本的垄断势力明显强于传统资本。数据资本往往占据社会再生产的关键环节和高增殖环节，率先进入新兴产

---

[1] 大卫·哈维：《资本的限度》，张寅译，中信出版社，2017，第198—199页。

业部门，通过网络效应、算法和先占优势拥有强大市场势力，能够快速形成垄断地位，攫取垄断利润。平台资本作为数据资本的一种典型形式，具有聚集和辐射生产和消费的强大能量，网络效应和垄断势力巨大，"大数据杀熟""二选一"等不正当竞争和垄断行为已然成为大型平台企业获取超额利润的惯常手段。第三，数据资本利用现代数据技术侵占消费者利益和损害社会利益。"每一种技术或科学的馈赠自有其阴暗面"[1]，数据资本利用大数据和算法等先进技术手段攫取利益和影响力的现象屡见不鲜。以算法技术为例，毋庸置疑，算法作为挖掘数据价值的基本方法，重要性与日俱增，但数据资本为了自身利益和影响力会不正当使用算法技术，导致"算法歧视""算法合谋""深度伪造""数据投毒""信息茧房""隐私泄露"，以及无处不在的"数据黑箱"，在资本驱使下的算法应用已经引发了歧视性风险、责任性风险、误用及滥用性风险等三大风险[2]。

---

[1] 尼葛洛庞帝：《数字化生存》，胡泳、范海燕译，海南出版社，1996，第26页。
[2] 贾开、薛澜：《第四次工业革命与算法治理的新挑战》，《清华管理评论》2021年第4期。

| 第三节 |

按社会主义市场经济的逻辑引导和规范资本的行为

根据党的十九大的战略安排，我国已经迈向全面建设社会主义现代国家新征程，同时要加快完善社会主义市场经济体制。在新历史条件下，必须按照中国式现代化和社会主义市场经济的内在逻辑来考虑如何既充分发挥资本的积极作用，又有效抑制资本的消极作用。

一、在社会主义市场经济中，资本作为一种长期存在的力量，提供了一种积累和扩大再生产的机制

习近平总书记指出："搞社会主义市场经济是我们党的一个伟大创造。既然是社会主义市场经济，就必然会产生各种形态的资本。"[1]1984年通过的《中共中央关于经济体制改革的决定》明确指出："商品经济的充分发展，是社会经济发展的不可逾越的阶段，是实现我国经济现代化的必要条件。"[2]这说明各种形态的资本将长期存在于我国经济发展过程中。对于资本的存在理由及其积极作用，可以从它在激励创新、繁荣市场经济、满足群众多样化需要、参与国际竞争等重要方面加以把握，但还有一个需要提及的重要理论和实践角度，那就是各种形态的资本在相当

---

[1] 习近平：《正确认识和把握我国发展重大理论和实践问题》，《求是》2022年第10期。
[2] 中共中央文献研究室编《十二大以来重要文献选编》（中），中央文献出版社，2011，第56页。

长一段历史时期内仍然是剩余劳动转化为积累并投到社会扩大再生产之中的有效载体和工具,是驱动经济增长的一种可以依靠的力量。

在马克思主义经典作家那里,剩余劳动,即超过维持劳动力生产和再生产需要的劳动,是"一切社会生产方式所共有的基础"①。恩格斯明确指出:"劳动产品超出维持劳动的费用而形成剩余,以及社会的生产基金和后备基金靠这种剩余而形成和积累,过去和现在都是一切社会的、政治的和智力的发展的基础。"②在资本主义社会中,剩余劳动通过雇佣劳动转化为剩余价值并由资本吮吸,其中一部分转化为积累,进而转化为再生产过程的各种生产要素,进入到经济循环之中,驱动社会扩大再生产。可以说,资本运动提供了社会积累和扩大再生产的一种机制。在马克思设想的未来社会中,用于扩大再生产与满足社会公共需要的剩余劳动依然是必需的和现实存在的,但不会采取剩余价值的形式,而是从社会总产品中直接扣除。马克思在《哥达纲领批判》中提出的三项扣除中,后两项实际上就是对剩余劳动的直接提取,即"用来扩大再生产的追加部分""用来应付不幸事故、自然灾害等的后备基金或保险基金"③。马克思、恩格斯不曾设想未来社会可以搞市场经济,剩余劳动也就不会经由资本和剩余价值等"曲折"途径形成积累并投到扩大再生产和公共需要之中。但实践证明,市场经济的充分发育是一个国家经济社会发展和现代化不可逾越的阶段。在市场经济中,资本就是组织、吸取和凝聚剩余劳动,实现扩大再生产的一个非常重要的手段。也就是说,资本履行着积累、形成可投资资源并使其流向生产领域和实现动态配置的重要功能。不仅如此,一旦资本履行着这样的职能,它就会把千百万人的智慧,特别是企业家的才能调动起来,动员到创造社会财富的轨道上。当然,在社会主义市场经济中,资本并不是组织、吸收和转化剩余劳动的唯一手段,国家作为公共利益和社会整体利益的代表,也会通过多种形式,如税收和公有企业利润等形式,直接提取剩余劳动用于扩大再生产和公共需要,这同样是极为重要的,也构成社会主义市场经济与资本主义市场经济的根本区别。

---

① 马克思、恩格斯:《马克思恩格斯全集》第46卷,人民出版社,2003,第992页。
② 马克思、恩格斯:《马克思恩格斯文集》第9卷,人民出版社,2009,第202页。
③ 马克思、恩格斯:《马克思恩格斯文集》第3卷,人民出版社,2009,第432页。

二、把资本的运行置于中国式现代化和社会主义市场经济的基本框架内

我们正在全面建设的现代化是中国式现代化，中国式现代化有两个重要特征：首先，中国式现代化具备现代化的一般特征。从国际上看，一个国家的现代化同时也是市场经济不断发育、不断完善而趋于成熟的过程，是一曲"市场经济的凯歌"[1]。在这个过程中，各种机会竞相开放，现代产权制度和法治逐步健全，中产阶级迅速崛起；全国统一和广阔市场形成，市场竞争充分展开，生产和消费呈现螺旋式上升；企业家队伍快速成长，成为现代化建设的一支重要力量[2]；适应现代市场经济的政府职能逐步成型，如有效保护产权（包括发明和专利权保护）和反垄断；等等。中国式现代化从一个重要侧面看也是市场经济的现代化，新时代完善社会主义市场经济的目标是建立起现代市场经济[3]。从现代市场经济的基本要素出发可以看出，在现代化进程中，资本具有广阔的作用空间，同时受到政府治理的严格制约，保持活力和秩序的有机统一。

其次，中国式现代化又具有鲜明的制度特征，包括党对经济工作的集中统一领导、有为政府作用、公有制的主体地位和国有经济的主导作用、共同富裕和人的全面发展等。这些都是引导资本健康发展、有效抑制资本消极作用的基本力量，能够确保资本始终在社会主义基本原则所确定的基本框架内有序运行。

习近平总书记关于社会主义市场经济和中国式现代化的重要论述为我们在全面建设中国式现代化过程中发挥好资本作用提供了科学指南。习近平总书记指出："社会主义市场经济与资本主义市场经济有着显著不同，其理论结构比资本主义市场经济理论更为复杂一些，这就决定了社会主义市场经济不仅具有市场经济的一般

---

[1] 李庆余、周桂银等：《美国现代化道路》，人民出版社，1994，第74页。

[2] 历史学家丹尼尔·J.布尔斯廷（Daniel J. Boorstin，1965）评价企业家在美国现代化中的作用时指出："这时的美国出现了一种新型人物：在迅速崛起的城市中，个人发迹与公众生活的提高、个人创业与公众兴旺发达交织在一起的社会建设者。"丹尼尔·J.布尔斯廷：《美国人：建国的历程》谢延光、林勇军、陆绥英、朱明权译，上海译文出版社，1989，第143页。

[3] 胡家勇：《新发展阶段完善社会主义市场经济体制的思考》，《中国经济问题》2022年第3期。

规律、共有规律，诸如价值规律、供求规律、竞争规律等等，而且具有自身的一些特殊规律"①；"之所以说是社会主义市场经济，就是要坚持我们的制度优越性，有效防范资本主义市场经济的弊端。"②这里，社会主义市场经济"具有自身的一些特殊规律""有效防范资本主义市场经济的弊端"都与社会主义对资本行为的科学引导和有效约束密切相关。对于中国式现代化，习近平总书记指出："只有坚持以人民为中心的发展思想，坚持发展为了人民、发展依靠人民、发展成果由人民共享，才会有正确的发展观、现代化观。"③中国式现代化"摒弃了西方以资本为中心的现代化、两极分化的现代化、物质主义膨胀的现代化、对外扩张掠夺的现代化老路"④。这说明，在全面建设中国式现代化的过程中，要以人民为中心，在充分发挥资本积极作用的同时，要消除以资本为中心所酿成的现代社会的种种弊病。

三、以社会主义市场经济和中国式现代化的基本逻辑引导和规范资本行为

市场经济和"社会主义这个'定语'"、现代化和"中国式"这个定语，从根本上勾画出我国资本运行的基本逻辑和框架，由此，引导和规范资本行为可以从以下几个方面着手。

第一，充分发挥竞争引导和规范资本行为的作用。既然是市场经济，特别是现代市场经济，首先就应该充分利用竞争的力量来激发资本的活力和抑制它的消极作用。马克思主义经典作家把竞争理解为"许多资本的相互作用"⑤。竞争能够激发

---

① 习近平：《关于社会主义市场经济的理论思考》，福建人民出版社，2003，第60页。
② 习近平：《论把握新发展阶段、贯彻新发展理念、构建新发展格局》，中央文献出版社，2021，第64页。
③ 习近平：《论把握新发展阶段、贯彻新发展理念、构建新发展格局》，中央文献出版社，2021，第479页。
④ 习近平：《以史为鉴、开创未来 埋头苦干、勇毅前行》，《求是》2022年第1期。
⑤ 马克思、恩格斯：《马克思恩格斯文集》第10卷，人民出版社，2009，第157页。马克思还指出，资本的实现过程表现为"各资本以及其他一切由资本决定的生产关系和交往关系的相互作用"。《马克思恩格斯全集》第46卷（下），人民出版社，1980，第160页。

出资本开拓生产新境界的巨大潜能，正如习近平总书记指出："主要靠市场发现和培育新的增长点。在供求关系日益复杂、产业结构优化升级的背景下，涌现出很多新技术、新产业、新产品，往往不是政府发现和培育出来的，而是'放'出来的，是市场竞争的结果。"[①]同时，竞争作为价值规律有效发挥作用的基本条件，能够形成相互对抗的力量抑制资本的消极行为，比如潜在的竞争能够抑制垄断和不正当竞争，竞争对手具有披露生产的技术条件和真实成本，以及质量细节等信息的内在冲动，这些都便于消费者作出合理的选择，在很大程度上缓解资本本身所固有的弊端。马克思曾提出"利用资本本身来消灭资本"[②]的伟大设想，可以想象，在社会主义市场经济条件下竞争就是一个强有力的杠杆。因此，新时代，我们要进一步完善社会主义市场经济，通过加快完善生产要素市场，提高生产要素的流动性，消除行政性垄断和数字技术容易形成的经济性垄断等措施，确立竞争政策的基础性地位，发挥竞争激发资本活力同时又抑制其消极行为的作用。

第二，处理好各种形态资本的关系，让公有资本特别是国有资本发出"普照的光"。在社会主义市场经济中存在着各种形态的资本，而最重要的两种形态资本是国有资本和非公有资本，处理好这两种形态资本的关系，就能从根本上建立起发挥好资本作用的重要机制。党的十五大提出了"公有制为主体、多种所有制经济共同发展"的基本经济制度，并且明确指出"公有制的主体地位主要体现在：公有资产在社会总资产中占优势；国有经济控制国民经济命脉，对经济发展起主导作用。……公有资产占优势，要有量的优势，更要注重质的提高。国有经济起主导作用，主要体现在控制力上"[③]。党的十八届三中全会通过的《中共中央关于全面深化改革若干重大问题的决定》对国有资本的分布领域作了清晰的界定："国有资本投资运营要服务于国家战略目标，更多投向关系国家安全、国民经济命脉的重要行业和关键领域，重点提供公共服务、发展重要前瞻性战略性行业、保护生态环境、

---

① 中共中央文献研究室编《习近平关于社会主义经济建设论述摘编》，中央文献出版社，2017，第82页。

② 马克思、恩格斯：《马克思恩格斯全集》第30卷，人民出版社，1995，第390—391页。

③ 中共中央文献研究室编《十五大以来重要文献选编》（上），中央文献出版社，2011，第18页。

支持科技进步、保障国家安全。"①可见，国有资本在各类形态的资本中居于主导地位，表现在控制民计民生领域和社会再生产的关键环节，形成经济社会发展和公众福利的骨架，带动和引领其他形态资本健康运行②。但同时也要看到，公有资本如被人用来谋私利，就会变为权贵资本，危害更大。

马克思深入分析了一种社会形态中各种生产关系的相互地位，提出了"普照的光"的理论，指出："在一切社会形式中都有一种一定的生产决定其他一切生产的地位和影响，因而它的关系也决定其他一切关系的地位和影响。这是一种普照的光，它掩盖了一切其他色彩，改变着它们的特点。"③马克思的"普照的光"的理论具有深邃的洞见，国有资本的主导地位完全可以按照"普照的光"的理论和实践逻辑科学把握。也就是说，在公有资本"普照的光"的照耀下，非公有资本的性质和行为会发生重要改变，我们完全可以在坚持权利平等、机会平等、规则平等这些现代市场经济基本原则的基础上，让各种形态资本的优势和力量竞相迸发，焕发出勃勃生机和活力。

第三，防止资本向非经济领域渗透，尤其要斩断资本与权力的勾连。前面已经提到，出于本性，资本有绕过使用价值和财富生产而直接攫取价值的内在冲动，通过获取社会关注度、影响力和操控力，从而实现价值、利润和收入引流甚至侵占就是一种重要方式和途径。当资本达到一定规模以后，向公众舆论、新闻媒体、公共利益、意识形态和政治等领域渗透就成为一种常见现象。数字经济时代，资本向非经济领域渗透有了更加便捷的手段，例如，资本按照自己的意志，借助算法控制、平台渗透、舆情干预、境外操纵等方式对信息进行筛选和加工，甚至提供虚假信息④，吸引社会注意力，甚至潜移默化影响公众的价值观，借此引导和控制社会需求，实现资本利益。值得注意的是，数字经济时代，金融资本、科技资本和数据资本的结合，可能会形成"超级资本"，"超级资本"拥有超级权力，会越过经济领

---

① 《中共中央关于全面深化改革若干重大问题的决定》，人民出版社，2013，第9页。
② 胡家勇：《试论社会主义市场经济理论的创新和发展》，《经济研究》2016年第7期。
③ 马克思、恩格斯：《马克思恩格斯文集》第8卷，人民出版社，2009，第31页。
④ 方旭：《资本意志渗透网络舆论的运行机制、表征及风险防范》，《毛泽东邓小平理论研究》2022年第3期。

域向政治领域、社会领域和文化领域扩张,形成对整个经济社会的权力。超级权力必须运用政治的力量加以抑制,以保证资本始终运行在健康的轨道上。

斩断资本权力与行政权力的勾连是规范资本行为、消除资本消极影响的重要环节。资本权力和行政(政治)权力是经济社会发展中的两项最大权力,二者的勾连会严重扭曲经济社会秩序,形成巨额的结构性租金,造成巨大的破坏力。习近平总书记在2022年4月29日中共中央政治局第三十八次集体学习时强调:"要加强资本领域反腐败,保持反腐败高压态势,坚决打击以权力为依托的资本逐利行为,着力查处资本无序扩张、平台垄断等背后的腐败行为。"[1]为新时代规范资本行为指明了一个重要方向。

第四,运用法治的力量规范资本行为。法治是现代市场经济的根基,"社会主义市场经济本质上是法治经济"[2]。法治能够确定明确的行为规则,形成稳定的预期,能够从制度层面塑造资本的行为和行政权力的运行。在美国市场经济现代化的过程中,法治就扮演着重要角色。进步时代,随着大公司的崛起和"资本大鳄"的形成,垄断势力对市场竞争的损害越来越明显,《谢尔曼反托拉斯法》(1890)、《克莱顿法》(1914)和《联邦贸易委员会法》(1914)就是这一时期美国的重要立法,产生了深远的影响。用法治规范资本的行为,当前有两个着力点:一是强化产权保护的法律、法规和政策实施。对各类产权进行有效而公平的保护是市场经济的基石,是竞争发挥作用的前提,中央一再强调保护各种所有制经济产权和合法权益,保障契约的执行,2016年中共中央、国务院颁布了《关于完善产权保护制度依法保护产权的意见》,对依法保护产权提供了可操作的方案。二是加大《中华人民共和国反垄断法》和《中华人民共和国反不正当竞争法》的司法和执法力度。适应数字经济时代垄断新形势,2020年中央经济工作会议提出强化数字经济领域的反垄断,提出"要完善平台企业垄断认定、数据收集使用管理、消费者权益保护等方面的法律规范。要加强规制,提升监管能力,坚决反对垄断和不正当竞争行

---

[1] 习近平:《依法规范和引导我国资本健康发展 发挥资本作为重要生产要素的积极作用》,《人民日报》2022年5月1日第1版。

[2] 《中共中央关于全面推进依法治国若干重大问题的决定》,人民出版社,2014,第12页。

为"[1]。2022年修正并施行的《中华人民共和国反垄断法》增加了数字经济领域的反垄断条款，规定"经营者不得利用数据和算法、技术、资本优势以及平台规则等从事本法禁止的垄断行为"，等等。2019年修正的《中华人民共和国反不正当竞争法》强化了制止不正当竞争行为、保护经营者和消费者合法权益的力度。总之，引导资本健康发展，规范资本行为，抑制资本的消极作用，最终要靠法治的力量。

---

[1] 《中央经济工作会议在北京举行》，《人民日报》2020年12月19日。